SOR JUANA INÉS DE LA CRUZ
LA RESISTENCIA DEL DESEO

FRANCISCO RAMÍREZ SANTACRUZ

SOR JUANA INÉS DE LA CRUZ

LA RESISTENCIA DEL DESEO

CÁTEDRA
BIOGRAFÍAS

1.ª edición, 2019

Directores de colección: Luis Gómez Canseco
y Antonio Sánchez Jiménez

Diseño de colección e ilustración de cubierta: Jose Luis Paniagua

Juan Ignacio Luca de Tena, 15. 28027 Madrid
www.catedra.com

ISBN: 978-84-376-3971-0
Depósito legal: M. 1.832-2019
Impreso en España - *Printed in Spain*

Índice

A la memoria de Guadalupe Álvarez Vera, mi abuelita,
que nunca se cansó de aprender

PRÓLOGO

En 1700 se publicó en España la primera biografía de sor Juana Inés de la Cruz. Su autor, el jesuita Diego Calleja, nunca vio a la monja mexicana en persona. Su breve *Vita* la redactó a partir de las cartas que ella le había enviado a lo largo de los años y de las conversaciones que sostuvo con personas, que de regreso en la península ibérica le contaron sobre las maravillas que hacía y decía esa mujer del otro lado del Atlántico. Quienes sí la conocieron y trataron personalmente dejaron solo unos cuantos párrafos sobre distintas etapas de su vida; los testimonios, en muchos casos, se limitan a un par de anécdotas sobre las reuniones que tenía la monja con la flor y nata de la sociedad novohispana en el locutorio del convento, a su atormentada relación con su confesor, a la crisis de los años finales y a su muerte. Estos escritos de época enfrentan al biógrafo moderno con varias dificultades: son contradictorios entre sí, ofrecen grandes lagunas y no terminan por echar luz sobre lo que realmente sucedió al final de la vida de sor Juana, cuando aparentemente, después de convertirse en la autora más afamada del imperio español, abandonó las letras y se dedicó a la mortificación.

Sor Juana redactó en 1691, cuando llevaba 23 años enclaustrada en el convento de San Jerónimo de la Ciudad de México, una carta al obispo de Puebla, Manuel Fernández de Santa Cruz, para justificar su inclinación por las letras y por los estudios humanísticos. Durante muchos años ella había escuchado de parte de diversos hombres de Iglesia que debía dedicar más tiempo a los asuntos religiosos y menos a los mundanos. Conocida como la *Respuesta a sor Filotea,* su misiva ofrece muchos datos autobiográficos, pero estos están en función de un solo objetivo: defenderse de quienes deseaban convertirla en una digna esposa de Cristo que no escribiese poesía. En ese sentido, sor Juana fue una autobiógrafa interesada, que acomodó y manipuló los hechos en su beneficio. La *Respuesta a sor Filotea,* como todos los otros textos sobre su vida escritos por sus contemporáneos, debe leerse con cautela. También ante los documentos oficiales (testamentos, profesiones, *Protestas de la fe,* etc.) conviene tener una buena dosis de escepticismo, ya que, por su carácter burocrático, estos textos se ciñen a reglas retóricas, que, en muchos casos, ocultan los verdaderos sentimientos de quienes hablan en ellos. En suma, la obligación del biógrafo es, ante todo, valorar la información, conocer las intenciones de quién la emite y superar la falacia de tomar todo al pie de la letra. Los hombres y mujeres barrocos siempre dijeron mucho más de lo que escribieron. Aprendamos a escucharlos.

Después de Calleja han existido múltiples y valiosos esfuerzos por reconstruir la vida de sor Juana. Y aunque en la actualidad contamos con más información documental que cuando Octavio Paz publicó su monumental *Sor Juana Inés de la Cruz o las trampas de la fe* (1982), los libros sobre la célebre monja siguen dividiéndose en dos grupos: por un lado, aquel que hace una lectura de su vida desde el liberalismo laico y, por el otro, aquel que defiende a ultranza una interpretación hipercatólica de sus motivaciones y obras literarias. En cambio, esta biografía propone una exégesis lo más objetiva posible de todos los datos que se conocen de sor Juana hasta el día de hoy.

En los últimos 30 años, gracias al esfuerzo y paciencia de distinguidos investigadores, han salido a la luz extraordinarios documentos sobre la monja: se conoce mejor su núcleo familiar; se ha localizado el inventario de su celda al momento de su muerte; en México y en Lima se hallaron varios escritos anónimos en torno a la polémica por la publicación de la *Carta atenagórica* (1690); en Puebla se descubrieron dos cartas del obispo Fernández de Santa Cruz dirigidas a la jerónima que iluminan sus relaciones con la jerarquía eclesiástica; ha surgido también un *Memorial* que pone de relieve los vínculos sociales de sor Juana al momento de su ingreso con las jerónimas en 1668; se encontró asimismo el testamento del personaje al que ella entregó algunos de sus libros cuando decidió alejarse de la literatura; y apenas hace un par de años se descubrió una carta datada en 1682 en la que la virreina María Luisa Gonzaga hace la primera semblanza que se conozca de sor Juana. Biógrafos anteriores han presentado individualmente esta información, pero hasta ahora no se había valorado toda ella en su conjunto.

«No hay cosa más libre que el entendimiento humano», escribió sor Juana. Por ello, el lector debe sacar sus propias conclusiones tras leer estos nuevos documentos y conocer mi interpretación de estos y de otros datos ya conocidos. Quienes estén familiarizados con otras biografías de la monja-escritora se darán cuenta de que doy gran importancia a su estancia con sus tíos en la Ciudad de México durante su infancia y adolescencia, período que juzgo como muy positivo para Juana Inés a diferencia de la mayoría de los estudiosos. Además de los rasgos de su carácter como la disciplina y fuerza de voluntad, he procurado resaltar también su paciencia y su propensión a la introspección. Asimismo, allende de la influencia en su vida de los jesuitas, me detengo en su relación con el agustino fray Payo Enríquez de Ribera, quien fue arzobispo-virrey durante la década de los setenta del siglo XVII e influyó de manera decisiva en la manera en que sor Juana entendió su vocación de religiosa. Discuto ampliamente sus actividades administrativas dentro del convento y aquellas relacionadas con la especulación financiera: es momento de entender que sor Juana fue una monja-escritora-contadora, que tuvo un pensamiento económico muy moderno. Para explicarme lo que sucedió en sus años finales indago particularmente la personalidad creadora de la jerónima. Creo reconocer en la última etapa de su vida una *crisis poética*.

Mi sor Juana es un personaje paradójico; se suele hablar de la poetisa como si durante toda su vida ella hubiese defendido siempre la misma idea, o como si la mujer que ingresó al convento de dieciséis o diecinueve años fuese la misma que murió veintisiete años después. Esto no fue así: a lo largo de tres décadas dentro de San Jerónimo, sor Juana cambió, evolucionó y buscó con desesperación una solución a su conflicto existencial, a saber, cómo conjugar su personalidad de letrada con su vida monjil. En suma, esta biografía pretende mostrar el complejo y diversificado contexto cultural que hizo posible que sor Juana fuese, por una parte, censurada, pero, por otra, ampliamente celebrada. Hay que decir que ella no fue monja y poetisa profana pese a su época, sino precisamente gracias a las circunstancias de dicha época, en la que prevaleció una excesiva porosidad entre corte y convento.

Me sirvo de un extenso aparato crítico, que circunscribo estrictamente a las notas. Todo lo que se afirma en el libro es fidedigno, verosímil o documentable. Con todo, falta demasiado por estudiar del siglo y de la vida de sor Juana. Por desgracia, como se sabe, en el siglo XIX fueron destruidos muchos documentos de la vida conventual novohispana. Pero también es cierto que los hallazgos más recientes confirman que aún hay material por descubrir. ¿Aparecerá algún día el epistolario de la jerónima?

Estoy en deuda con quienes han precedido mi labor. Espero que los estudiosos de sor Juana Inés de la Cruz podamos muy pronto ocuparnos de la desiderata más urgente de la filología mexicana: la publicación, en una edición crítica, de los tres tomos originales de sus *Obras completas*. La última edición conjunta de estos tres volúmenes se hizo en Madrid en 1725. Finalmente, cabe añadir que modernizo con criterios fonéticos y sin excepción todos los textos antiguos y que en varias ocasiones he creído conveniente modificar, para su mayor inteligibilidad, la puntuación tanto de las citas de los testimonios antiguos como de algunos de los textos de la poetisa.

En primer lugar, quiero expresar mi agradecimiento a Luis Gómez Canseco y Antonio Sánchez Jiménez, que me invitaron a realizar este proyecto y confiaron en que lo llevaría a buen puerto. Su amistad me honra. Varios colegas leyeron el manuscrito y me hicieron valiosísimas sugerencias: los ya mencionados Luis y Antonio, pero también el generoso Marc Vitse, que puso sus ojos de lince y su enciclopédico saber a mi servicio; Guillermo Schmidhuber de la Mora me autorizó utilizar material inédito que ha rastreado en los archivos de México y aportó muy pertinentes observaciones en todo lo relacionado a la familia de sor Juana; y, finalmente, Sara Poot Herrera, gracias a su inigualable conocimiento de la vida de la monja-escritora, hizo que cuestionara muchas de mis aseveraciones a través de sus estimulantes preguntas. Con todo, los errores que subsisten en el libro son de mi absoluta responsabilidad. A mis primos Javier y Manuel Flores Santacruz les agradezco su tiempo y disposición para atender mis distintas solicitudes y a Martha Alicia Ávila Maravilla su consejo en cuestiones jurídicas. *Last but not least*, quiero dejar constancia del apoyo de la Fundación Alexander von Humboldt, que me otorgó una beca para dedicarme durante varios meses a la redacción de esta biografía. Gran parte del libro fue escrito en el barrio de Rodenkirchen de Colonia, Alemania, donde viví días felices al lado del Rin, entre maravillosos bosques y «el sosegado silencio de mis libros».

TABLA DE ILUSTRACIONES

Si los riesgos del mar considerara,
ninguno se embarcara; si antes viera
bien su peligro, nadie se atreviera
ni al bravo toro osado provocara;
 si del fogoso bruto ponderara
la furia desbocada en la carrera
el jinete prudente, nunca hubiera
quien con discreta mano le enfrenara.
 Pero si hubiera alguno tan osado
que, no obstante el peligro, al mismo Apolo
quisiese gobernar con atrevida
 mano el rápido carro en luz bañado,
todo lo hiciera, y no tomara solo
estado que ha de ser toda la vida.*

* Núm. 149. Los textos de sor Juana Inés de la Cruz siguen la numeración de las *Obras completas* editadas en el Fondo de Cultura Económica por Alfonso Méndez Plancarte y Alberto G. Salceda.

I
LOS RIESGOS DEL MAR
¿1648/1651?-1664

Tal vez sor Juana tuvo en mente a sus abuelos maternos Pedro Ramírez Cantillana y Beatriz Ramírez Rendón cuando en un soneto —síntesis de su vida— evocó a quienes se embarcan en busca de nuevos horizontes sin considerar los riesgos del mar (núm. 149)[1]. Doña Beatriz y don Pedro, siendo aún jóvenes, tomaron en los primeros años del siglo XVII la decisión de abandonar su patria para iniciar una nueva vida en América. Un testimonio refiere que ella nació en Vejer de la Frontera y otro que vino al mundo en Sanlúcar de Barrameda; en cambio, de don Pedro sí tenemos la certeza de que nació en Sanlúcar, ciudad de la que partieron innumerables aventureros hacia el Nuevo Mundo[2]. Los padres de él, Diego Ramírez Cantillana e Inés de Brenes, también fueron originarios de Sanlúcar de Barrameda y vivieron en un sitio conocido como el pozo de Marquillos; permanecieron toda su vida en Sanlúcar y fueron enterrados en la ermita del Señor San Sebastián en su ciudad natal[3]. Desconocemos el nombre del padre de doña Beatriz y sus orígenes; algunos se refieren a él como Melchor de los Reyes y otros como Pedro Sánchez[4]; lo que sí es seguro es que su madre se llamó Isabel Ramírez. Ambos, presumiblemente, se trasladaron con su hija y su futuro yerno a México en la misma flota[5].

Antes de embarcarse, como todos los viajeros de aquella época, doña Beatriz y don Pedro debieron de ir a misa para recibir los sacramentos de confesión y comunión. De Sanlúcar de Barrameda la flota partió rumbo a las Islas Canarias donde llegaron unos diez días después. La travesía hacia el Nuevo Mundo se realizaba en barcos de apenas unos veinte metros de largo, donde convivían más de cien personas. En ese espacio sumamente estrecho pasaron casi un mes hasta llegar al puerto de San Juan de Ulúa en el Golfo de México. Era un viaje difícil, monótono y aburrido. Pocos pasajeros se salvaban de padecer mareos y otros malestares; muchos eran atacados sin piedad por una armada de chinches, pulgas y piojos, y el agua que bebían era tan pestilente que se tapaban las narices para soportar la hediondez[6]. Es probable que doña Beatriz y don Pedro llevaran consigo una reserva de víveres para sobrellevar las semanas del trayecto sin tener que depender al cien por ciento del régimen alimenticio del barco. Las raciones para los viajeros de su rango consistían en bizcocho, carne de puerco salada, sardinas, habas y garbanzos; si las circunstancias lo permitían también se les ofrecía pescado fresco[7].

El año preciso de su arribo a México se desconoce, pero para 1604 don Pedro ya había logrado establecerse como tratante de ganado mayor y en la primavera de ese año los novios decidieron casarse en la Ciudad de México[8]. La posición económica de la familia de la novia era para esas fechas bastante buena. Además de casi 4.000 pesos doña Beatriz aportó al matrimonio un conjunto nada despreciable de bienes y ocho esclavos negros. Don Pedro se casó con una mujer prevenida y de carácter fuerte, que insistió en incluir en la carta de dote una advertencia ante un posible derroche de su patrimonio[9]. Juntos procrearon once hijos que por haber nacido en México fueron criollos: Pedro, Blas, Juan, Miguel, María, Isabel (madre de sor Juana), Diego, Inés, Domingo, Antonio y Beatriz.

Alrededor de 1614 doña Beatriz y don Pedro vivían en Huichapan a unos 200 kilómetros al norte de la capital del virreinato[10]. Pero con la finalidad de buscar nuevas oportunidades para sus actividades ganaderas, don Pedro decidió mudar a su familia en la década de los veinte a Yecapixtla, un pequeño pueblo entre los volcanes Iztaccíhuatl y Popocatépetl y la localidad de Cuautla, a unos 70 kilómetros a vuelo de pájaro al sur de la Ciudad de México. Allí adquirió del convento local unas tierras de labor. Para 1635 el andaluz, hombre de espíritu emprendedor, ya había vuelto a cambiar de lugar de residencia. En esta ocasión solo trasladó a su cada vez más numerosa familia unos 15 kilómetros a un pueblo aún más cercano al volcán Popocatépetl y en consecuencia de tierras más fértiles. En San Miguel de Nepantla arrendó una hacienda por sesenta pesos al año al convento de Santo Domingo de la Ciudad de México. Aunque la recibió casi sin infraestructura, su diligencia y empeño la convirtieron a lo largo de los años en una finca relativamente boyante, donde sembraba cereales y mantuvo, en sus mejores días, casi ciento cincuenta animales entre los que se contaban ovejas, becerros, vacas, bueyes y yeguas. Su éxito no lo hizo dormirse en sus laureles. Años más tarde encontró cerca de Amecameca, población situada en las faldas del volcán Iztaccíhuatl, una hacienda nombrada Panoayan, perteneciente al convento dominico del lugar y que cumplía con sus nuevas expectativas. Firmó con los monjes un contrato de arrendamiento por tres vidas en el que se comprometió a pagar anualmente doscientos pesos. Don Pedro y doña Beatriz se mudaron a la nueva hacienda con algunos de sus hijos mientras que otros permanecieron en Nepantla.

En retrospectiva la emigración a América resultó provechosa para don Pedro. No solo se convirtió en un próspero labrador y hacendado, sino que también se relacionó con las personas principales de la región[11]. Solía hacer viajes de negocios[12] y cultivó algunos contactos en la corte. Entre sus conocidos se contó el influyente García de Valdés Osorio, conde de Peñalva, que fue alcalde mayor de Puebla, la segunda ciudad en importancia del virreinato, y gobernador de Yucatán[13]. Si sus primeros años en el Nuevo Mundo fueron quizá difíciles; cuando la mayoría de sus hijos alcanzó la edad adulta su posición económica era bastante holgada y esta le permitió, entre otras cosas, formar una biblioteca con volúmenes en castellano y en latín. Según su propio testimonio tuvo un matrimonio feliz y se consideró un hombre dichoso por haber hallado a doña Beatriz. Sin embargo, hubo en su vida y en la de su esposa un trago particularmente amargo al que tuvo que sobreponerse: su hija Inés murió entre 1648 y 1651 dejando dos hijos huérfanos[14]. Sin duda, sus últimos años se vieron ensombrecidos por este terrible acontecimiento.

Doña Beatriz y don Pedro siempre mantuvieron una estrecha relación con sus hijos a los que solían apoyar como padrinos de bautismo de sus nietos[15]. Y sus hijas particularmente fueron solidarias entre sí: por ejemplo, Isabel, la madre de sor Juana, fue madrina de varios hijos de su hermana Beatriz, y María aceptó ser madrina, después de la muerte de su hermana Inés, de una hija de su excuñado con su nueva esposa[16]. Cuando don Pedro murió en 1655 seis de sus hijos e hijas aún no se habían casado y vivían en sus haciendas ayudándole en la administración de sus negocios y en la explotación de las extensas tierras de labor que arrendaba[17].

No sabemos qué lugar ocupó Isabel, la madre de Juana Inés, entre los once hijos de doña Beatriz y don Pedro. Su nacimiento debió de ocurrir hacia el final de la década de los veinte en Yecapixtla[18]. Su abuela materna, si es que vivía aún, debió de agradecer el gesto de que la nombraran en su honor. Sus padres escogieron un generoso padrino para ella, que, al parecer, la quiso mucho y que la apoyó mientras vivió[19]. Los primeros años de su vida transcurrieron en las haciendas de Yecapixtla y de San Miguel de Nepantla. Durante su infancia no acudió a ninguna escuela y toda su vida permaneció analfabeta, por lo que jamás leyó ninguna de las obras de su celebrada hija[20]. Pero esto no significa que no tuviera noción del talento maravilloso de sor Juana. Seguramente no fue poca cosa decir frente a amigos y conocidos que su hija vivió en el palacio de los virreyes durante su adolescencia o que había ingresado al convento de San Jerónimo, reservado para la élite femenina, y que desde ahí escribía versos para la catedral de México. Es incluso muy probable que Isabel haya tenido la oportunidad de escuchar algunos de los villancicos que sor Juana compuso. Sea como fuere, el analfabetismo de Isabel no fue excepcional: las mujeres de su época pertenecieron al segmento de la población menos educado. Como desconocemos si sus otras hermanas aprendieron la cultura de la letra, es imposible especular sobre las razones de su analfabetismo teniendo un padre interesado en libros y conocedor de los clásicos latinos.

En cambio, un aspecto sí la distinguió notablemente de sus hermanas y hermanos. A diferencia de todos ellos Isabel nunca contrajo matrimonio pese a haber tenido, por lo menos, dos parejas con quienes procreó en total seis hijos[21]. A finales de los años cuarenta o principios de los cincuenta del siglo XVII entró en su vida Pedro de Asuaje con quien tuvo tres hijas: Josefa María, Juana Inés y María[22]. Asuaje había nacido en las islas Canarias alrededor de 1588 y había arribado a la Nueva España con alrededor de diez años. Su abuela, María Ramírez, y su madre, Antonia Laura de Mayuelo, habían enviudado y se encontraban en una situación precaria en Las Palmas. Ambas vivían bajo un mismo techo con Francisca Ramírez de la Peña, la segunda hija de doña María, y los dos hijos de Antonia Laura, Pedro y Francisco. Motivada por la riqueza que su hermano Alonso Ramírez de Vargas había acumulado en México como administrador del estanco de naipes, doña María decidió buscar su amparo y emigró con sus hijas a América. Ya adulto, Pedro de Asuaje se estableció con su hermano en la zona de Chalco, cerca de las haciendas de don Pedro Ramírez.

Cuando Asuaje se enamoró de Isabel él contaba con casi sesenta años y ella no debía de tener más de veinticinco[23]. Su relación duró solo unos cuantos años. Jamás se casaron. Aunque en aquella época el amancebamiento era muy común y casi la mitad de los nacimientos entre criollos eran ilegítimos[24], la condición de Isabel sí fue una excepción dentro de su familia donde, como he dicho, todas sus hermanas contrajeron matrimonio. Teniendo en cuenta su situación de marginalidad y vulnerabilidad, su padre decidió que ella quedase al frente de la hacienda de Panoayan tras su muerte garantizándole así un sustento; ella hizo lo mismo con su hija María por razones similares[25].

Tras el abandono por Pedro de Asuaje, Isabel inició una relación con el capitán de lanceros Diego Ruiz Lozano Zenteno, originario de Cholula[26], con quien procreó un hijo y dos hijas: Diego nació alrededor de 1656, Antonia vio la luz en 1658 e Inés un año después[27]. Además de militar, Ruiz Lozano era también labrador; su finca, nombrada Santa Cruz, estaba en Tlalmanalco, a solo 10 kilómetros de la hacienda de Panoayan[28]. Tal vez don Pedro y Ruiz Lozano se conocieron antes de que este se enamorara de su hija. Si no fue así, entonces desarrollaron una relación de confianza durante los años en que este fue amante de Isabel, pues en una ocasión don Pedro le solicitó al capitán un préstamo que, al momento de su muerte, aún no había saldado[29]. Ruiz Lozano jamás tuvo la intención de casarse con Isabel, ya que para las mujeres de aquella época una de las consecuencias de haber tenido hijos fuera del matrimonio y haber sido abandonadas era la casi nula probabilidad de contraer nupcias con alguien más. Es plausible, por lo demás, que Ruiz Lozano, cuando se enredó con Isabel, ya estuviera casado con Catalina Maldonado Zapata, oriunda de San Luis Potosí, o que hubiese contraído nupcias con ella mientras seguía teniendo relaciones con Isabel. Por la cercanía entre las haciendas de Panoayan y Tlalmanalco, Isabel y Catalina, que no tuvo hijos con Ruiz Lozano y también era analfabeta[30], debieron de conocerse por lo menos de oídas. Es interesante que el cholulteca se mantuviese en contacto con Isabel por el resto de sus días. No solo reconoció a los tres hijos que tuvieron juntos y los apoyó —a Antonia y a Inés las respaldó en su petición para ingresar al convento de sor Juana, aunque, por razones desconocidas, no concretaron su propósito—[31], sino que también le sirvió de acreedor a su antigua amante[32]. Aunque es una mera coincidencia, resulta curioso que ambos hayan muerto con pocos días de distancia en enero de 1688[33]. Ella fue enterrada en la Ciudad de México, donde llevaba menos de un año de residir en la calle de Monte Alegre, aunque había expresado su deseo de ser inhumada en Amecameca, a la sombra del volcán Iztaccíhuatl[34].

Juana Inés nació en la hacienda de Nepantla y probablemente antes de que cumpliese los tres años su madre la llevó a la de Panoayan en Amecameca, sitio que ella siempre consideró su hogar y donde vivió en compañía de sus abuelos y tíos[35]. Aunque, según el padre Diego Calleja, quien escribió su primera biografía en 1700, Juana Inés habría visto la luz en 1651, algunos consideran el año de 1648 como su fecha de nacimiento sobre la base de un acta de bautismo hallada en la parroquia de Chimalhuacán, a cuya jurisdicción pertenecía Nepantla. En dicha acta se habla de una niña Inés; no se mencionan los padres, pero sí los padrinos, Miguel y Beatriz Ramírez, nombres que coinciden con los de los hermanos de Isabel. El dato, sin embargo, no es concluyente, empezando por el hecho de que en el acta no aparece el nombre de *Juana Inés*. Al no existir documento fechado donde ella o alguien más registre su edad exacta —dato al que la época no le daba la misma importancia que la nuestra—, la cuestión no puede darse por zanjada[36].

Aunque Isabel sugiere en su testamento que las tres hijas que concibió con Pedro de Asuaje jamás fueron reconocidas por él, las tres siempre afirmaron ser legítimas[37]. Juana Inés lo sostuvo en su primer intento por convertirse en monja con las carmelitas descalzas y lo repitió dos años después en su profesión definitiva con las jerónimas[38]. Si en teoría no había necesidad de mentir y era posible, aunque ciertamente no lo más común, que hijas ilegítimas ingresaran a los conventos novohispanos, ¿por qué tanta insistencia en su legitimidad? Se ha supuesto, en consecuencia, un posible proceso de legitimación para las tres hermanas[39], aunque a ello se opone la terminante afirmación de la madre en su testamento[40].

Es difícil saber si Juana Inés conoció a su padre o si estuvo en contacto con él a lo largo de los años. Sor Juana se refirió a Pedro de Asuaje en diversos documentos oficiales. Por vez primera lo nombró el día de su ingreso como novicia al convento de las carmelitas en 1667. Sin embargo, dos años después, ya con las jerónimas, señaló que había fallecido y su madre corrobora esa información[41]. Después de 1669 no vuelve a mencionar a su progenitor en ningún documento oficial, lo que sugiere que, en efecto, murió entre 1667 y 1669 o que la familia ya no quería tener nada que ver con él[42]. Pero eso no quiere decir que la figura del padre estuviese del todo ausente, pues Juana Inés lo recordó varias veces directa o indirectamente. Ella siempre se mostró convencida de que su familia paterna era originaria del País Vasco. Así se lo comentó a su amigo Diego Calleja en una carta y en los *Villancicos de la Asunción* (1685) declaró orgullosamente que el vascuence «es la misma lengua / cortada de mis abuelos» (núm. 274, vv. 109-110)[43]. También en la dedicatoria del segundo tomo de sus *Obras* (1692), dirigida al vasco Juan de Orbe y Arbieto, precisó querer con sus versos «honrar y no avergonzar a nuestra nación vascongada» (núm. 403). Estas declaraciones sugieren un fuerte orgullo por el supuesto lugar de origen de su padre y quizá por él mismo. Sin embargo, no deja de ser llamativo de que hayan sido hechas cuando la jerónima ya era una escritora reconocida y estaba en la cumbre de su fama. Tal vez tuvo que alcanzar esa etapa de su vida para reconciliarse con esa parte de su pasado familiar.

Por qué sor Juana pensaba que la familia paterna provenía del País Vasco, no lo sabemos. Quizá doña Isabel se lo dijo o quizá tuvo que ver con que un antepasado vasco no le venía nada mal[44]. Entre los criollos existía un apremiante deseo por vincularse con alguna rama noble de la madre patria. Si sor Juana deseaba adjudicarse cierta nobleza de la que carecía por nacimiento, hacer alarde de las raíces vascas de su padre resultaba una buena estrategia. Vista como portadora de una limpieza de sangre a toda prueba, la comunidad vasca gozaba de gran prestigio en la Nueva España[45].

Josefa María debió de ser la hija mayor, Juana Inés, la de en medio y María, la menor[46]. Tal vez Juana Inés recibió su nombre en honor a su tía Inés que había muerto entre 1648 y 1651. Las tres niñas crecieron en una zona rural, habitada sobre todo por indígenas, donde pocos criollos dominaban sobre vastas extensiones de tierra[47]. En las dos haciendas de su abuelo las hijas de Isabel convivieron con indios y con las familias de los esclavos africanos. La comida era preparada por indias y tal vez Juana Inés desarrolló desde esta época su gusto por la cocina. Casi de la misma edad que Juana Inés fueron las hijas de Francisca, una esclava mulata de su abuelo[48]. Juana Inés hablaba en castellano con sus familiares, pero escuchaba a su alrededor el náhuatl —lengua que aprendió con cierta solvencia— y cantos africanos (había siete esclavos negros en la hacienda de Panoayan cuando murió su abuelo en 1655). Algunas de sus obras son un testimonio de su interés por la lengua y la cultura autóctonas[49]. Y varios de sus villancicos incorporan motivos africanos y reproducen sonecillos negros[50]. Además, en el convento de San Jerónimo la acompañó durante sus primeros años una esclava mulata, también llamada Juana, que su madre le regaló[51]. Estos datos importan porque una buena parte de su originalidad artística se explica, entre tantas otras cosas, gracias a su capacidad de encontrarles un sitio a las voces y sonidos de su infancia al lado de la cultura europea del libro.

Actualmente hay en Amecameca un casco de hacienda en el sitio donde el abuelo de Juana Inés tuvo la suya. El edificio, reconstruido en 1999, no es el que ella habitó. Pero la vista majestuosa que la niña tuvo durante su infancia sigue siendo la misma: los cráteres del volcán Iztaccihuátl, de más de cinco mil metros de altura, se encuentran a pocos kilómetros; desde Panoayan se observan los bosques, las cañadas y los glaciares de la imponente montaña.

En edad adulta sor Juana fue vista por su madre como una hija obediente[52], pero doña Isabel sabía que de niña su hija no siempre se había ceñido a las órdenes maternas y que varias veces la había tenido que castigar y en otras ocasiones la había incluso nalgueado. Sin embargo, el temor a estas reprimendas físicas no fue suficiente para controlar a Juana Inés cuando una idea se le metía en la cabeza. Sor Juana misma cuenta que, cuando estaba por cumplir tres años, se percató de que Josefa María regresaba a casa sabiendo cada día más cosas; probablemente lo que más le llamó la atención fue la capacidad de su hermana de descifrar la escritura, algo que a su madre le estaba negado. Le preguntó a su hermana dónde aprendía tantas cosas útiles y Josefa María le respondió que en la escuelita del pueblo. Por consiguiente, un día, sin contar con el permiso de doña Isabel, siguió a escondidas a su hermana mayor a la escuela y allí observó cómo le daban clases. Este hecho, que sor Juana describe como una pequeña travesura y que, en realidad, tiene visos de transgresión, revela mucho de su carácter, cuyos rasgos esenciales fueron la curiosidad, la determinación y la fascinación por la aventura (intelectual). Ir de la hacienda de Panoayan a la escuelita de Amecameca fue la transición hacia un mundo nuevo. Sin importarle las consecuencias que su desobediencia podía acarrearle, Juana Inés cruzó una franja prohibida por la autoridad e inició literalmente su carrera hacia el conocimiento[53]. La niña se plantó frente a la joven maestra de su hermana y le dijo, a sabiendas de que era una mentira, que su madre también la enviaba a ella a aprender: cuando doña Isabel se dio cuenta de lo que estaba haciendo a escondidas su hija, la pequeña Juana llevaba ya varias semanas asistiendo a clase y había aprendido a leer. Por supuesto que el relato que hace sor Juana de este episodio es poco creíble, pues es inexplicable que una madre no sepa dónde pasa su hija de tres años de edad varias horas del día, y esto por un período prolongado, pero si sor Juana lo contó así fue para mostrar lo mucho que tuvo que hacer a lo largo de su vida para leer, aprender y estudiar. En su caso, la búsqueda del conocimiento fue una lucha y una transgresión. Ahora bien, que la amenaza de los regaños jamás la amedrentó se confirmó años después, cuando le respondió a un hombre que quería controlar su vida y sus pensamientos que no había tenido nunca «tan servil natural que haga por amenazas lo que no me persuade la razón»[54]. La niña Juana también aprendió en su infancia a bordar, una habilidad en la que se distinguió sobremanera en la edad adulta.

Además de muy curiosa fue Juana Inés una perfeccionista. Por aquellos años se abstuvo sistemáticamente de comer queso, porque alguien le dijo que afectaba su habilidad de aprender[55]. Tal vez en esta conducta se halle en germen el autocontrol que mostró cuatro décadas después disciplinándose y flagelándose en un afán por sobresalir en sus ejercicios ascéticos. Pero en esta época en Panoayan ella no parece haber tenido ninguna vocación religiosa, sino más bien una sed inconmensurable de libros, además de ser ampliamente conocida en la región por su habilidad de hacer versos. Un día el vicario de Amecameca le prometió regalarle un libro, cuyo contenido se desconoce, a cambio de que ella escribiese una composición religiosa; la niña de siete años redactó una loa al Santísimo Sacramento, que hasta hoy permanece perdida[56]. Pero el mejor regalo de todos se lo dio su abuelo permitiéndole ingresar a su biblioteca.

Cuatro años antes de su muerte en 1695, durante uno de los momentos más críticos de su vida, sor Juana seguía recordando con satisfacción lo que significó para ella el espacio donde su abuelo resguardaba sus libros: «Yo despiqué el deseo en leer muchos libros varios que tenía mi abuelo —dice, y agrega para que no se olvide—, sin que bastasen castigos ni reprensiones a estorbarlo»[57]. Los castigos, con seguridad, no provenían de don Pedro, que debió de sentirse orgulloso de tener una nieta en quien reconocía su afición por la lectura. ¿Habrá esto convertido a Juana Inés en su nieta preferida?

Desafortunadamente no se conocen los libros que conformaron la biblioteca de don Pedro. El único ejemplar que ha sobrevivido de su biblioteca es un florilegio de poetas clásicos, el *Illustrium Poetarum Flores* de Octaviano Mirándola en edición de 1590. Algunas de las apostillas marginales que se encuentran en el libro son del puño y letra del andaluz y abren una pequeña ventana a su intimidad en diferentes etapas de su vida. A través de dichas anotaciones se observa cómo sus libros le sirvieron de compañeros de viaje y de quitapesares. Varias veces relaciona don Pedro un pasaje con algún viaje, probablemente de negocios, o con alguna persona con la que trató; también anota al margen de la página versos en latín similares a los que leía, e incluso refiere haber visto tal o cual pasaje citado por otro autor y brinda el nombre de la fuente. De sus notas se deduce que fue un buen conocedor de los clásicos, sobre todo de Ovidio, y en particular de sus *Remedios de amor*[58]. Pero si las apostillas revelan aspectos muy interesantes de la vida intelectual de don Pedro, también arrojan una serie de dudas: ¿cuándo aprendió latín?, ¿en qué momento desarrolló su gusto por la literatura profana y especialmente por Ovidio?, y ¿por qué no mencionó jamás en su testamento su biblioteca? ¿Acaso se deshizo de sus amados libros antes de morir? De ser así cabe preguntarse si sor Juana pensó en su abuelo materno cuando, al parecer, ella misma tomó la ardua decisión alrededor de 1693 de vender muchos de sus libros tras el cambio de vida que la alejó de las letras para iniciar un período de extremo ascetismo.

Una nota de diciembre de 1654 hecha en el libro de Mirándola devela que al final de su existencia se sintió don Pedro muy agobiado[59]. Su decaído estado de ánimo se debió probablemente en gran medida a que en sus últimos años el anciano se encontraba librando una batalla legal con el prior de Yecapixtla, que solicitaba el embargo de todos sus bienes supuestamente por no haber pagado en su totalidad las tierras de labor que había adquirido del convento casi treinta años antes.

Don Pedro se defendió y respondió haber traspasado las tierras con la venia de las autoridades anteriores del convento; añadió que los padres priores que antecedieron al demandante cobraron la totalidad del pago. Cuando don Pedro falleció en enero de 1655 aún no habían llegado a un acuerdo él y el codicioso prior[60]. Estos líos legales, sin duda, enturbiaron su vejez y Juana Inés, que vivía por esos años bajo el mismo techo y era muy avispada, debió de percatarse de la situación. Tal vez el hecho de que a lo largo de su vida haya sido una mujer que siempre cuidó al extremo sus finanzas tenga que ver con haber visto cómo su abuelo temió perderlo todo al final de sus días. El fallecimiento de don Pedro significó un cambio radical para la familia Ramírez, pero sobre todo para Juana Inés.

Aunque la viuda de don Pedro le sobrevivió varios años, su hija Isabel quedó al frente de Panoayan y dirigió la hacienda por más de tres décadas[61]. Durante ese período la finca no alcanzó los niveles de producción que tuvo anteriormente debido a que Isabel tenía un espíritu menos propenso al riesgo que su padre y, en consecuencia, casi no solicitaba préstamos y tenía menos capital para invertir en la hacienda[62]. Por su condición de analfabeta, alguien de mucha confianza la debió de apoyar en la administración y en la compra y venta de ganado y granos, pues es sorprendente la exactitud con que registra sus deudas e inversiones en su testamento[63]. Es evidente que Isabel poseyó un carácter fuerte, necesario a todas luces para sobreponerse como mujer en un medio rural y tener voz de mando ante esclavos e indios.

Si bien se ha sugerido que, muerto don Pedro, Isabel quiso deshacerse de su hija Juana Inés mandándola a la Ciudad de México, ya que acababa de parir a Diego[64], el primer hijo que tuvo con su nueva pareja, es más probable que Isabel, que ya había dado muestras de querer para sus hijas una mejor educación que la suya enviándolas a la escuela, se diera cuenta de que Juana Inés requería abandonar el ambiente de las haciendas para explotar todas sus cualidades. Además, ¿por qué enviar únicamente a Juana Inés a la capital y no a las otras dos hermanas si Isabel en verdad quería solo concentrarse en su nuevo amante y en la nueva familia que empezaba a formar con él? De muy niña Juana Inés le había implorado a su madre que la mandase, disfrazada de hombre, a la universidad en la Ciudad de México para aprender. Lo que más se acercaba a esa petición era enviarla a vivir con su tía María, que residía en México con su esposo, un importante hombre de negocios[65]. Sin este viaje que emprendió antes de cumplir los diez años la niña Juana jamás hubiese llegado a convertirse en la intelectual y poetisa más admirada de su época.

La capital de la Nueva España era en aquellos años un lugar impresionante por la riqueza que exhibía. Situada entre tres grandes lagunas, por sus calles y en las chalupas de sus canales deambulaba una variopinta sociedad de varias razas y sus mezclas. Españoles, criollos, negros, mulatos, mestizos, indios, zambos (hijos de indios y africanos), portugueses y europeos de diversas latitudes eran parte de los 50.000 habitantes que tuvo la ciudad cuando Juana Inés llegó a ella entre 1656 y 1658. Los españoles y criollos conformaban la élite civil y eclesiástica. Las principales órdenes religiosas eran las de los jesuitas, jerónimos y franciscanos. Pero si en la Ciudad de México los primeros tenían mucho más poder que el resto, en la Puebla de los Ángeles, la ciudad rival, eran vistos con mucho recelo. La capital también era entonces, como hasta hoy día, una urbe aquejada por constantes inundaciones y sismos, que muchos hombres y mujeres de la época interpretaban como castigos de Dios.

La tía de Juana Inés, María Ramírez, era quizá unos diez años mayor que doña Isabel; esto significa que cuando su sobrina llegó a vivir con ella debió de tener un poco más de cuarenta años[66]. En enero de 1636 se había casado en la Ciudad de México con Juan de Mata, con quien tuvo seis hijos. La boda se había organizado con cierta premura dadas las fundadas sospechas de los novios de que ella se encontraba embarazada. En julio nació su primogénito, Juan[67]; en 1637 o 1638 vio la luz su primera hija, Isabel; en 1640 vino al mundo Pedro, a quien siguieron José en 1642, María en 1644 y Salvador en 1647[68]. No se conocen con precisión la profesión de Juan de Mata ni la naturaleza de sus negocios, pero cuando Juana Inés llegó a vivir con sus parientes, los Mata ya eran considerados gente muy acaudalada. Habían fundado una capellanía a favor de su hijo José, que dotaron con una considerable cantidad, y poseían varias casas que alquilaban por 250 pesos al año[69]. Si Juan de Mata hizo su fortuna después de casarse con María o si ya era un hombre rico al conocerla, no se sabe. Empero, en caso de ser lo segundo sería un indicio de las buenas relaciones sociales que logró establecer don Pedro y de las que se benefició su descendencia.

¿Cómo fue la vida de Juana Inés con sus tíos? La casa de los Mata debió de ser como la mayoría de viviendas de los criollos adinerados de la Ciudad de México. Pero el cambio más radical de su vida no fue entrar en contacto con gente de otro estamento social, sino pasar de estar en Panoayan, rodeada sobre todo de mujeres, a vivir bajo un mismo techo casi solamente con hombres. Cuando Juana Inés llegó a su nuevo hogar, si acaso solo una de sus dos primas vivía aún ahí. La otra, Isabel de Mata, se había unido en matrimonio a principios de la década de los cincuenta con el cirujano Juan Caballero; este individuo, según se verá, desempeñó un papel importante, aunque no del todo esclarecido, en el pago de la dote de Juana Inés cuando ella decidió ingresar al convento de Santa Paula. Caballero era oriundo de la ciudad de Mérida (México); su padre provenía de Valladolid (España) y su madre de las Islas Canarias[70]. Su otra prima, María, contrajo nupcias a la edad de trece años en 1657 con Juan Sáez de Valdivieso, así que pudo haber coincidido un breve tiempo con Juana Inés en la misma casa[71]. Con una hija fuera del hogar y la otra a punto de partir o recién ida, María Ramírez no tuvo ningún inconveniente en recibir a su sobrina en su domicilio.

Pero si Juana Inés no tuvo gran interacción en casa de los Mata con sus primas, sí la tuvo con sus primos. En 1658, cuando llevaba poco tiempo residiendo con sus familiares o acababa de veintidós años, Pedro dieciocho, José dieciséis y Salvador doce. Sus primos fueron los primeros testigos de que Juana Inés se estaba transformando en una bellísima joven. Juan se casó en 1658. Así que, dependiendo del año en que se feche la llegada de Juana Inés con sus parientes, ella habría coincidido con él un par de años. En cambio, con Salvador, no mucho mayor que ella, debió de haber compartido el mismo hogar bastante tiempo. No sabemos a qué edad este primo suyo dejó la casa de sus padres, pero es improbable que lo hiciera antes de 1665, año en que Juana Inés debió mudarse al palacio virreinal. De Pedro se desconoce todo, pero José pudo haber tenido cierta influencia en ella. Él era seis u ocho años mayor que su prima. La suya fue una vida vinculada a la Iglesia y a la universidad. Cuando Juana Inés ingresó a la corte, José probablemente ya era clérigo de menores y sus padres ya habían fundado una capellanía a su favor, por lo que no debe descartarse que durante su estancia con los Mata Juana Inés haya tenido en él a un interlocutor para cuestiones religiosas y académicas. Es posible incluso que haya servido de enlace entre su prima, cuando ella vivió en el convento, y la universidad, pues en 1676 ya fungía como presbítero de la

Facultad de Cánones. Por otra parte, José, que además fue escribano, estuvo muy cercano a su tía y a sus primas: a doña Isabel le prestó dinero en una ocasión y en 1684 Josefa María, hermana de Juana Inés, realizó diversas transacciones mercantiles con él. Desgraciadamente murió poco después de cumplir los cuarenta años[72].

La madre de Juana Inés fue una mujer muy creyente, que encargó varias mandas y misas a su muerte. Ella inició a sus hijas en la fe católica y en la piedad religiosa. Que, según Calleja, una de las primeras obras de Juana Inés, aún niña, haya sido una obra de carácter religioso —una loa al Santísimo Sacramento— puede estar ligado a la influencia que ejerció doña Isabel. En cambio, la tía María no compartió con su hermana la misma devoción católica ni su preocupación por el más allá; su acta de defunción registra categóricamente que no encargó una sola misa[73]. Hay más: durante los años con los Mata estos no se preocuparon porque la joven Juana hiciese su confirmación; esta la hizo ya adulta en el convento. Vivir durante casi una década en una casa donde se respiraba un ambiente ligado al comercio, con las consiguientes relaciones con los poderosos, y se daba poca importancia a la religiosidad exterior influyó tal vez decisivamente en su forma de ser y de escribir. Es muy probable que estos años hayan sido esenciales para que Juana Inés desarrollara su marcado interés por todo lo relacionado a las finanzas y a la contabilidad.

Resulta difícil saber con exactitud cómo fue tratada Juana Inés en el hogar de sus tíos. Muchas veces los hijos de familiares más pobres que llegan a vivir a las casas de sus parientes ricos no reciben el mismo trato, pero no sabemos si fue el caso de la niña de Nepantla. Ella guardó un silencio sepulcral sobre esta etapa de su vida. Pero por la fama que alcanzó antes de irse a servir a los virreyes se educe que fueron años en que dedicó parte de su tiempo a su formación intelectual. Solo si fue una etapa en la que tuvo facilidades para dedicarse a leer y a estudiar, puede explicarse que supiese tantas cosas cuando fue admitida en la corte[74]. Durante los siete o diez años que pasó con los Mata, Juana Inés debió de leer vorazmente, aunque no haya registros de una biblioteca en casa de los tíos. Muy probablemente también se familiarizó durante estos años con el estudio sistemático de las humanidades, además de ocuparse de muchas otras cosas, unas por obligación y otras porque eran las tradicionales labores de las mujeres de su edad. En Panoayan había aprendido a tejer y bordar, y es presumible que en la Ciudad de México haya perfeccionado ese arte en que para algunos alcanzó tanta maestría como en el de hacer versos. En todo caso, por la edad y por el tiempo que vivió con ellos, no cabe duda de que sus tíos ejercieron una mayor influencia que su abuelo o incluso su madre[75].

Los Mata cultivaban relaciones en la corte y los Ramírez conocían a gente con influencias[76]. Por ello, quizá, la brillante joven acudió a las representaciones escénicas que se llevaron a cabo en la capital a la llegada del conde de Baños como nuevo virrey en 1660. De ser así, tal vez descubrió por esas fechas su pasión por el teatro y no hasta ingresar a la corte. En cualquier caso, la etapa con sus tíos fue de libertad y de anhelos cumplidos. A diferencia de Panoayan, donde sufría regaños por refugiarse largas horas en la biblioteca de su abuelo, en la Ciudad de México nadie parece haberse opuesto directamente a sus deseos por aprender; de hecho, como ya he dicho, si llamó la atención de los virreyes de Mancera tuvo que ser porque sus tíos fomentaron sus talentos. En definitiva, ir de Panoayan a la Ciudad de México fue trasladarse del siglo XVI al siglo XVII.

Sus tíos, Juan y María, y sus primos se convirtieron en su nueva familia. Pero jamás perdió el contacto con su madre y sus hermanas y sus medios hermanos. Tal vez Juana Inés realizó durante sus años con los Mata algunas visitas esporádicas a las haciendas cerca de los volcanes. Pero a veces no tuvo que ir tan lejos para reunirse con sus hermanas y madre. Cuando Juana Inés ya llevaba residiendo con sus tíos más de un lustro, se casó en 1664 su hermana Josefa María con José Sánchez en la Ciudad de México, por lo que probablemente estuvo presente en su boda. La pareja, sin embargo, no permaneció mucho tiempo unida, ya que tras solo dos años Sánchez desapareció, dejando a Josefa María en una situación económica precaria sin alimentos ni ropa. Es probable que hayan procreado para entonces una hija. Ya sola, Josefa María conoció a Francisco de Villena, escribano real y público del arzobispado de México. Ella se convirtió en su amante y él le ofreció su protección, pues era hombre rico e influyente. Tuvieron varios hijos. Por ello resulta extraño que Josefa María no haya oficialmente solicitado la disolución de su matrimonio con Sánchez hasta después de la muerte de Villena[77]. En 1684 sor Juana se refería a ella aún como la legítima esposa de José Sánchez, aunque nadie sabía de él hacía dieciséis años. Tras el fallecimiento de Villena, Josefa María realizó varias transacciones económicas para las que recurrió a la ayuda de sor Juana, quien en 1683 vendió una parte de sus alhajas con la finalidad de conseguir un préstamo de 2.000 pesos para su hermana, que quería comprar una hacienda.

Por otro lado, su hermana María se relacionó con un militar de nombre Fernando Martínez de Santolaya; juntos tuvieron una hija que supo de su ilegitimidad. En agosto de 1688 ingresó bajo el nombre de sor Isabel María de San José al convento donde vivía su famosa tía. Sor Juana se encargó de su manutención por varios años e hizo diversas gestiones financieras para asegurarle una renta fija[78]. No sabemos si los otros dos hijos de María, Lope e Ignacio, fueron del mismo padre, pero sí que también fueron ilegítimos[79]. Sea como fuere, sor Isabel María, a diferencia de su tía, sí manifestó al momento de tomar el velo un resentimiento hacia su padre, Martínez de Santolaya, por haberla abandonado y no reconocerla[80]. El hombre que pagó su dote fue el catedrático de Prima de Sagrada Escritura y prebendado de la catedral metropolitana, Juan de Narváez de Saavedra y Chávez[81], que venía apoyando a la familia Ramírez desde tiempo atrás. A doña Isabel, la madre de sor Juana, le había prestado maíz para su hacienda[82]. Y aunque ella murió sin haber saldado esa deuda, al prebendado no le importó ese hecho y pagó la dote de su nieta, por lo que se puede asumir que tenía un vínculo especial con los Ramírez o, específicamente, con quien profesó como sor Isabel María.

Cuando doña Isabel hizo testamento, dispuso que la hacienda de Panoayan pasase a manos de María; su decisión emuló la de don Pedro, que también había dejado la hacienda a la hija que consideraba más desprotegida y que había sido abandonada por un hombre. A la muerte de doña Isabel en 1688, además de la hacienda, recibió María 300 pesos para que pudiese buscar marido. Y en efecto encontró poco tiempo después a un tal Lope de Ulloque. El matrimonio no duró mucho, porque ambos murieron relativamente pronto después de casarse: cuando ella falleció en 1691, ya era viuda. Tanto Josefa María como María replicaron en cierta medida la biografía sentimental de su madre: las tres tuvieron varias parejas y las tres fueron abandonadas por hombres.

A diferencia de sus hermanas completas, las medias hermanas de Juana Inés tuvieron mejor suerte en sus matrimonios. Inés se casó con José Miguel de Torres, síndico y secretario de la Real Universidad. La velación se realizó en 1678, nada más y nada menos que en el convento donde vivía sor Juana. Torres, sevillano de nacimiento, era además poeta y contribuyó en 1700 con una elegía al volumen que reunió las obras póstumas de su célebre cuñada. Desgraciadamente su composición no ofrece ningún dato biográfico de sor Juana ni ninguna nota personal, como se habría podido esperar de alguien que tenía acceso al círculo familiar más íntimo[83]. Inés y José Miguel tuvieron 16 hijos, de los cuales cuatro optaron por la carrera eclesiástica. Otro más, José Diego, fue secretario de la universidad y poeta como su padre. Una de sus hijas, Feliciana Javiera, nacida en 1685, profesó con veinticinco años en el convento de sor Juana[84]. Inés murió en 1701.

La otra media hermana, Antonia, contrajo matrimonio con el hacendado Juan de la Novela; al enviudar conoció a Juan Sánchez Moreno, también viudo, y se casó con él en 1697. Los casó fray Felipe Bojórquez con licencia otorgada por José Lezamis, biógrafo del arzobispo Francisco Aguiar y Seijas, prelado bajo cuya autoridad eclesiástica estuvo sor Juana más de dos décadas[85]. Antonia murió en 1702. A su medio hermano, Diego Ruiz Lozano, el Mozo, fue al único familiar al que sor Juana le dedicó expresamente una composición (núm. 196). Tras la muerte de doña Isabel, su madre, y de María, su media hermana, Ruiz Lozano arrendó la hacienda de Panoayan. Estuvo casado con María de Páez y Anunzarri con quien procreó varios hijos. Sin embargo, en 1683 tuvo amoríos con otra mujer y tuvieron un hijo, Antonio Ruiz, a quien reconoció y quien se encargó en edad adulta de administrar las tierras de labor de su padre. Cuando murió —ya viudo— en 1705, Diego Ruiz vivía en la Real Universidad de México[86]. Al testar mencionó que entre todos los hijos de doña Isabel hubo siempre mucho cariño y una fuerte unión. Por qué las jerónimas, antiguas compañeras de sor Juana, le negaron a Ruiz Lozano su deseo de ser enterrado en el mismo convento donde yacían los restos de su media hermana es un enigma[87].

En el soneto en que habla de los riesgos del mar y rinde —considero— un pequeño homenaje a sus abuelos maternos[88], sor Juana alude también a Faetón, aquel joven, hijo de Apolo, que convenció a su padre de que le permitiera conducir su carruaje con el que jalaba al Sol. Sabido es que Faetón no pudo controlar los corceles y que causó una catástrofe en la tierra, pues cuando no la enfriaba demasiado casi la quemaba. Para ponerle fin a su desastrosa aventura, Zeus intervino lanzando un rayo sobre el carruaje, y el osado piloto y emblema de la ambición terminó ahogado en el río Po. La figura de Faetón obsesionó a sor Juana toda su vida. Regresó a ella en varias composiciones; una de ellas fue en *Primero sueño,* donde, inspirada en este mito, dice que su ánimo siempre halla «abiertas sendas al atrevimiento» (v. 792). La poetisa, sin olvidar el trágico final de Faetón y sabedora de las posibles consecuencias, rescata del mito la invitación a grandes proezas sin importar los riesgos que estas entrañen. Esa fue su actitud ante la vida y la que defendió contra viento y marea.

Cuando la niña Juana llegó a la Ciudad de México tenía muchos sueños y cumplió la mayoría de ellos, lo que no fue poca cosa, considerando las dificultades que había en aquel entonces para las mujeres. Su historia había comenzado con la travesía de sus abuelos, pero el viaje de ella, que no cruzaba un mar y tan solo fue de unos 60 kilómetros de Amecameca a la capital, significó para la literatura en México algo tan grande como, para la historia, el descubrimiento de Colón.

II
EL OBJETO VENERADO
1665-1667

En algún momento de 1665 Juana Inés llegó a la corte de los virreyes de Mancera, donde permaneció alrededor de dos años y medio. Es probable que solo en América, donde la sociedad era mucho menos jerarquizada que en España, se podía ser hija ilegítima y protegida de virreyes. Varios factores se conjuntaron para que viviese con la familia más poderosa de la Nueva España. Para entonces ella se había convertido en una bella y famosa joven de la que todo el mundo hablaba. Tenía, según la fecha de nacimiento que se acepte, catorce o diecisiete años. Varios criollos adinerados y algunos peninsulares pertenecientes a las altas esferas del gobierno la habían escuchado en casa de los Mata discurrir sobre temas académicos, pero sobre todo habían admirado su habilidad para improvisar versos. Dicha facilidad fue comparada por ella misma con la de Ovidio, quien sostuvo que todo lo que salía de su boca era verso[89]. Muy pronto, tras su arribo a la Nueva España, había llegado a los oídos de los virreyes de Mancera el nombre de Juana Inés como algo asociado a lo maravilloso que se encontraba en estas nuevas tierras y quisieron conocerla. Pero una cosa era conocerla y deslumbrarse ante su carisma y su inteligencia, y otra muy distinta tomar la decisión de invitarla a vivir con ellos en palacio.

Seguramente los Mata movieron sus influencias para concretar su traslado a la corte más prestigiosa y fastuosa de América[90]. Sus tíos, por lo demás, tenían suficientes razones para sospechar que el ciclo de Juana Inés a su lado había concluido. Habían hecho todo lo que estaba a su alcance para fomentar los talentos de su sobrina y, como doña Isabel casi una década antes, comprendieron que la joven estaba destinada para cosas mayores. La corte era un sitio idóneo para que Juana Inés se allegara nuevas destrezas, refinase sus modales y entablara relaciones importantes para su futuro. Aunado a ello, sus tíos reconocieron que si Juana Inés permanecía más tiempo en su casa, esto representaría una responsabilidad con la que ellos no querían o no podían lidiar. A la puerta ya habían tocado los primeros pretendientes y no todos con buena intención. Los Mata temían que su sobrina fuese seducida y que se aprovechasen de ella[91]. Ahora bien, no se sabe por qué creyeron sus tíos que la corte, sitio donde pululaban hombres de pocos escrúpulos, sería un lugar más seguro; en cambio, es muy comprensible su decisión de no haber llevado a su sobrina a palacio en fecha anterior.

Hasta junio de 1664 el virrey de la Nueva España había sido Juan Francisco de Leyva y de la Cerda, conde de Baños, pero su desastrosa administración había estado plagada de malos manejos financieros, corrupción y nepotismo al grado de ser destituido y llamado a cuentas a Madrid, hecho que fue celebrado por el pueblo con el mayor regocijo. El día que fue obligado a entregar el poder, los habitantes de la ciudad aprovecharon la ocasión para insultarlo y lanzarle piedras a él y a su familia; al antiguo gobernante no le quedó otro remedio para salvar su vida que refugiarse en un edificio[92]. Preocupados por su bienestar y dotados de un buen olfato político, los Mata no quisieron exponer a su brillante sobrina a una pareja virreinal con nulo interés en las artes y que dedicaba sus días a llenar sus propios bolsillos y el de sus familiares, y no a realizar acciones en beneficio del pueblo que gobernaba. Tras el cese del conde de Baños, el obispo de Puebla, Diego Osorio de Escobar y Llamas, fue nombrado virrey interino por cuatro meses. Si el conde de Baños no hubiese mostrado una avaricia desmesurada, probablemente hubiese concluido su segundo trienio como virrey, que finalizaba en 1666, y tal vez hubiese prolongado su mandato tres años más, con lo que Juana Inés jamás hubiese conocido a los virreyes de Mancera que cambiaron su vida.

Antonio Sebastián de Toledo Molina y Salazar y su esposa Leonor Carreto hicieron su entrada triunfal a la Ciudad de México el 15 de octubre de 1664 como virreyes de la Nueva España. Él era un hombre hábil, buen administrador y con ambiciones políticas; ostentaba también el título de marqués. Había pasado su juventud en el Perú y posteriormente había sido embajador en Italia y Alemania. Desempeñó el cargo de virrey por casi una década; su aceptable labor al frente del gobierno le permitió escalar posiciones a su regreso de México. En 1677 la reina Mariana de Austria, madre de Carlos II, lo nombró mayordomo mayor y diez años más tarde lo convirtió en grande de España. Su cónyuge provenía de una rica familia alemana y contaba con amplias conexiones; había sido menina de la infanta María Teresa y dama de la reina Mariana de Austria. Juntos formaron una mancuerna política extraordinaria que se distinguió por su refinamiento cultural.

Los virreyes de Mancera vivieron, como todos sus antecesores de aquel siglo, en el Real Palacio con su familia y sus más cercanos colaboradores. Allí reprodujeron las costumbres palaciegas de la metrópolis. A su alrededor giraban como satélites secretarios, mayordomos, gentilhombres, camareros, damas de la virreina, médicos y un nutrido grupo de sirvientes. La guardia de los alabarderos se encargaba de su seguridad. Aunque no exento de escándalos, el gobierno del marqués de Mancera dejó una buena impresión entre los novohispanos. El virrey intentó con éxito moderado restringir la trata de negros y restablecer las leyes primitivas sobre la libertad de los indígenas; amplió la deficiente red de desagüe y modernizó las acequias de la ciudad (logro del que se mostraba particularmente orgulloso)[93]; y puso especial énfasis en la conclusión del interior de la catedral. Cuando el 22 de diciembre de 1667 se hizo la segunda dedicación del templo, el siempre activo presbítero y bachiller Diego Ribera dio a la imprenta un libro para celebrar la ocasión; Juana Inés publicó en él su primer poema.

Juana Inés fue recibida en la corte probablemente como dama de honor[94]. Cuando se leen los pocos y breves testimonios de contemporáneos —escritos todos por eclesiásticos— sobre esta etapa de su vida, existe la duda de si la joven impresionó más por su belleza que por su inteligencia. Aunque era una criolla en una corte española y con seguridad tenía que cumplir una serie de obligaciones, Juana Inés tomó parte activa en la vida social. Además de participar en bailes, festejos y ceremonias, tuvo la oportunidad de aprender a tratar a los poderosos; estableció de esta forma una red de contactos con gente riquísima y terratenientes que después le sería de gran utilidad. También gozó de una atalaya privilegiada para observar la ambición de las élites, las corruptelas de funcionarios, el clientelismo y las aspiraciones, truncadas muchas veces, de un sinfín de cortesanos. Una ventana a este mundo la ofrecen las sentencias pronunciadas por jueces tras revisar la relación que debía entregar todo virrey a la Corona informando sobre su gobierno. Casi sin excepción todas las sentencias empiezan enumerando una larga lista de personas —familiares, criados, allegados— que fueron favorecidos en puestos clave pese a la prohibición que existía sobre ello. Que todos los virreyes lo hayan hecho, incluso el marqués de Mancera, es un indicio de que era una práctica no solo tolerada, sino la forma tácitamente aceptada en que funcionaba el gobierno novohispano[95]. El breve tiempo que permaneció en palacio bastó para que Juana Inés se familiarizara con la cultura cortesana y desarrollara su urbanidad y diplomacia que tantos beneficios le trajeron a lo largo de su vida.

Muy pronto nació entre Juana Inés y Leonor Carreto, una mujer de buen gusto, hermosura excepcional y gran interés en las artes, una muy buena relación. La virreina tenía por entonces poco más de treinta años y fue, después de la tía de Juana Inés, la segunda gran influencia femenina en la joven criolla en la Ciudad de México. Si en casa de los Mata había tenido acceso a no pocos libros, la Carreto estimuló en ella aún más sus aptitudes poéticas y reafirmó su gusto por el teatro, arte por el que la virreina y su marido sentían una particular predilección. Es probable que en 1667 Juana Inés haya acompañado a los virreyes a la colocación de la imagen de la Virgen de Guadalupe en la nueva ermita y que en aquella ocasión haya presenciado la representación de una loa de Antonio Medina Solís[96]. De estos años data su primer poema fechable: un soneto en honor a la muerte de Felipe IV. Si bien el rey había fallecido el 17 de septiembre de 1665, la Nueva España no supo de su defunción hasta el 16 de mayo de 1666. El poema fue escrito entre mayo y julio de ese año, pues el 24 de ese último mes se celebraron las honras por la muerte del rey en la catedral. La maestría del soneto es sorprendente. Escrito con solo catorce o diecisiete años, surge la impresión de que la voz que ahí se lamenta ha vivido en carne propia una pérdida irreparable y que tiene una clara conciencia de la fatalidad. Apostrofa al rey muerto como si este la fuese a escuchar y reflexiona, pese a su juventud, sobre la fugacidad de la existencia:

¡Oh, cuán frágil se muestra el ser humano
en los últimos términos fatales,
donde sirven aromas orientales
de culto inútil, de resguardo vano!
Solo a ti respetó el poder tirano,
¡oh gran Filipo!, pues con las señales
que ha mostrado que todos son mortales,
te ha acreditado a ti de soberano.
Conoces ser de tierra fabricado
este cuerpo, y que está con mortal guerra
el bien del alma en él aprisionado;
y así, subiendo al bien que el Cielo encierra,
que en la tierra no cabes has probado,
pues aun tu cuerpo dejas porque es tierra (núm. 185).

El soneto no apareció en el catafalco que se erigió en la Ciudad de México dedicado al monarca. Tampoco Diego de Ribera menciona composición alguna de Juana Inés en la detallada relación que hizo de las festividades religiosas por la muerte de Felipe IV[97]. El hecho es extraño: quizá Juana Inés quiso escribir algo, pero nadie se lo solicitó y por ello no encontró cabida en los homenajes, o a última hora decidieron no incluirlo, aunque le habían prometido hacerlo. Sin embargo, el soneto debió de circular de forma manuscrita. Y tal vez como para «remediar» aquella posible afrenta de dejarla fuera de los homenajes, sor Juana decidió que esta composición abriera la sección de sonetos del *Segundo volumen* de sus obras en 1692, indicio claro de que le tenía particular cariño[98].

En poco tiempo Juana Inés se ganó el afecto de los virreyes; con tacto y prudencia supo darse a querer teniendo plena conciencia del mecanismo que rige el favor de los poderosos. Diego Calleja, que habló directamente con el virrey de Mancera sobre estos eventos, apuntó en la *Vita* que hizo de sor Juana en 1700 que «la señora virreina no parece que podía vivir un instante sin su Juana Inés»[99]. Su relación con el virrey también tuvo que haber sido buena, pues fue él quien finalmente decidió sobre su aceptación en la corte. Esta probablemente se debió no solo a las influencias de los Mata o a que la joven tenía fama de superdotada, sino a la personalidad práctica del virrey de Mancera y a su política poco elitista con miras al buen funcionamiento del gobierno. Don Antonio, a diferencia de otros virreyes, estaba particularmente a favor de una estrecha vinculación política y matrimonial no solo entre los nobles y comerciantes peninsulares, sino también de la nobleza española con la élite criolla[100]. Si bien los criollos tenían en términos legales los mismos derechos que los españoles, se sabe que la mayoría de los puestos importantes recaían en estos últimos. Juana Inés, por supuesto, no iba a ocupar ningún puesto en el gobierno ni era parte de la élite, pero la actitud del virrey revela que entendió su ingreso a palacio no como la de un fenómeno con el que engalanaría su *entourage*, sino como una oportunidad para la brillante criolla de relacionarse con los españoles más reputados y forjarse así una carrera excepcional. Y Juana Inés no lo decepcionó: fue una hábil negociadora de sus intereses.

Dos aspectos marcaron la temporada de la joven en la corte: su educación sentimental y su formación intelectual. Las damas de honor cumplían un papel muy importante en la vida social de la corte, ya que eran el centro de atención durante los bailes, las funciones de teatro o los paseos[101]. Ellas daban, en opinión de lo que podríamos llamar un sociólogo de la época de la vida cortesana, valor y lustre a la corte[102]. Muchas damas de honor aspiraban a conseguir en palacio un matrimonio favorable. Verbigracia, durante el virreinato de los Paredes, tres lustros más tarde, una dama de la virreina se casó con el secretario del virrey, Francisco de las Heras. Juana Inés, sin embargo, no debió de haber estado en busca de matrimonio: primero, porque era algo que no le interesaba según confesó y, segundo, porque su ilegitimidad, de ser pública, era un impedimento relativo para conseguir un buen partido. En esta época Juana Inés debió también de recibir algún tipo de instrucción musical y de canto. Y también debió de tomar parte en los *galanteos de palacio*, un simulacro de amor entre las damas de la virreina, casi todas ellas nobles, y cortesanos, casi todos casados, pues los solteros no participaban en la corte por no haber alcanzado aún la jerarquía para servir en ella. Las jóvenes y los caballeros se adentraban en un muy codificado flirteo que permitía desde el intercambio de miradas, piropos y obsequios hasta fugaces encuentros apasionados, aunque esto último en mucho menor medida. Eran relaciones por mutuo acuerdo que dejaban de existir en el momento en que la dama se casaba. Sor Juana dio muestras de estar al tanto de estas prácticas. En el «Sainete primero de palacio», que antecede a su comedia *Los empeños de una casa* (1683), hace una descripción de la vida cortesana y de los *galanteos de palacio*.

Alrededor de 1667 Juana Inés conoció al hombre que jugó el papel más definitivo en su decisión de hacerse monja y en su vida posterior, el jesuita Antonio Núñez de Miranda, confesor de los virreyes y con derecho de picaporte en la corte. Deslumbrado por la joven fuera de serie, Núñez, quizá en ese momento el hombre más inteligente y culto de la Nueva España, se enteró de su deseo de aprender latín y le pagó al bachiller Martín de Olivas, antiguo estudiante del Colegio de la Compañía de Jesús, para que se lo enseñase. Juana Inés agradeció profundamente este gesto del padre Núñez, a quien, según sus propias palabras, amó y veneró por mucho tiempo[103]. De escasos recursos económicos, Olivas, quien rondaba los treinta años, aceptó la tarea con agrado. La joven mostró ser una aprovechada discípula y en tan solo veinte lecciones adquirió las herramientas necesarias para proseguir por su cuenta con el estudio de la lengua latina hasta tener perfecto conocimiento de la misma[104]. Años más tarde hizo una versión castellana de una plegaria en latín del papa Urbano VIII y tradujo una décima castellana en dos versiones latinas (núms. 98, 133 y 134). También escribió encantadoras coplas en latín para sus villancicos (núm. 245) y, cuando tuvo la oportunidad, mostró su dominio sobre la gramática latina:

> Y así hay tanto comento de Virgilio y de Homero y de todos los poetas y oradores. Pues fuera de esto, ¿qué dificultades no se hallan en los lugares sagrados, aun en lo gramatical, de ponerse el plural por singular, de pasar de segunda a tercera persona, como aquello de los Cantares: *osculetur me osculo oris sui: quia meliora sunt uvera tua vino?* Aquel poner los adjetivos en genitivo, en vez de acusativo, como *Calicem salutaris accipiam?* Aquel poner el femenino por masculino; y, al contrario, llamar adulterio a cualquier pecado?[105]

Olivas y Juana Inés, seguramente, hablaron también de literatura, pues el bachiller era además poeta. En 1700 contribuyó a la sección mexicana de la *Fama y obras póstumas* de sor Juana; lamentablemente el poema en honor a la muerte de su antigua discípula decepciona a quien espere alguna revelación sobre aquellas horas que compartió con ella. Sus versos están llenos de lugares comunes; solo el epígrafe que les precede aduce a la relación que existió entre él y Juana Inés en sus roles de maestro y estudiante[106].

El bachiller, sin embargo, sí estuvo orgulloso de haber sido el maestro de latín de Juana Inés y se lo contó a muchas personas. Para ella también fue una experiencia singular: Olivas fue su único maestro y ella lo recordaba con gran respeto, según se deduce de un soneto acróstico que le dedicó (núm. 200). Las lecciones que impartió el bachiller a la joven se realizaron bajo vigilancia estricta. No era inusual que los instructores de mujeres se aprovechasen de su posición para seducirlas. Aunque Juana Inés no padeció ningún acoso de parte de Olivas, sí estaba ella al tanto de casos en que maestros se habían sobrepasado y años más tarde denunció desde el convento esta situación; como solución a esta problemática propuso que las mujeres tuviesen acceso al conocimiento para poder convertirse en maestras de sus congéneres[107].

En la corte la joven Juana parecía saberlo todo y particularmente se movía como pez en el agua en la escolástica. Su genialidad causaba admiración, envidia e incluso miedo. Los cortesanos y eclesiásticos no se explicaban cómo una mujer podía conocer tanto (sin importar si era aún muy joven o no). ¿Habría en ella alguna clase de influencia sobrenatural, como pensaba fray Payo Enríquez de Ribera, a la sazón arzobispo de México?[108] Para zanjar la cuestión de una vez por todas el marqués de Mancera decidió someterla a un examen público en el que cuarenta hombres le preguntaron sobre teología, historia, literatura y ciencias. No se trató de un grupo de poco calibre; todo lo contrario: en él se hallaban especialistas que ostentaban títulos universitarios —filósofos, matemáticos e historiadores— y personas que en aquella época eran conocidos como *tertulios*, es decir, hombres que sin haber acudido a la universidad gozaban fama de juiciosos y eruditos. La elección de este último grupo entre los examinadores no parece casual. Muchos de ellos, aunque habían tenido maestros en su juventud, compartían con ella el hecho de no haber pisado un aula universitaria. Nadie mejor que ellos para conocer y valorar la dificultad de amasar tanto conocimiento sin acceso a una institución académica. La gran diferencia, sin embargo, residía en que ellos, por su cualidad de varones, habían tenido un sinfín de ventajas de las que no había gozado Juana Inés por su condición femenina.

El debate entre la joven de Nepantla y este grupo de sabios causó una impresión imborrable entre los asistentes. Años más tarde, de vuelta en España, el virrey rememoraba con gran asombro lo acaecido aquel día en una sala de su palacio: «A la manera que un galeón real se defendería de pocas chalupas que le embistieran, así se desembarazaba Juana Inés de las preguntas, argumentos y réplicas que tantos, cada uno en su clase, la propusieron»[109]. Al no poder acudir a la universidad como había sido el sueño de su infancia, la universidad había acudido a ella y le otorgaba simbólicamente un grado además de cubrirla de aplausos. El examen tuvo también otro significado: fue la culminación de su ascenso social que ella describió así:

> Incliméme a los estudios
> desde mis primeros años
> con tan ardientes desvelos,
> con tan ansiosos cuidados,
> que reduje a tiempo breve
> fatigas de mucho espacio.
> Conmuté el tiempo, industriosa,
> a lo intenso del trabajo,
> de modo que en breve tiempo
> era el admirable blanco
> de todas las atenciones,
> de tal modo, que llegaron
> a venerar como infuso
> lo que fue adquirido lauro.
> Era de mi patria toda
> el objeto venerado
> de aquellas adoraciones
> que forma el común aplauso;
> y como lo que decía,
> fuese bueno o fuese malo,
> ni el rostro lo deslucía
> ni lo desairaba el garbo,
> llegó la superstición
> popular a empeño tanto,
> que ya adoraban deidad
> el ídolo que formaron[110].

Pero la prueba a la que la sometió el marqués de Mancera tuvo una consecuencia imprevista: tanta fama y elogios no podían más que acelerar el proceso de toma de decisiones sobre su futuro.

Aunque tiempo después ella haya querido restarle importancia a este suceso diciendo que las felicitaciones recibidas en aquella ocasión fueron similares a las que le daban de niña si su labor de costura le quedaba mejor que a sus compañeras en la escuelita de su pueblo, seguramente saboreó la gloria[111]. Sin embargo, por su carácter proclive al debate, debió de disfrutar más que los aplausos la esgrima intelectual y la conversación dialéctica. Sin duda, en este episodio se encuentra el germen de las frecuentes tertulias que presidió en los años venideros en el locutorio del convento de San Jerónimo. Y también descubrió algo más: que con los aplausos llegan las envidias, los ataques y los hostigamientos.

Sus contemporáneos se empeñaron tanto en presentar a Juana Inés como una joven superdotada que se olvida su disciplinada dedicación al estudio[112]. La suya no fue «ciencia infusa» o «no natural» como pensaban algunos, sino adquirida con gran esfuerzo[113]. Casi un cuarto de siglo después de aquel día en que fue sometida al examen público reveló encerrada en el convento lo mucho que batalló para tener acceso a los libros: «A mí, no el saber (que aún no sé), solo el desear saber me [...] ha costado»[114]. Y quizá esta sea una de las razones por las que terminó por ingresar a la orden de san Jerónimo, ya que el santo representó para ella una especie de héroe intelectual, con quien se identificó en su lucha por el conocimiento[115]. En sus primeros años Juana Inés retó a la autoridad materna y se alejó de casa sin permiso para aprender a leer; más tarde no se dejó amedrentar por los castigos y regaños por pasar demasiado tiempo en la biblioteca de su abuelo en lugar de dedicarse a otras actividades; posteriormente, en casa de los Mata tuvo que cumplir con lo que sus tíos esperaban de ella y solo después estudió; y en palacio su actividad primordial fue asistir a la virreina en las necesidades de esta antes de siquiera poder abrir un libro. Dedicación, sí, pero también paciencia para alcanzar sus metas[116].

Con poco tiempo disponible por sus múltiples obligaciones y muchas veces al servicio de otros, Juana Inés se impuso a lo largo de su vida la tarea de aprovechar al máximo cada minuto que pudiese dedicar a sus dos grandes pasiones: el estudio y la poesía. Incluso en el que fue quizá su último poema afirmó que siempre tuvo que robarle horas al día para poder dedicarse a estudiar (núm. 51)[117]. No conocemos las expectativas que de ella tuvieron los demás en esta época, pero sí sabemos las que ella tuvo de sí misma. Juana Inés fue una mujer que ejerció enorme presión sobre su persona para alcanzar sus objetivos. Podría incluso decirse que estuvo dispuesta a llegar a los extremos si estos le aseguraban obtener sus metas. Verbigracia, cuando se percató de que no aprendía latín a la velocidad que deseaba, optó por una estrategia de motivación que atentaba contra su vanidad. Sabedora de que su cabello representaba uno de sus atributos más atractivos, decidió no dejarlo crecer a menos que el ritmo de su aprendizaje se acelerara. Como no lo logró, cortó una y otra vez su cabellera. Con lógica impecable se justificó: «No me parecía razón que estuviese vestida de cabellos cabeza que estaba tan desnuda de noticias»[118]. Sin esta férrea autodisciplina es probable que Juana Inés jamás hubiese acumulado tanto conocimiento y erudición pese a contar con una mente privilegiada. Y, por supuesto, este rigor para consigo misma también le sirvió para triunfar, sin contar con un linaje que la respaldara, en la corte más importante de América.

Más de dos décadas después del día en que tomó la decisión de hacerse monja, sor Juana recibió un regalo y una epístola en verso de Sebastián Navarrete, peruano desterrado de su patria y avecindado en México. El obsequio consistía en unas vasijas de barro de paredes muy delgadas provenientes de Chile que servían para guardar diversos líquidos pero también para comerse. Era un presente muy apreciado por las damas nobles de aquella época que estaban convencidas de que la ingesta de barro aportaba beneficios para la piel y protegía de embarazos no deseados[119]. En España las vasijas de barro más cotizadas venían de Estremoz en Portugal. Si bien ninguno de los mencionados beneficios podía ser de interés para la monja, el peruano tenía noticias, infundadas por supuesto, de que las propiedades de las vasijas chilenas transformaban a las mujeres en hombres, pues aconsejaba en su carta a la jerónima comerlas y concretar así un cambio de sexo. El atrevido caballero, enterado del gran sentido del humor de su interlocutora y de lo que sus contemporáneos definían como su «varonil ingenio»[120] —en sus mentes era difícil aceptar la imagen de una mujer sedienta de conocimiento—, hizo su regalo en probable alusión a un evento ocurrido en Andalucía muchos decenios antes. Alrededor de 1605 una joven llamada Magdalena Muñoz de dieciocho años había sido enviada por su padre a un convento de dominicas en Úbeda «por ser cerrada y no ser para casada». Un buen día, tras 12 años de vida conventual, Magdalena realizó un enorme esfuerzo físico, tal vez obligada a cargar un objeto pesado, y «se le rompió una tela por donde le salió la naturaleza de hombre como los demás». Ante este hecho sor Magdalena abandonó el convento y fue conocida en el mundo a partir de entonces como Gaspar Muñoz[121].

Si bien emitida en un contexto cómico-serio la respuesta de sor Juana a Navarrete devela una de sus razones para hacerse monja. Dice ella que ante la imposibilidad de hacerse hombre cuando era joven y poder estudiar, hecho que no le hubiese desagradado en nada, ella decidió ingresar al convento, «pues no soy mujer que a alguno / de mujer pueda servirle» (núm. 48, vv. 103-104). En carta de 1691 al obispo de Puebla explicó sor Juana su elección de vida en términos similares cuando señaló que tenía una «total negación [...] al matrimonio»[122]. Sus palabras suenan tan contundentes que no parecen sugerir que haya siquiera contemplado la posibilidad de tener una relación con algún pretendiente durante su estancia en la corte. De haberlo querido es seguro que hubiese encontrado un hombre con quien hacer su vida[123]. Tal vez su repulsión a la vida conyugal tenía que ver con que su madre había sido abandonada por dos hombres o con que su hermana Josefa María había sufrido la misma suerte tras solo dos años de matrimonio.

Juana Inés supo desde un principio que sus años en la corte representaban una etapa de transición. Pero probablemente no tenía claridad sobre cuánto tiempo duraría esta ni adónde iría tras ella. Además de familiarizarse con las costumbres cortesanas, tuvo oportunidad durante sus días en palacio de conocer la vida religiosa de la Nueva España. Con frecuencia las virreinas solían visitar los conventos acompañadas de un séquito femenino para tomar parte en ceremonias religiosas, pero también para escuchar música o saborear los deliciosos dulces que preparaban las monjas. La marquesa de Mancera siguió esta tradición y se mostró particularmente aficionada a las carmelitas descalzas[124] y a las capuchinas, a quienes brindó su apoyo decisivo para que fundasen su primer monasterio en la Ciudad de México, e incluso llevó en su carruaje a las primeras monjas que ingresaron al convento[125]. Juana Inés debió de haber acompañado a la virreina en sus visitas conventuales y debió de haber aprovechado la oportunidad para conversar con las monjas y conocer mejor su forma de vida.

Aunque no sabemos si tomó parte en actividades religiosas en sus años con los Mata, es seguro que participó activamente en muchas de las ceremonias religiosas a las que asistieron los virreyes de Mancera.

Asimismo, entró en contacto con numerosos eclesiásticos entre quienes destacaba el ya mencionado Núñez de Miranda. Un aspecto muy relevante es que en estos años —sobre todo después de las clases de latín— debió de ampliar Juana Inés sus lecturas teológicas. Un buen indicio de lo avanzada que estaba en esta materia es que el examen público versó en su mayoría sobre teología y cuestiones escriturarias. Tampoco es improbable que durante su estancia en la corte Núñez le haya sugerido libros de ascética, mística y prácticas piadosas. Décadas más tarde escribió ella dentro del convento tres hermosos romances que pueden considerarse místicos (núms. 56-58) y también obras devocionales en prosa (núms. 406 y 407)[126]. En definitiva, la vida en la corte también le permitió entrar en contacto con las letras sagradas y obtener una idea de cómo era la vida conventual.

Ahora bien, ¿en qué momento tomó la decisión de convertirse en monja? En retrospectiva el acto público en que se defendió de manera magistral y mostró todas sus cualidades intelectuales ante 40 eruditos debe entenderse como el momento decisivo[127]. Todos —virreyes, Núñez y, sobre todo, Juana Inés— comprendieron al mismo tiempo que tras su gran éxito había llegado el instante de decidir sobre su futuro. Si la joven de Nepantla hubiese fracasado en el examen, quizá otro hubiese sido su destino.

Juana Inés, ya lo he dicho, además de extremadamente inteligente, era elocuente, carismática y sumamente atractiva[128]. Pero si cuando llegó a palacio ya su nombre era conocido entre la élite cultural y algunos segmentos de la población, después de salir avante de la prueba que le puso el marqués Juana Inés alcanzó en la capital un nivel de popularidad de proporciones casi legendarias. Quienes presenciaron el espectáculo de su inteligencia en la sala de palacio no perdieron ni un solo día para difundir aquellos hechos, y su fama corrió como fuego en reguero de pólvora. Cada vez que la bella Juana caminaba por los pasillos de palacio o salía a la calle era adulada, muchas veces de forma interesada, solo con el fin de acercársele y conversar con ella. Como es de esperarse, este período no fue nada sencillo: más de un hombre quiso pasarse de listo e intentó seducirla[129].

¿A qué más podía aspirar Juana Inés en el mundo? Como he insistido, ella no tenía intenciones de contraer matrimonio ni se consideraba apta para él. Muchas mujeres en situación similar habían optado por el convento. Pero, a sus ojos, la decisión de convertirse en monja no dependía solo de tener vocación o no, sino también de su capacidad de vivir en comunidad y bajo un régimen de obligaciones que no le permitiría dedicar todo su tiempo, como deseaba, al estudio y a las letras. Por fortuna, se permitió una reflexión sobre las decisiones que la llevaron al convento. Escuchémosla:

> Entreme religiosa, porque aunque conocía que tenía el estado cosas (de las accesorias hablo, no de las formales) muchas repugnantes a mi genio, con todo, para la total negación que tenía al matrimonio, era lo menos desproporcionado y lo más decente que podía elegir en materia de la seguridad que deseaba de mi salvación; a cuyo primer respeto (como al fin más importante) cedieron y sujetaron la cerviz todas las impertinencillas de mi genio, que eran de querer vivir sola; de no querer tener obligación que embarazase la libertad de mi estudio, ni rumor de comunidad que impidiese el sosegado silencio de mis libros[130].

En primer lugar habría que preguntarse si había en aquella época un lugar como el que imaginaba sor Juana. Ni con los Mata ni en palacio ella habría podido vivir solo dedicada a sus estudios y en silencio. De hecho, ningún intelectual en México podía emplear su tiempo únicamente para su afición a las letras o al estudio; lo más usual era ocupar algún cargo en una orden religiosa o hacerse con un puesto en la administración eclesiástica o civil y dedicar los ratos libres a la lectura y a la escritura. La confesión de sor Juana refleja más bien un anhelo por un mecenazgo imposible en la Nueva España y tal vez en toda la cultura hispánica. Su confidencia asimismo muestra otros dos rasgos de su personalidad: el gusto por la soledad y el silencio. Se piensa en sor Juana como una mujer extrovertida debido a los vínculos que, después de enclaustrarse, mantuvo con el mundo al ser una de las plumas más solicitadas y a su continuo trato con los poderosos, pero en ella hubo siempre una tendencia hacia la introspección que se acrecentó en sus últimos años.

¿Había en ella vocación religiosa? De acuerdo con el pasaje citado en el que se dirige al obispo Manuel Fernández de Santa Cruz, ante quien ella en ese momento debe justificar su vida y su obra, se diría que su decisión de entrar en un convento respondió a una espiritualidad pragmática. Descartado el matrimonio, solo el estado monjil permitía salvar el alma con decencia. Sin embargo, en la misma carta al prelado se refiere a la «fuerza de [su] vocación [religiosa]»[131]. Hay más: dos jesuitas de la época afirman después de muerta la monja que su decisión de ingresar al convento se debió a su vocación religiosa[132]. Algunos han querido ver en la opinión de estos hombres de Iglesia una intención hagiográfica, pero habría que apuntar que, en todo caso, el obispo Fernández de Santa Cruz no encontró nada reprochable en la manera en que sor Juana explicó su proceso mental para tomar la decisión de hacerse monja, pues, al responder la carta de sor Juana, pasó por alto las razones que la llevaron al convento, lo que sugiere que para él fueron válidas y no merecían ser sujetas a crítica o examen[133]. Pero haber tenido vocación no implica que la jerónima haya sido una monja de devoción ardiente. Su protobiógrafo es contundente al respecto cuando advierte que vivió «en la religión sin los retiros a que empeña el estruendoso y buen nombre de extática, mas con el cumplimiento sustancial a que obliga el estado de religiosa»[134]. Si se atiene uno a estas palabras, sor Juana fue una monja cumplida, no más, pero tampoco menos.

Lo más probable es que hubo una dosis tanto de vocación religiosa como de pragmatismo. Hay que tener en mente que no todas las mujeres que habitaron los conventos novohispanos lo hicieron por fervor religioso. Algunas fueron llevadas ahí a la fuerza para separarlas de sus enamorados; otras más, desilusionadas del amor, prefirieron pasar sus días lejos del mundo y sus tentaciones; otras fueron mujeres con nobleza, pero sin la dote necesaria para hacerse de un marido de abolengo; y no faltaron tampoco las solteronas que vieron en el claustro un refugio para escapar del desprestigio social que les acarreaba su estado civil. Visto en perspectiva, si bien la vocación religiosa al momento de ingresar a un convento es importante, más aún lo es cómo se vive el resto de la vida en el claustro. La jerarquía eclesiástica estuvo al tanto de que en los conventos no todo eran rezos, maitines y una rigurosa vida ascética. En 1694, un año antes de la muerte de sor Juana, un muy activo confesor de monjas se lamentaba de esta situación: «Si no tienen obligación de rezar ni de ir al coro, ni han de dar a Dios más culto que la seglar encerrada, yo no sé para qué se hicieron monjas»[135].

Antes de tomar la resolución más importante de su vida Juana Inés vivió un período de cavilaciones[136]. Su conflicto se derivaba de la dificultad de compaginar su personalidad de letrada con la de monja[137].

La decisión estaba en el aire y el fallo podía ser en contra de su ingreso al convento. En ese instante es cuando Núñez, que había venido observando con detenimiento el desarrollo de Juana Inés y la había apoyado con las clases de latín, jugó sus mejores cartas. A sus ojos era una oportunidad de oro para que la mujer más inteligente y compleja que había conocido formase parte de la Iglesia mexicana. Tenía también otra motivación según quienes conversaron con él por aquellos meses: «Solía decir que no podía Dios enviar azote mayor a aqueste reino que si permitiese que Juana Inés se quedara en la publicidad del siglo»[138]. Si Juana Inés lo buscó a él o si Núñez fue el iniciador de sus conversaciones en aras de disipar sus dudas no se sabe; sea como fuere, la joven le abrió su corazón al jesuita por quien ella sentía gran admiración y este utilizó todos los medios a su alcance para encauzarla hacia la vida conventual[139].

Núñez tenía entonces casi cincuenta años y era considerado el hombre más sabio de la Nueva España. Desde inicios de la década de los sesenta era calificador del Santo Oficio y a partir de 1663 había sido nombrado el director de la Congregación de la Purísima Concepción, desde donde distribuyó fuertes sumas de dinero para obras de caridad. Por esas mismas fechas estaba por comenzar su prolífica carrera de escritor de obras ascéticas dirigidas a monjas. La élite cultural lo conocía como «biblioteca viva de los jesuitas», «tragador de libros» u «oráculo universal»[140]. Sin duda, estos atributos fueron muy atractivos para Juana Inés, siempre dispuesta a aprender y a entablar discusiones intelectuales. Menos fascinante para ella debió de haber sido su propensión a imponer su voluntad a cualquier costo. Al corrupto conde de Baños no dudó Núñez en amenazar al negarse a poner en práctica uno de sus consejos: «Vuestra Excelencia», le espetó, «haga lo que le pareciere, pero yo bien sé que esto es lo que debe hacer y de no hacerlo se irá sin remedio a los infiernos sin pasar por el purgatorio»[141]. Frente a semejante amedrentamiento el virrey cambió de opinión, lo que no es poca cosa considerando que siempre buscaba salirse con la suya[142]. Sobre su sucesor, el marqués de Mancera, la ascendencia de Núñez también fue enorme y podría decirse que fue el único que le habló de tú a tú. Cuando en una ocasión el virrey quería confesarse y le mandó a decir por medio de un alabardero que requería de su presencia en palacio con la mayor celeridad, Núñez, que ese día ejercía su ministerio a la puerta de sus aposentos, no se movió del sitio. El virrey, molesto por la respuesta del jesuita, salió del Real Palacio y se presentó ante él, pero el jesuita ni siquiera se volteó a mirarlo. Indignado el marqués de Mancera le preguntó si acaso no lo había visto, a lo que Núñez respondió: «En el tribunal de la penitencia yo no veo más de pecadores; recibí el recado de Vuestra Excelencia; al virrey de Nueva España sobrará quien vaya a reconciliarlo, y estos pobrecitos solo me tienen a mí»[143]. Sus dotes persuasivas, según cuentan, eran sobresalientes. Para sor Juana fue quizá el hombre más importante de su vida. No solo se convirtió en su confesor, sino que sus biografías se entrelazaron profundamente a lo largo de veinticinco años; por azares del destino monja y confesor murieron el mismo año con solo dos meses de diferencia.

Cuando Núñez escuchó las reticencias de Juana Inés de entrar a un convento le presentó argumentos a favor de la renuncia al mundo, pero también le aclaró que «no le había de parecer difícil caber dentro de un alma tantos talentos de sabiduría hermanados con grandes virtudes religiosas, y que si se oponían a estas era mucha ganancia esconder los talentos»[144]. Las palabras del jesuita muestran que él veía posible que Juana Inés se dedicase a estudiar y a ser monja siempre y cuando el estudio fuese el de las letras divinas. Pero también es cierto que Núñez le aclaró enfáticamente que si el estudio y las letras eran un estorbo para ser una buena monja entonces debía abandonarlos[145]. Asimismo, le advirtió que el suyo no era un camino fácil, pero que él estaría a su lado para apoyarla[146]. Difícilmente podía él imaginar en 1667 que la bellísima joven iba a desarrollar un marcado interés por escribir lírica amorosa, poemas burlescos, teatro profano e incluso textos teológicos. Núñez acaso pensó que Juana Inés se dedicaría a redactar unos cuantos villancicos y, si él ejercía la influencia adecuada, algunas obras de devoción o de poesía mística. Pero su cálculo no salió como esperaba. Al inicio de los años ochenta, cuando se percató de que perdía el control que ejercía sobre su confesanda, Núñez hizo pública su desilusión por el camino que ella había tomado y empezó a comentar con todo aquel que quisiera escucharlo que si él hubiese sabido que ella se iba a dedicar a hacer versos profanos mejor hubiese sido que no se metiese de monja y se casara[147].

Si bien el jesuita ejerció fuerte presión sobre Juana Inés para apurarla con su decisión, la resolución de meterse monja fue solo de ella[148]. Acaso lo que podría reprochársele a Núñez sobre este momento clave es que con toda su experiencia a cuestas no haya logrado percibir que el conflicto que habitaba en Juana Inés no se resolvería por el solo hecho de ingresar a un convento; quizá creyó que así como él había podido dominar en su juventud su naturaleza que él mismo juzgaba indócil, ella también sería capaz de acallar sus pasiones. Tal vez ella también confió en que el conflicto se solucionaría por sí solo, pero el rumbo que tomó su vida muestra que no fue el caso; el dilema sobre cómo compaginar su personalidad de estudiosa con la vida monjil nunca encontró una solución satisfactoria. Y que este conflicto no se solucionara es lo que explica en última instancia las decisiones que tomó en sus años finales. Por otra parte, es cierto que en aquella época no había una solución ideal para una personalidad como la suya; adondequiera que ella hubiese ido —matrimonio, soltería, concubinato— su conflicto iba a persistir, pues no existía un espacio para la mujer de entonces donde solo se pudiese dedicar a la adquisición de conocimiento humanístico y científico. El convento ofrecía, en cambio, enormes beneficios, y la obra de sor Juana es un testimonio de que su decisión fue la más adecuada.

A inicios del verano de 1667 Juana Inés debió de tomar la resolución de hacerse monja; su elección recayó en el convento de San José de las carmelitas descalzas que se encontraba a solo tres manzanas del palacio virreinal y adonde probablemente había acudido con la virreina en anteriores ocasiones. El convento de San José o Santa Teresa la Antigua, como también era conocido, había sido fundado en 1616 por sor Inés de la Cruz y sor Mariana de la Encarnación, originalmente monjas concepcionistas que habían batallado más de dos décadas para concretar su sueño. Las resolutas hermanas tuvieron incluso que hacer frente a la inquina de cierto visitador general peninsular que, después de escuchar su solicitud, les espetó en la cara que nunca permitiría que «criollas chocolateras, [que] no la pueden pasar sin criadas, hicieran fundación alguna de su orden»[149]. Por la misma época el arzobispo fray Francisco García Guerra, cuyos desgraciados años mexicanos fueron objeto de una memorable crónica del sevillano Mateo Alemán[150], también les negó su apoyo no obstante ser un asiduo visitante a su convento, donde se solazaba escuchándolas cantar.

En San José, de entre los más de veinte conventos que había en esos años en la Ciudad de México, sor Juana llevó una vida muy distinta a la que había conocido. Si bien es cierto que no era una orden absolutamente negada al desarrollo intelectual[151], la mayor parte del tiempo las monjas estaban dedicadas a los rezos. Núñez debió de cumplir una función definitiva en inclinar la balanza por San José; su afición por la santa de Ávila, cuyas obras recomendaba leer más que las de cualquier místico, era ampliamente conocida[152]. Quizá también, sabiendo que Juana Inés necesitaba resolver el conflicto que habitaba en ella sobre su dedicación a las letras, consideró que lo mejor era un régimen de vida donde la joven se olvidase de una vez por todas de sus intereses mundanos, es decir, una especie de purga ascética. Por otra parte, es probable que la marquesa de Mancera, asidua visitante del convento, igualmente tuviera algo que ver, aunque en menor medida.

La orden carmelita se caracterizaba por su severidad. Además de ayunos y abstinencias se ponía un gran énfasis en la oración, actividad que ocupaba gran parte del día de las monjas. El silencio, como era de esperarse, era un factor elemental en la concepción teresiana de la vida conventual y, en consecuencia, solo existían breves conversaciones entre las religiosas durante las comidas y siempre en voz baja. El número de sirvientas era limitado y las monjas tenían que ocuparse ellas mismas de las labores de limpieza y de la cocina. La alimentación era un fiel reflejo de su concepción del mundo: se utilizaban pocas especias y la carne de puerco y el chocolate estaban estrictamente prohibidos. El almuerzo en San José consistía de frijoles, nopales, un huevo y a veces una pequeña porción de pescado; un vaso de agua era compartido por dos monjas[153]. A ojos de Núñez toda monja debía aspirar a la disciplina y al ascetismo de las carmelitas. No es plausible que Juana Inés no conociese cómo se vivía en el convento adonde ingresó. Fue siempre una mujer bien informada y ya he dicho que probablemente acudió a San José varias veces con la virreina antes de ingresar en él. Así que la suya fue una decisión meditada que terminó, sin embargo, en un fracaso.

El domingo 14 de agosto de 1667 ingresó Juana Inés a San José donde fue aceptada como religiosa corista. A la ceremonia en la que recibió el hábito de bendición la acompañaron los virreyes. Ese día dejó de ser Juana Ramírez, como solían llamarla su familia y allegados, y eligió el nombre de Juana Inés de la Cruz, quizá en honor a una de las fundadoras del convento[154]. Pero solo tres meses más tarde, el viernes 18 de noviembre, la novicia abandonó el convento para no regresar jamás a él[155]. ¿Qué había pasado para que una mujer con la fuerza de voluntad de Juana Inés defraudara a los virreyes y tal vez a sí misma?

Sor Juana nunca se refirió a su estancia en San José; tampoco lo hizo su biógrafo Calleja. Pero Juan Antonio de Oviedo, biógrafo y asistente de Núñez, sí se detuvo en este episodio. Cuenta Oviedo que Juana Inés cayó muy pronto enferma debido al severo régimen de vida de las carmelitas. Médicos que acudieron a verla, tal vez enviados por los propios virreyes, concluyeron que los rigores de la regla carmelita la habían enfermado y recomendaron su salida. No se precisa qué clase de enfermedad fue la que padeció, pero algunos sospechan que esta dejó a Juana Inés con una salud tan quebradiza que hizo imposible su regreso a una orden de la severidad de las carmelitas tras su recuperación[156].

De hecho, períodos continuos de salud frágil marcaron la vida de sor Juana. A la marquesa de Mancera le confesó que la muerte la solía perseguir, por lo que es presumible que antes de la enfermedad en San José haya pasado por otras severas crisis de salud[157]. Alrededor de 1673, ya en el convento de San Jerónimo, enfermó de tabardillo y padeció fuertes fiebres con delirios (núm. 11); en 1677 le dijo a don García de Legazpi, canónigo de la catedral de México, que solía tener una mala salud[158] y en varias ocasiones cayó tan gravemente enferma que no tuvo ni siquiera fuerza para tomar la pluma, por lo que debió recurrir a una compañera para enviar una breve nota manuscrita a sus amigos para informarles de su situación (núm. 121). También padeció malestares estomacales que la afectaron gravemente[159]. Su propensión a perder la salud con facilidad la asumió ella como una parte de su personalidad y cuando tuvo la oportunidad de presentarse ante sus lectores europeos resaltó dicha faceta: «que tengo poca salud / y continuos embarazos» (núm. 1, vv. 45-46), les dijo. Todo esto me hace sospechar que en ella existió una tendencia a somatizar sus conflictos, pues se observa con frecuencia que varias de sus crisis emocionales están acompañadas también de dolencias físicas. Verbigracia, cuando en 1691 el obispo de Puebla la reprimió públicamente por escribir literatura profana en lugar de dedicarse a las letras divinas, su primera reacción fue caer enferma antes de animarse a responderle.

En San José, como en muchos conventos carmelitas, prevalecían condiciones malsanas. Un siglo después de que Juana Inés de la Cruz abandonara el convento de marras, Baltasar Ladrón de Guevara, testigo de las condiciones en que vivían las carmelitas en la Nueva España, registró que la mayoría de las religiosas, pese a ingresar perfectamente sanas, enfermaban a los pocos días después de profesar; según su estimación, un tercio de la población de los conventos carmelitas estaba siempre enfermo[160]. De creer entonces a Oviedo la salida de Juana Inés de San José fue involuntaria. Pero como ni sor Juana ni Calleja hablan de este episodio, algunos han puesto en duda la versión del asistente de Núñez y han sugerido que ella buscó activamente su salida al no compatibilizar con el régimen de vida de las carmelitas[161]. Pero tal vez su salida esté más bien relacionada con una situación interna de San José hasta ahora desconocida. Hay, por ejemplo, un dato que llama mucho la atención: de 1665 a 1670 no hubo ninguna profesión, convirtiéndose este período en el más prolongado durante el siglo XVII sin profesiones en San José[162]. Esto apunta a que Juana Inés no fue la única que decidió no profesar y que su caso no es tan excepcional como se ha pensado. Quizá las circunstancias internas que se vivían no eran las mejores. Sabemos, por ejemplo, que fray Payo Enríquez de Ribera, arzobispo de México entre 1668 y 1681 y protector de sor Juana en los años setenta, realizó diversas visitas a los conventos de carmelitas descalzas y descubrió graves problemas financieros[163]. Sea por enfermedad, sea por incapacidad para soportar el rigor de la regla carmelita, sea por problemas internos de San José, Juana Inés había vivido su primera gran crisis.

III

EL *GLORIOSO HONOR* EN EL CLAUSTRO

1668-1679

Fundado en 1585 en el límite sur de la parte urbanizada de la Ciudad de México, el convento de Santa Paula fue el primero de la orden jerónima en la Nueva España[164]. Cuando en 1626 se concluyó su templo, este fue dedicado a san Jerónimo y el convento empezó a ser conocido por ese nombre. Era un complejo arquitectónico bastante grande para su época. Además del templo con su coro y sacristía había dormitorios, oficinas, una enfermería, un confesionario, un comulgatorio, un noviciado, una cocina y, por supuesto, los tornos y los locutorios. Las jerónimas que vivían ahí estaban sujetas a la autoridad episcopal y seguían la regla de san Agustín, pero para regular la vida interna tenían ordenanzas especiales.

En este sitio se encontraba Juana Inés por lo menos desde febrero de 1668 en traje de seglar, o sea, como muchas de las niñas o jóvenes que vivían en los conventos para recibir una buena educación y podían después profesar o abandonar el claustro para casarse. Quizá ella tuvo en mente desde un principio ser presentada a la comunidad para tomar el hábito de bendición como novicia y que se le otorgara la escritura de dote y alimentos, pero el caso es que decidió ingresar como seglar, lo que le permitía retirarse en cualquier momento sin que pareciese un fracaso como el que tuvo con las carmelitas[165]. Su rápido ingreso a un nuevo convento puede ser un indicio de que la enfermedad que padeció durante su breve estadía con las carmelitas no fue tan grave. Poco sabemos de este periodo de transición. Es probable que tras su salida de San José haya regresado a vivir a la corte virreinal, pues ese había sido su hogar durante los últimos dos años. Ahí la debió visitar el padre Núñez, que seguramente interpretaba como un fracaso suyo el hecho de que Juana Inés no pudiese o no quisiese regresar a la orden carmelita. La elección de otro convento debía meditarse a fondo. Ni Juana Inés, ni los virreyes, que habían estado presentes en San José para su ingreso, ni Núñez con su fama impecable de guía espiritual, podían permitirse un nuevo fiasco. Como apenas hacía unos cuantos meses se habían enfrentado a la misma disyuntiva, a saber, la selección de un convento para la joven, el grupo en torno a Juana Inés conocía perfectamente qué conventos tenían lugares disponibles en la ciudad. San Jerónimo los tenía y además debió de haber estado desde un principio entre los conventos que se consideraron cuando se decidió su ingreso con las carmelitas. Entre las razones para elegir San Jerónimo debió de haber primado el hecho de que en este convento regía la «vida particular», lo que a Juana Inés le daba la posibilidad de adquirir una celda propia y tener más privacidad que con las carmelitas; asimismo, es probable que ella haya sentido una atracción intelectual por san Jerónimo, quien solía rodearse de discípulas femeninas como santa Paula o santa Eustoquio, cuyos nombres sor Juana citaba con frecuencia[166].

El evento más importante durante las breves semanas en que Juana Inés se reincorporó al mundo fue la conclusión de las bóvedas de la catedral metropolitana. Dotado de un buen olfato político, el virrey de Mancera seleccionó el 22 de diciembre de 1667, cumpleaños de la reina Mariana de Austria, para celebrar la segunda dedicación del templo; la primera se había realizado cuando el interior de la catedral aún no estaba del todo concluido. Juana Inés debió de haber asistido a los suntuosos festejos: durante los días previos a la celebración las calles adyacentes al templo se llenaron de altares de las distintas congregaciones, órdenes religiosas y cofradías, y el 21 de diciembre, en palabras del encargado de pronunciar el sermón en tan solemne ocasión, la noche no llegó «porque toda la ciudad en luminarias, hachas, faroles y varios artificios de fuego no dio lugar a sus sombras»[167]. Con la intención de dejar un digno registro de la ocasión el prolífico bachiller Diego de Ribera compuso una breve obra en diversos metros que se publicó en los primeros meses de 1668. Entre los trece poetas que en los preliminares elogiaron la labor de Ribera se encontraban cinco que publicaron por vez primera: Bernardo de Río Frío, Juan Bautista de Cárdenas, Ambrosio de la Lima, Carlos de Sigüenza y Góngora y Juana Inés, la más joven. Todos ellos fueron miembros de una generación que estaba vinculada, no por una fecha de nacimiento, sino por intereses estéticos, como la española del 98[168]. Si bien Juana Inés y Sigüenza y Góngora fueron los corifeos, todos participaron activamente en la vida cultural novohispana de la segunda mitad del siglo XVII. Entre los poetas convocados por Ribera figuró también Alonso Ramírez, que treinta años más tarde contribuyó con una composición a la sección elegíaca de *Fama y obras póstumas* (1700) de sor Juana.

La composición de Juana Inés abre la sección de elogios no por ser la de la única mujer, sino por ser la de mejor calidad (núm. 202). Ninguno de los bachilleres o licenciados que engalanan la obra de Ribera podían medirse con ella. Hay más: aún adolescente, de dieciséis o diecinueve años, Juana Inés era ya la mejor sonetista de América. El epígrafe del poema es sumamente interesante: «Juana Inés de Asuaje, glorioso honor del mexicano Museo»[169]. Aunque por las mismas fechas declaró llamarse *Juana Ramírez*[170], la joven decidió (o Ribera lo hizo por ella) que su primera incursión en el mundo de las letras fuese bajo el nombre compuesto de *Juana Inés* y con el apellido paterno de *Asuaje*[171]. Entre sus ancestros nadie que se sepa llevó el nombre de *Juan* o *Juana*. En cambio, *Inés* había sido el nombre de su bisabuela materna de Sanlúcar de Barrameda y el de una tía. Ante la opción de aparecer solo con el nombre de *Juana* (en cierto sentido horro de historia familiar), la novel autora prefirió una solución que la vinculase con la familia española del lado materno.

El soneto en el libro de Ribera es su única publicación conocida con un nombre seglar. En adelante siempre lo hizo bajo su nombre de monja. Pero ¿por qué relegó el apellido materno *(Ramírez)* y prefirió el del padre a quien ella o no conoció o con quien no tuvo mayor contacto? La pregunta es legítima si se considera que exactamente un año después, en su «Testamento y renuncia de bienes», la joven afirmó llamarse *Juana Ramírez de Asuaje*[172], hecho que sugiere que la omisión del apellido materno de su nombre de autora fue consciente. Decantarse por *Asuaje* significó una elección por sus raíces españolas: el *Ramírez* materno era criollo, el *Asuaje*, peninsular. También puede ser, entre otras cosas, que ella experimentara el acto de publicar como una actividad masculina[173].

Juana Inés de Asuaje era, en palabras del bachiller Ribera, «glorioso honor del mexicano Museo». La fórmula era inusual en el libro, ya que la autora fue la única entre todos los participantes que recibió un elogio después de su nombre. De los otros poetas convocados únicamente se mencionó su respectivo cargo o título universitario. Incluso a Sigüenza y Góngora solo se le llamó bachiller sin mayores epítetos. Como Juana Inés no contaba con título académico ni con alcurnia para que a su nombre le antecediera algún título nobiliario, Ribera la ubicó, ante la carencia de linaje o de credenciales universitarias, en un espacio —el templo o la casa de las musas («Museo»)—, adonde se llega gracias al talento. Por añadidura, este sitio era mexicano. Ribera le otorgó así a Juana Inés, la poetisa, su verdadera acta de bautismo.

La joven autora no era noble, pero ennoblecía con sus letras. Con todo, el epíteto rayaba en la provocación. Ribera no podía ignorar que, apenas unas semanas antes de entregar su poema, Juana Inés había abandonado el Carmelo. Tampoco debió de desconocer la dedicación y la obsesión de Núñez por impulsar a Juana Inés hacia el estado religioso. Ribera era un hombre muy bien informado y probablemente con conexiones en el palacio virreinal[174]. Por la mayoría era sabido que Núñez consideraba que una mujer tan inteligente, bella y carismática como Juana Inés debía enclaustrarse de por vida y no andar en el mundo exhibiendo sus dotes. Núñez, además, conocía perfectamente el poder de atracción que ejercía Juana Inés sobre la sociedad novohispana y había sido testigo del brillante desempeño de la joven frente a los cuarenta sabios en la corte. Al describir el éxito que tuvo Juana Inés aquel día, el virrey recurrió a un lenguaje épico —«un galeón [que] se defendería de pocas chalupas», había dicho— que seguramente se difundió por los pasillos de palacio y de ahí a toda la élite novohispana. Ribera tal vez tenía en mente aquella célebre ocasión cuando la nombró «glorioso honor». Como para un militar que regresa de una victoria («triunfo», por cierto, es el vocablo con el que describe Calleja la prueba superada)[175], Ribera pide para Juana Inés el reconocimiento público y los aplausos. En definitiva, si Núñez la quería alejar de los reflectores de la sociedad, Ribera la regresaba a ellos. El epíteto, finalmente, debe entenderse como el germen de su último nombre de autora: si al principio fue vista como una habitante indeterminada de la casa mexicana de las musas, en la última etapa de su carrera literaria fue conocida como la «Musa décima».

En 1676 Ribera volvió a invitar a sor Juana a participar con un poema panegírico (núm. 203) en un libro suyo dedicado a las obras que fray Payo, en su función de virrey, estaba realizando en beneficio de los habitantes de la capital y redactó el siguiente epígrafe: «De la nunca bastantemente alabada, armónica Fénix del indiano Parnaso, la madre Juana Inés de la Cruz, religiosa profesa del convento de San Jerónimo»[176]. Para el primer epígrafe (el de 1668) Ribera había optado por iniciar con el nombre de la autora, que en ese momento aún era seglar, pero en esta ocasión, cuando ella ya es monja, el bachiller decidió anteponer una serie de adjetivos al nombre. Ahora bien: más importante que relegar el nombre religioso a un segundo lugar es que Ribera haya sido el primero en describir a sor Juana con el mote de *Fénix*, por el que ella desarrolló una particular predilección en sus años finales (ver, por ejemplo, su romance 49)[177].

1668 fue no solo el año del ingreso de Juana Inés a San Jerónimo, sino también el de su entrada oficial al mundo de las letras. Aunque algunos de sus poemas ya circulaban en manuscritos, la experiencia de ver una composición suya impresa debió de emocionarla. No muchas mujeres en la España de los Austrias podían jactarse de publicar a tan joven edad. Tampoco un hombre: no lo lograron autores tan precoces como Góngora o Quevedo. Por otra parte, no hay que perder de vista que su inclusión en los preliminares fue un acto de relaciones públicas. Ribera presentaba a la promesa de las letras novohispanas y ella cumplía rigurosamente con lo esperado: un elogio desbordante hacia el autor.

Como ya he dicho, si a San José había ingresado como novicia, Juana Inés o alguien más decidió por ella que lo mejor sería que pasase una temporada en San Jerónimo aún en hábito de seglar. Tal vez temían los virreyes o el mismo Núñez que la salud de la joven tuviese una recaída o que volviese a mostrar dificultades para adaptarse a la vida de claustro y sobreviniera un segundo fracaso[178]. Probablemente el 8 de febrero de 1668 comenzó la joven su período de noviciado con la toma del hábito de bendición[179]. Esta vez no acudieron los virreyes a la ceremonia. Durante un año Juana Inés tuvo la oportunidad de conocer la vida conventual y familiarizarse con las reglas de la orden antes de decidir si quería profesar definitivamente o no. Vivió en el noviciado y estuvo bajo la supervisión de una maestra de novicias. Este período de prueba y preparación servía para que las superioras valoraran la vocación de las novicias e indagaran si deseaban convertirse en monjas por voluntad propia o si estaban sujetas a presiones ajenas. Dos meses antes de la profesión la novicia solía ser examinada con el fin de asegurarse de que había adquirido los conocimientos necesarios para participar en la vida religiosa de la orden. La decisión sobre su aceptación definitiva recaía exclusivamente en las autoridades del convento, quienes podían negarse a aceptar a una candidata si la consideraban horra de vocación religiosa o poco aplicada para cumplir con sus deberes.

En los primeros meses en Santa Paula Juana Inés debió de experimentar un sentimiento conocido: otra vez —después de la casa de los Mata, la corte virreinal y San José— tenía que aprender a adaptarse a un nuevo entorno. En esta ocasión no hubo enfermedades ni sobresaltos. En algún momento del noviciado debió de presentar una serie de documentos que los conventos solicitaban de sus postulantes. Además de una información de limpieza de sangre, es decir, la confirmación de que provenía de una familia de cristianos viejos, donde no hubiese judíos ni penitenciados por la Inquisición, las novicias entregaban su acta bautismal, acompañada de declaraciones notariadas de testigos, que corroboraban su legitimidad. Sabemos de la ilegitimidad de Juana Inés, pero en todos los documentos relativos a su profesión ella se nombró hija legítima (por ejemplo, en su «Testamento y renuncia de bienes» y en su registro en el *Libro de profesiones*). Lo mismo había hecho al ingresar con las carmelitas como religiosa corista[180]. Sin embargo, no haber sido reconocida por su padre no hubiese sido impedimento para que las jerónimas la aceptaran. De hecho, entre 1643 y 1705 dieciséis mujeres afirmaron ser hijas ilegítimas al profesar en San Jerónimo[181]. Incluso dos monjas lo hicieron pocos años después de la profesión de sor Juana: sor Ana de Santo Domingo en 1672 y sor Josefa de San Juan en 1677[182]. Esta última falleció solo diecisiete días antes que sor Juana y la poetisa fue la encargada de registrar su muerte en los archivos del convento[183]. Si sor Juana sabía de su ilegitimidad, ¿por qué entonces decidió mentir para una ocasión tan solemne? O tal vez no mintió. Quizá, en realidad, al momento de profesar no sabía de su ilegitimidad, o existió algún documento de legitimación, como se ha especulado, algo que, por otra parte, no era inusual en la época. El mismo arzobispo de aquellos años, fray Payo Enríquez de Ribera, había nacido como hijo natural y fue posteriormente reconocido. Y él fue quien, en última instancia, aprobó todos los documentos de quien terminó por convertirse en su protegida e incluso amiga[184].

Otro requisito indispensable era la dote, cuyo monto ascendía en San Jerónimo a 3.000 pesos en oro y debía entregarse antes de la profesión. Esta cantidad era invertida en las diversas propiedades del convento —sus haciendas, por ejemplo— con la finalidad de garantizarle a la monja una renta anual como ayuda para sus gastos que consistían, entre otras cosas, en ropa, el pago de las sirvientas, o el mantenimiento o la ampliación de su celda. Sin embargo, los ingresos que generaba la dote eran en muchos casos insuficientes y las monjas se veían obligadas a conseguir otra fuente de ingresos. Sor Juana tuvo acceso a un constante flujo de efectivo para sus necesidades gracias a los villancicos que escribió para las iglesias de México, Puebla y Oaxaca, así como por otras obras de ocasión. Pero al momento de la profesión su familia no tenía los recursos suficientes y ella contaba solo con 240 pesos de oro que le había otorgado el capitán Juan Sentís de Chavarría[185]. Así que alguien más fue el responsable de cubrir el pago de la dote.

El probable benefactor de sor Juana fue Pedro Velázquez de la Cadena, un hombre sumamente poderoso. Nacido en el seno de una rica familia novohispana, fue caballero de la orden de Santiago, militar influyente y rector de la archicofradía del Santísimo Sacramento. Heredó de sus padres el patronato del convento de Santa Inés, poseyó minas y fue gran amigo de fray Payo. Su hermano fue un reputado fraile agustino, cuya tesis universitaria fue patrocinada por el virrey de Mancera. Recibió como dote del padre de su primera esposa la secretaría de gobernación; casó en segundas nupcias con Elena de Silva Centeno y de Maldonado, que presumiblemente estaba emparentada con Diego Ruiz Lozano y Zenteno, segundo amante de la madre de sor Juana[186]. Velázquez de la Cadena fue, además, un individuo que entendía de letras: en 1654 fungió como juez en un certamen poético de la universidad dedicado a la Inmaculada Concepción. Sin duda, su gusto por la poesía fue un factor decisivo para que Juana Inés se ganara su simpatía[187].

Ahora bien: mientras que Calleja sostiene que Velázquez de la Cadena pagó la dote[188], sor Juana señala que él fue el responsable de agenciarla[189], lo que sugiere que tal vez alguien más haya asistido al convento a hacer el pago a su nombre o haya sido el intermediario. Esa persona debió de ser Juan Caballero, esposo de Isabel de Mata, prima de sor Juana, pues en una ocasión declaró él ser quien se comprometió a pagar los 3.000 pesos en oro de la dote[190]. ¿O acaso fue Caballero el verdadero padrino? Probablemente no, ya que sor Juana, además de sostener, como ya he dicho, que Velázquez de la Cadena agenció la dote, también le dedicó un poema donde dice ser su ahijada y lo nombra el «mayor de los padrinos» (núm. 46, v. 2)[191].

Previo al 24 de febrero de 1668, día de su profesión, la novicia Juana Inés de la Cruz vivió una de las semanas más notables de su vida. Los acontecimientos se agolpan. Lunes 18: se realizó el pago de la dote. Miércoles 20: la novicia solicitó al arzobispo el permiso para hacer su testamento y este se lo concedió. Sábado 23: Juana Inés se sentó con el escribano José de Anaya para dictarle su testamento. Al acto acudieron, entre otros, Núñez y José de Lombeida, quien desempeñó un papel aún no del todo aclarado en la venta de algunos bienes de sor Juana en sus años finales[192]. Ese día, víspera de la profesión, Núñez permaneció, tras la lectura y firma del testamento, varias horas más en el convento supervisando los últimos preparativos de la suntuosa fiesta que al día siguiente corrió por su cuenta y a la que invitó a lo más granado de la sociedad novohispana[193]. La profesión de Juana Inés era sobre todo un logro suyo[194] y es evidente que el poderoso jesuita se quería lucir frente a sus contemporáneos. No obstante sus múltiples actividades encontró dio tiempo para elaborar con sus propias manos las luminarias para el convite, porque, según admitió, «no quería que tuviese el diablo por dónde tentar a Juana Inés»[195].

El sacerdote Antonio Cárdenas y Salazar, quien conocía la vena poética de la novicia, porque había aprobado el libro de Ribera donde salió publicada su primera composición, presidió la orden de profesión el domingo 24 de febrero. Durante la ceremonia Juana Inés de la Cruz hizo los votos de pobreza, castidad, obediencia y clausura, y cambió el velo blanco de novicia por el velo negro que simbolizaba su calidad de viuda[196]. En el *Libro de profesiones* de San Jerónimo se asentó su acta de protesta, la número 251; firmaron sor Juana Inés de la Cruz y la priora sor María de San Miguel. En algún momento posterior, sor Juana agregó unas palabras debajo de las firmas que ninguna monja había escrito antes en el *Libro de profesiones* ni lo haría después: «Dios me haga santa»[197]. Las jerónimas estaban sumamente contentas: no había otro convento en toda la Nueva España que contase con una religiosa entre sus filas con acceso directo al oído de los virreyes.

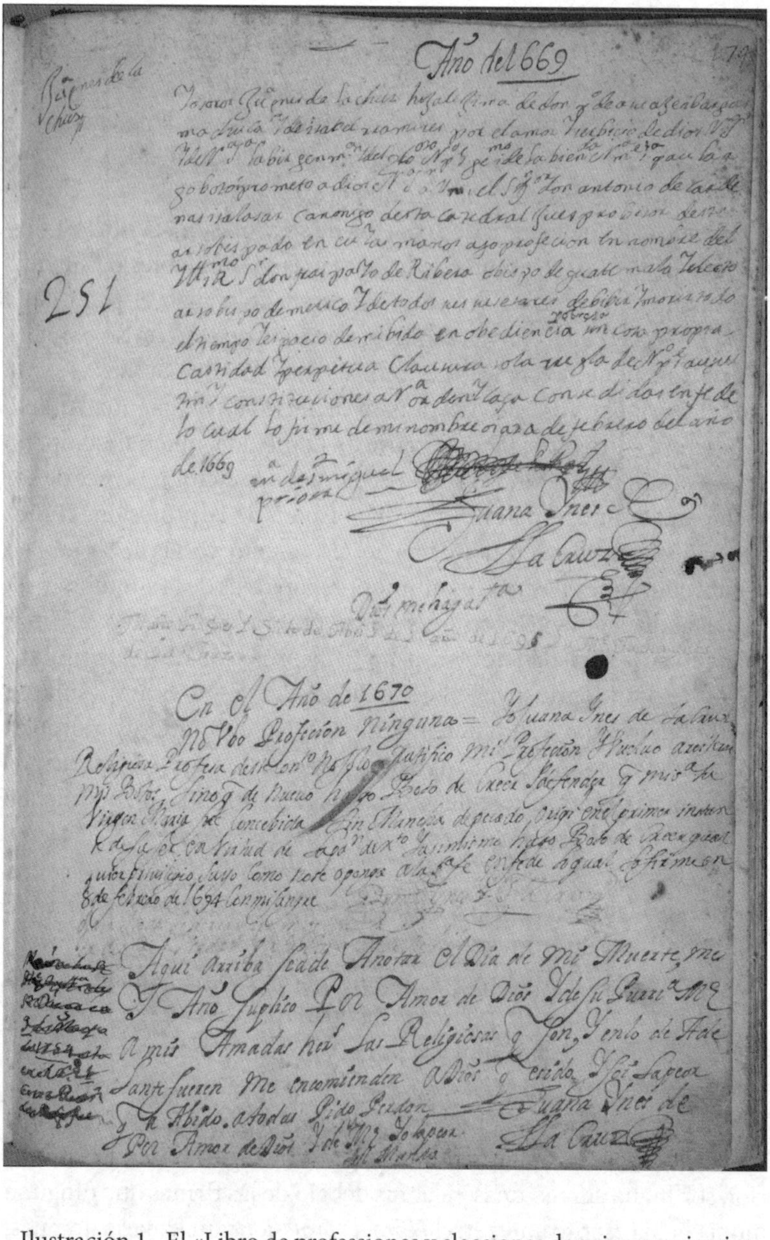

Ilustración 1. El «Libro de professiones y elecciones de prioras y vicarias del convento de San Gerónimo, 1586-1713» forma parte del fondo Dorothy Schons de la Colección Latinoamericana Nettie Lee Benson (Universidad de Texas en Austin). Cortesía de la Colección Benson.

En San Jerónimo las monjas llevaban una vida sujeta a una disciplina espiritual. Había rezos todos los días y a diferentes horas, según estipulaban sus reglas[198]. Las religiosas leían en su breviario y oraban rosario en mano, y sor Juana también lo hizo y dejó testimonio de ello en sus poemas[199]. Sin duda, sor Juana dedicó más tiempo a estas actividades piadosas que a los estudios humanísticos y científicos que tanto la apasionaban[200]. En el convento no se observaba la regla de la vida en común de forma muy estricta, por lo que las monjas pasaban gran parte del tiempo en sus celdas, donde comían, trabajaban y rezaban. Sin embargo, también hubo algunas ocupaciones que se realizaron en comunidad.

El día comenzaba con el rezo de la «prima». A continuación se celebraba la misa conventual en el coro a la que todas las monjas estaban obligadas a asistir so pena de comer en el suelo a pan y agua. A las ocho de la mañana desayunaban. Al terminar regresaban al coro para rezar la «tercia». Tras ello la *Regla* disponía que las monjas pasasen un tiempo en la *casa de labor*, donde realizaban actividades comunes; sin embargo, es muy probable que en San Jerónimo a las monjas se les permitiese retraerse a sus celdas para estas tareas. A las doce volvían al coro para el rezo de la «sexta» y, en seguida, almorzaban. Aunque las *Reglas* señalan que debían tomar el almuerzo en el refectorio, esto no sucedía y se iban a sus celdas, donde muchas monjas tenían sirvientas o esclavas que les preparaban sus alimentos. A las tres de la tarde se rezaba la «nona» y a las siete en el coro las «vísperas y completas». Posteriormente se cenaba y las monjas se iban a dormir. Por la madrugada, alrededor de las cuatro, se rezaban los «maitines». Sabemos que sor Juana fue una monja muy cumplida con sus obligaciones religiosas y que no solía faltar a los rezos en el coro[201].

El convento tenía también sus propias reglas para regular las infracciones. Todos los viernes se juntaban las monjas y se decían en público las faltas cometidas contra la *Regla*. Los castigos iban desde un padrenuestro hasta cárcel perpetua dentro del convento, dependiendo de la gravedad de la falta. Entre las faltas menores se contaba que una monja se equivocase durante la lectura en el coro, o que riera disolutamente, o que comiera antes que la priora, si es que lo hacían en el refectorio. En cambio, insultos o riñas entre las monjas, desobediencia hacia las superiores o mostrar el rostro a personas que no fueran familiares directos se consideraban faltas graves.

Precisa señalar que las religiosas novohispanas no siguieron siempre al pie de la letra las reglas de sus constituciones. Sabido es que existió cierto relajamiento de las costumbres y que muchas monjas tuvieron un buen número de criadas y esclavas que las asistían en la cocina o en el baño. Las monjas se bañaban una o dos veces al mes. Estas sirvientas en muchas ocasiones se convirtieron en sus aliadas y confidentes. No siempre lo que sucedía intramuros fue bien visto por la jerarquía eclesiástica. Verbigracia, durante la década de los veinte de aquel siglo hubo representaciones teatrales en algunos conventos que el arzobispo desaprobó categóricamente. Aunque ordenó cortar de tajo dicha práctica, hay dudas fundadas para sospechar que las medidas no tuvieron el éxito deseado y que en las décadas siguientes se continuaron representando obras teatrales en muchos conventos[202]. Afortunadamente para los moralistas de la época, la relajación de las costumbres en los conventos novohispanos no fue tan excesiva como en el Perú.

Lo que los testimonios revelan sobre la vida de las monjas de aquel siglo es que lograron en ocasiones eludir la estricta vigilancia y no siempre hicieron lo que se les ordenaba. Sabemos que también se divirtieron y organizaron concursos poéticos dentro de los claustros. Hay un grupo de cinco sonetos bastante escandalosos de sor Juana que bien pudieron componerse para una reunión de solaz divertimento de las monjas o para una de las tertulias literarias que ella solía dirigir en el locutorio[203]. Todos escritos con consonantes forzados, los sonetos presentan una voz lírica que o hace alusiones licenciosas a una mujer, o le habla del deseo de un hombre hacia ella, o refiere cómo una dama ha convertido a su marido en cornudo:

> Aunque eres, Teresilla, tan *muchacha,*
> le das quehacer al pobre de *Camacho,*
> porque dará tu disimulo un *cacho*
> a aquel que se pintare más sin *tacha.*
> De los empleos que tu amor *despacha*
> anda el triste cargado como un *macho,*
> y tiene tan crecido ya el *penacho,*
> que ya no puede entrar si no se *agacha.*
> Estás a hacerle burlas ya tan *ducha*
> y a salir de ellas bien estás tan *hecha,*

que de lo que tu vientre *desembucha*,
sabes darle a entender, cuando *sospecha*,
que has hecho, por hacer su hacienda *mucha*,
de ajena siembra, suya la *cosecha* (núm. 160).

No pocas religiosas se habrán sonrojado al escuchar de boca de sor Juana estos versos. Tampoco fue infrecuente el hecho de que amigos o familiares acudiesen a las ventanas de los conventos a tocar música para agasajar a las monjas[204]. En 1682 se les prohibió a las hermanas de San Jerónimo recibir devotos en el locutorio o en la portería[205]. Pero dicha prescripción no tuvo los efectos esperados y la costumbre se mantuvo vigente[206]. Asimismo existió dentro de los conventos lo que se conoce como *amistad particular*, que podía implicar desde una atracción espiritual sumamente fuerte entre monjas hasta relaciones sexuales. Y no solo entre monjas sino también entre religiosas y sus sirvientas o jovencitas a su cuidado. El arzobispo Aguiar y Seijas, escandalizado ante estos hechos, mandó en 1693 a leer en todos los coros bajos de los conventos un edicto que amenazaba con la excomunión a las monjas que fuesen sorprendidas en estos actos[207]. Por último, hay que decir que los únicos visitantes masculinos autorizados fueron los médicos, los boticarios, los confesores, los prelados y el mayordomo.

Las monjas de San Jerónimo utilizaban túnicas blancas de poco precio, con mangas cerradas y anchas; estas túnicas debían llegar hasta el suelo sin hacer falda. Durante las procesiones solemnes o durante las visitas estaban obligadas a usar un manto, que era unos cuatro dedos más corto que la túnica. También utilizaban un escapulario que como el manto era de paño de buriel. La toca, con la que cubrían sus cabezas, era blanca y el velo negro. Alrededor de la cintura tenían una correa negra de la orden de san Agustín. Sus zapatos también eran negros y podían ser ligeramente altos[208]. Sor Juana, sin embargo, en los retratos que se conservan de ella fue representada en un hábito fastuoso, amplio y con mangas hasta el suelo; y a pesar de que las *Reglas* especificaban que el hábito no hiciese falda, ella aparece con una falda no ceñida[209].

Gran parte de su tiempo lo pasó sor Juana en su celda que, dividida en dos pisos, contaba con una alcoba, un estudio, una estancia, una cocina y un baño[210]. Su cama debió de tener un colchón y una almohada de lienzo o cáñamo, pero no sábanas. Las reglas de la orden prescribían que las monjas durmiesen con sayuela vestida y escapulario pequeño, ceñidas y con velo. Pero ¿dormía sor Juana? Probablemente poco; mujer nocturna y amante del silencio, aprovechaba esas horas para leer, estudiar y escribir sin interrupciones: «Nocturna, mas no funesta, / de noche mi pluma escribe» (núm. 15, vv. 5-6). Y cuando se iba a la cama no pensaba en rezos, sino que en su mente se desarrollaba un intenso diálogo de voces sobre el saber y la poesía: «Ni aun el sueño se libró de este continuo movimiento de mi imaginativa; antes suele obrar en él más libre y desembarazada, confiriendo con mayor claridad y sosiego las especies que ha conservado del día, arguyendo, haciendo versos, de que [...] pudiera hacer un catálogo muy grande, y de algunas razones y delgadezas que he alcanzado dormida mejor que despierta»[211].

En su habitación guardaba sus libros y muchos objetos científicos que coleccionaba. Un contemporáneo suyo sostiene que a la monja pertenecieron 4.000 volúmenes[212]; aunque la cifra real tal vez haya sido bastante menor, sí debió de contar sor Juana con una buena cantidad de libros, lo que da una idea de las dimensiones generosas de sus aposentos. No sabemos si con los Mata o en el palacio virreinal tuvo una habitación propia, pero en San Jerónimo convirtió su celda en un espacio que reflejaba sus intereses personales. Allí vivió sor Juana acompañada de sus sirvientas que debieron de verla muchas veces leer y escribir en absoluto ensimismamiento. Al ingresar al convento le acompañó una mulata, Juana de San José, que su madre le obsequió. Y hacia el final de su vida compartió su habitación con su sobrina Isabel María de San José. En 1692 solicitó al arzobispo su venia para adquirir una segunda celda, quizá para esta sobrina, y se le concedió. Esta adquisición muestra no solo que la jerónima llegó a acumular considerables recursos en sus últimos años, sino que fue una de las monjas más privilegiadas de su convento. Y también fue una de las más activas: en 1673 ocupó el puesto de tornera, cuya función consistía en recibir y llevar recados y entregar a la prelada para su revisión la correspondencia que recibían las monjas; en 1677 cumplió las funciones de secretaria y en 1680 las de portera menor, lo que implicaba asistir o sustituir a la portera mayor en la vigilancia de «la puerta reglar», que era por donde se recibían las provisiones para el convento[213].

A diferencia de su estancia con las carmelitas descalzas donde había ayunos continuos y la comida se servía en el refectorio, en San Jerónimo sor Juana podía cocinarse su comida en su propia celda[214]. El convento compraba los alimentos y los distribuía entre las monjas, pero no todas recibían los mismos productos; los de mejor calidad eran acaparados por las religiosas más ricas. Algunos conventos llegaron a mantener animales como borregos o pollos dentro de sus muros. La dieta en San Jerónimo era variada. El desayuno consistía de pan, huevos, leche y mantequilla. La carne que más se consumía era la de cordero y en menor medida la de res, aunque los miércoles tenían prohibido probar cualquier tipo de carne. En algunas ocasiones también se comía pescado[215]. La lista de compras de muchos conventos de la época, excluyendo a los del Carmelo, revela el consumo de una amplia variedad de productos: frijoles, garbanzo, lentejas, huevos, chile, pimienta, azafrán, cilantro y tocino[216]. Muchas de las cocineras eran indias y esto seguramente también influyó en la forma en que preparaban los alimentos. Precisa señalar que la alimentación de las monjas fue privilegiada, pues ellas ingerían algunos productos como aceitunas o almendras que no se podía permitir el grueso de la población, que se alimentaba de tortillas, chiles y frijoles. En muchos conventos las monjas ofrecían a sus visitantes tazas de chocolate. La bebida, que también ellas consumían, era considerada por algunos un afrodisiaco y no era, por lo regular, bien vista por los hombres de Iglesia.

A sor Juana le gustaba cocinar. De niña ha de haber prestado mucha atención a los guisos que preparaban las criadas en la hacienda de Panoayan y seguramente en la Ciudad de México le ayudó también a su tía María y a sus sirvientas en las labores de la cocina. En el convento ella cocinaba con particular gusto para sus compañeras enfermas[217]. Hay que tener en mente que el siglo XVII fue el período de la revolución culinaria en América. Muy pronto en la Nueva España se empezaron a mezclar productos autóctonos (tomate, chile, vainilla, maíz) con los traídos de Europa (cebolla, ajo, canela, etc.). Y las cocinas de los conventos jugaron un papel crucial en la evolución del sincretismo culinario y en la formación del paladar de la élite a la que solían agasajar con algunos de sus productos. Precisamente durante los años de vida de sor Juana los conventos novohispanos fundaron su fama gastronómica en sus deliciosos productos de repostería[218]. Sabemos que sor Juana gustaba de preparar dulces que regalaba. A la marquesa de la Laguna le envió un dulce de nueces en agradecimiento por una diadema (núm. 23). A la condesa de Galve le regaló, en ocasión de un día de fiesta, chocolate en polvo que tal vez ella misma molió (núm. 44), actividad sumamente desgastante según explica (núm. 49), y por la que muchos conventos solían pagar[219]. Finalmente a sor Juana cocinar le sirvió también para reflexionar sobre ciertos procesos naturales que hoy llamaríamos química:

> Veo que un huevo se une y fríe en la manteca o aceite —revela la monja al obispo Fernández de Santa Cruz— y, por contrario, se despedaza en el almíbar; ver que para que el azúcar se conserve fluida basta echarle una muy mínima parte de agua en que haya estado membrillo u otra fruta agria; ver que la yema y clara de un mismo huevo son contrarias, que en los unos, que sirven para el azúcar, sirve cada una de por sí y juntos no[220].

Existe un manuscrito del siglo XVIII que recupera 36 recetas del convento de San Jerónimo; algunos han querido ver en él una copia del recetario de la célebre monja[221].

El convento le brindó a sor Juana una familia femenina. Cuando ella ingresó a San Jerónimo vivían ahí 88 religiosas acompañadas de un número indeterminado de novicias, niñas educandas, sirvientas, cocineras y esclavas[222]. Como ya he dicho, ella misma recibió de su madre una esclava mulata que la asistió desde su primer día como monja hasta aproximadamente 1675 cuando la mulata abandonó el convento por una enfermedad[223]. Esto significa que en un espacio reducido convivían monjas —españolas y criollas en su mayoría de buena posición y aceptable linaje— con mestizas, indias, negras o mulatas que formaban la servidumbre. Pero no solo fue San Jerónimo un sitio de encuentro de distintos estamentos sociales y razas, sino también de generaciones, donde coexistieron ancianas con novicias y niñas que habitaban el colegio al lado del convento. Estas niñas debieron de divertirse muchísimo con sor Juana y la habrán visto como una monja muy distinta a las demás; en cierto sentido, era como ellas: curiosa y nunca se cansaba de preguntar. Y ella gustaba de olvidarse un rato de sus obligaciones cotidianas y detenerse a observar cómo jugaban las niñas, por ejemplo, al trompo[224].

La mayoría de las compañeras de sor Juana sabía leer y escribir e incluso algunas tuvieron un conocimiento básico del latín necesario para los rezos[225]. Pero otras eran analfabetas y sor Juana escribió por ellas el texto de su profesión. Sin embargo, nuestra poetisa no parece haber tenido ninguna compañera o amiga en el convento con quien pudiese conversar sobre sus inquietudes científicas, literarias, teológicas o filosóficas. Ni siquiera encontró entre las otras monjas a una que estuviese dispuesta a ayudarle a manuscribir sus composiciones[226]. Jamás se refirió a ninguna de las profesas de San Jerónimo en concreto; tampoco le dedicó a ninguna de ellas algún escrito, aunque sí compuso por petición de sus hermanas religiosas unos *Ejercicios de la Encarnación* y unos *Ofrecimientos de los Dolores* en los años ochenta, que se agotaron rápidamente entre las monjas novohispanas[227]. Según el padre Calleja, sor Juana fue una monja caritativa, generosa y gran limosnera: mientras que a sus compañeras enfermas solía prepararles la comida y cuidarlas, a las más pobres las asistía entregándoles varios de los muchos regalos que recibía[228]. La labor administrativa que desempeñó sor Juana en el convento permite entrever su preocupación por el bienestar de la comunidad a la que perteneció. Pero aunque ella misma habló del «mucho amor que hay entre mí y mis amadas hermanas»[229], no todo fue armonía entre ella y las otras religiosas.

Sor Juana también tuvo serios conflictos con sus compañeras y se sintió profundamente incomprendida en su labor intelectual. Ante todo le molestaba que las demás monjas no entendiesen o no quisiesen comprender que necesitaba tiempo y tranquilidad para sus estudios. Al parecer, las celadoras —monjas encargadas de hacer que las religiosas guardasen silencio— no eran muy eficientes. Su vecina le causó en distintas ocasiones dolores de cabeza, ya que acostumbraba organizar convivencias en las que se tocaban instrumentos y se cantaba, lo que incomodaba a sor Juana, que debía suspender la lectura de sus eruditos libros por no poderse concentrar. Más fastidioso fue para ella que, sin considerar si estaba escribiendo o no, algunas de las religiosas irrumpiesen en su celda para conversar, robándole así del poco tiempo libre con que contaba para sus estudios. Para su desgracia, su celda no siempre fue ese espacio privado de recogimiento que ella hubiese deseado. Incluso un día dos criadas que estaban discutiendo acaloradamente la interrumpieron para que sirviese como juez en su pleito[230].

Uno de los aspectos de los que más se queja en sus cartas, y del que poco se habla, es el aislamiento intelectual que padeció en San Jerónimo: «Sumo trabajo [he tenido] —dice— no solo en carecer de maestro, sino de condiscípulos con quienes conferir y ejercitar lo estudiado, teniendo solo por maestro un libro mudo, por condiscípulo un tintero insensible; y en vez de explicación y ejercicio muchos estorbos»[231]. Sor Juana, sin duda, tuvo un aprecio y respeto por sus hermanas religiosas, pero enfurecía ante el hecho de que muchas de ellas prefiriesen dedicar su tiempo a las murmuraciones o a los pleitos entre sí en lugar de entregarse a actividades intelectuales. Cuando Núñez le echó en cara que destinaba demasiadas horas a sus estudios en detrimento de sus tareas religiosas, sor Juana se defendió argumentando que, a sus ojos, ella empleaba mejor su tiempo que la mayoría de sus chismosas compañeras:

> ¿Por qué ha de ser malo que el rato que yo había de estar en una reja hablando disparates, o en una celda murmurando cuanto pasa fuera y dentro de casa, o peleando con otra, o riñendo a la triste sirviente, o vagando por todo el mundo con el pensamiento, lo gastara en estudiar, y más cuando Dios me inclinó a eso y no me pareció que era contra su ley santísima ni contra la obligación de mi estado?[232]

Por añadidura, a lo largo de sus primeros diez años en San Jerónimo tuvo sor Juana una serie de conflictos con varias monjas cuyo origen fue la envidia: mientras que las viejas le echaban en cara que quería saberlo todo pese a su juventud, las jóvenes se dedicaban a criticarla por parecerles demasiado hermosa[233]. Incluso hubo ocasiones en que fue acusada por sus compañeras de relacionarse poco con ellas por dedicarle demasiado tiempo a sus intereses intelectuales y mundanos[234].

Dos episodios concretos ejemplifican la poca simpatía con que algunas de las superioras vieron su dedicación al estudio. Después de ingresar al convento sor Juana fue obligada a modificar su escritura bajo el argumento de que la suya «parecía letra de hombre y que no era decente»[235]. En otra ocasión una superiora, que a ojos de sor Juana era muy devota pero bastante ignorante, le prohibió estudiar, porque consideraba que hacerlo representaba una herejía. Solo porque la prelada no duró en el cargo más de tres meses pudo sor Juana retomar la lectura de sus obras preferidas[236]. El suceso, aunque tal vez parece inocente, muestra que, aunque las monjas podían retraerse a sus celdas para sus actividades privadas, había mecanismos para ejercer una vigilancia sobre ellas, pues de otro modo no se entiende cómo la superiora podía saber si sor Juana abría un libro o no. Esta situación de aislamiento intelectual y de carencia de interlocutores dentro del convento fue plenamente identificada por un erudito de la época que lamentaba que sor Juana viviese «entre mujeres ignorantes de las letras»[237].

Pero absolutamente aislada no lo estuvo, ya que entró en contacto con otras monjas de otros conventos novohispanos. Supo, sin conocer su nombre, que en el convento de Regina de la Ciudad de México, había existido, décadas antes de que ella profesara, una monja que conocía el *Breviario Romano* con tanta exactitud que solía mezclar sus propias conversaciones con versos y salmos de este. Asimismo hubo otra monja, en el convento de la Concepción de la misma ciudad, que fue tan aficionada a las *Epístolas* de san Jerónimo que las tradujo al castellano, sin revelárselo a nadie durante toda su vida[238]. A ninguna de estas dos monjas conoció sor Juana. En cambio, sí tuvo una amistad con sor Agustina de San Diego del convento de Santa Clara en Puebla, que era una fanática del conocimiento: aprendió latín, leyó con voracidad libros profanos y escribió poemas. Ambas monjas intercambiaron cartas y regalos y, según un sacerdote de la época, pactaron «baldíos amores de por fe»[239]. Desconocemos cómo entraron en contacto, pero es posible que haya sido porque la monja de Puebla tenía familiares emparentados con Diego Ruiz Lozano, antiguo amante de la madre de sor Juana y originario de Cholula, población cercana a Puebla[240]. En todo caso, sor Agustina desarrolló una admiración por la jerónima y la tomó como modelo a seguir. Por consiguiente, dedicó largas horas al estudio en su celda y descuidó sus otras obligaciones religiosas. Según su confesor Ildefonso Mariano del Río, quien escribió un sermón a su muerte en 1728, vivió dieciocho años «en medio de este desbarato de su juventud [...] como asediada del mundo, azorada, inquieta, como perseguida a beneficio de la gracia auxiliante, que la llamaba a superior empleo»[241]. Esta situación le provocó un conflicto dentro del convento y fue amonestada: se le impuso la obligación de confesarse y comulgar durante 33 viernes, además de rezar 33 credos, para alcanzar el perdón de sus pecados. Sin duda, fue un cambio drástico en su vida que hasta entonces había estado dedicada al estudio. El último viernes de esta penitencia coincidió con el paso por la ciudad de Puebla del obispo de Oaxaca Isidro Sariñana y Cuenca, que había sido en el seminario uno de los discípulos predilectos de Antonio Núñez de Miranda, confesor de sor Juana. El prelado hizo con su comitiva una escala en el convento de las clarisas para entregarle a sor Agustina «prendas, [un] retrato y encomiendas» de parte de sor Juana.

Quizá porque sor Agustina se encontraba en un estado mental inestable o porque su confesor quiso de esta manera explicar su conversión, cuenta Del Río que cuando ella iba camino al locutorio para encontrarse con el obispo, se detuvo ante la imagen del Señor del Sepulcro, quien la asió de un brazo y le reclamó que quisiese saber más de lo que le incumbiese. Sor Agustina jamás llegó a la reunión con Sariñana ni recogió los regalos de su amiga. A partir de ese día se encerró en su celda, donde permaneció cuarenta y cuatro años presa de alucinaciones, pero viviendo como una monja ejemplar. Quedó así truncada una de las pocas relaciones intelectuales que sor Juana tuvo con otras monjas novohispanas. Algunos piensan que estos hechos acaecieron alrededor de 1682 o 1683[242]; de ser cierto, ¿habrá pensado sor Juana en la locura en que cayó su amiga a causa de la penitencia impuesta cuando decidió romper en 1684 con su confesor Núñez de Miranda?

Como una respuesta al limitado ambiente intelectual y cultural que prevalecía dentro del convento, sor Juana mantuvo durante muchos años el locutorio más activo de la Nueva España. A diferencia de la portería, reservada para asuntos legales y comerciales, los locutorios o *rejas*, como se les llamaba también, fueron un espacio íntimo, donde las monjas recibían amigos, familiares y confesores, aunque lo hacían bajo la supervisión de «escuchas», es decir, monjas que acompañaban a sus compañeras durante las visitas[243]. Al locutorio de sor Juana llegó la crema y nata de la sociedad y de la intelectualidad, de creer a su sobrino y a otras fuentes de la época[244]. Su confesor, el padre Núñez, reprobó esta continua comunicación con gente ajena al convento y así se lo hizo saber a sor Juana, pero ella no cedió a sus presiones[245]. Además de los virreyes y miembros de la corte como Francisco de las Heras, la visitaron a lo largo de los años eclesiásticos de la talla del arzobispo-virrey fray Payo Enríquez de Ribera, Francisco Javier Palavicino o Manuel Fernández de Santa Cruz, que la amonestó públicamente por dedicarse a escribir poesía profana. También recibió la visita de juristas como José Vega y Vique o de altos funcionarios civiles como el oidor don Diego de Valverde. Otros burócratas menores solían frecuentarla como Pedro Muñoz de Castro, que años más tarde se vio involucrado en la polémica por la publicación de la *Carta atenagórica* (1690). Muchos poetas o intelectuales criollos fueron a verla y a escucharla: Diego de Ribera, Juan de Guevara, Ambrosio de la Lima y Carlos de Sigüenza y Góngora, este último con seguridad el más asiduo visitante de todos ellos. En San Jerónimo recibió también a famosos intelectuales europeos como el padre Eusebio Francisco Kino. En estas reuniones se habló, pues, de política, ciencia, teología y poesía. Y seguramente se tocaron temas y libros que podían resultar incómodos a los poderosos. Por ejemplo, en un pasaje de su comedia *Amor es más laberinto* (1683), sor Juana se adentra a través del héroe, Teseo, en las discusiones políticas del momento. El joven se dirige al rey de Creta, que lo tiene prisionero, y le refiere sus hazañas, pero en un punto se detiene a reflexionar sobre el derecho a gobernar de los monarcas y en los medios que utilizan para que sus vasallos acepten su dominio:

> Lo cual consiste, Señor,
> si a buena luz lo atendemos,
> en que no puede adquirirse
> el valor como los reinos.
> Pruébase aquesta verdad
> con decir que los primeros
> que impusieron en el mundo
> dominio fueron los hechos,
> pues siendo todos los hombres
> iguales, no hubiera medio
> que pudiera introducir
> la desigualdad que vemos
> como entre rey y vasallo,
> como entre noble y plebeyo.
> Porque pensar que por sí
> los hombres se sometieron
> a llevar ajeno yugo
> y a sufrir extraño freno,
> si hay causas para pensarlo,
> no hay razón para creerlo [...].

De donde infiero que solo
fue poderoso el esfuerzo
a diferenciar los hombres,
que tan iguales nacieron,
con tan grande distinción
como hacer, siendo unos mesmos,
que unos sirvan como esclavos
y otros manden como dueños (núm. 396, vv. 473-492 y 509-516).

Sor Juana explica que la desigualdad es aceptada por los hombres y que se mantiene solo por la violencia que los más fuertes ejercen sobre los más débiles. La jerónima se hacía eco de una postura política de los filósofos neotomistas españoles encabezados por Francisco Suárez[246]. Con seguridad, ideas de este tipo resonaron en el locutorio y se discutieron. De igual manera, a principios de los años noventa sor Juana abordó en uno de estos coloquios una cuestión teológica que alteró el rumbo de su vida.

Las reuniones en el locutorio solían ser una especie de tertulias o academias literarias, pero también hubo ocasiones en que algún clérigo o catedrático solicitó un encuentro privado con la sabia monja para hacerle una consulta sobre algún asunto en particular. Se podría decir que la mayoría de quienes buscaban conversar con sor Juana lo hacían en búsqueda de su conocimiento sin paralelo en la Nueva España; en los años en que ella habitó en San Jerónimo se estableció ahí el verdadero punto de reunión de la *intelligentsia* del virreinato y no en la Real Universidad. Los testimonios de la época confirman una y otra vez que sor Juana asumía en aquellas reuniones una función de catedrática y sus oyentes la de discípulos de centros universitarios. Un participante de dichas tertulias apuntó, tras su regreso a España, que la expresión que mejor resumía lo que pasaba en ese locutorio era la de *cursar conversación*, porque hablar con ella era enseñanza[247]. En México un jesuita valenciano, que también tuvo acceso a estas tertulias, recordaba cómo los participantes lo primero que hacían al salir del convento era acudir a sus bibliotecas para llenar sus lagunas y estar la próxima vez a la altura de la jerónima[248]. Como si no hubiese sido suficiente el tiempo que pasaban escuchándola, las conversaciones en el locutorio se prolongaban muchos días más a través de cartas y billetes. En algunas de estas cartas se explayaba la monja sobre algún tema que le había parecido particularmente interesante a algún interlocutor y en otras comentaba la actitud de los *tertulios* durante la academia literaria[249].

Un día llegó a México el español fray Antonio Gutiérrez, afamado teólogo agustino y calificador del Santo Oficio. Fray Antonio conocía bien el continente americano; llevaba tiempo en él acompañando a un ilustre obispo de su orden. A sus oídos ya habían llegado noticias sobre la erudición de sor Juana, pero él la consideraba exagerada e incluso falsa. En su opinión ella era poeta, pero jamás una erudita. Sus comentarios sobre la jerónima tenían un tono sarcástico y burlón. Gutiérrez, sin embargo, cultivaba por aquel entonces una amistad con el oidor real Juan de Aréchaga, frecuente participante en las tertulias de San Jerónimo y entusiasta cronista de las hazañas intelectuales de la monja. Como era de esperarse, el agustino no tardó en echarle en cara a su amigo, a quien consideraba muy culto y prudente, que se dejase engañar tan fácilmente por una mujer que si tenía una cualidad era solo la astucia.

Ante su fracaso por persuadir a Gutiérrez de que sor Juana era una mujer altamente docta, Aréchaga le propuso que acudiesen juntos al locutorio para que se convenciese con sus propios ojos, o mejor dicho, con sus propios oídos, de la capacidad intelectual de la jerónima. Esperaron unos días hasta que sor Juana les indicó la fecha en que podían visitarla. Calificador del Santo Oficio y oidor real se apersonaron entonces en San Jerónimo y tras los protocolarios y breves saludos Gutiérrez comenzó a cuestionar a la monja sobre diversos temas —literatura, historia, mitología y matemáticas— a los que ella respondió con gran habilidad. Finalmente el agustino llevó la conversación al campo en el que era un experto, la teología. Su intención era clara; quería ver fracasar a la monja: «Astutamente fue inducida por Gutiérrez a los puntos más extraños e impenetrables de la ciencia sagrada», cuenta Juan José de Eguiara y Eguren, quien debió de escuchar relatos muy fidedignos de aquella reunión. Pero el agustino no pudo cumplir su cometido y sor Juana lo sorprendió siempre con certeras respuestas.

No contento, Gutiérrez le puso una última prueba a la monja. Le explicó que por aquellos días estaba elaborando un dictamen teológico sumamente intrincado que a pesar de su mayor esfuerzo aún no lograba concluir y que, en consecuencia, le pedía a ella que le indicara algunos libros donde él pudiese leer sobre asuntos relacionados con el Tribunal de la Inquisición. Sor Juana se mostró tan conocedora del asunto que Gutiérrez se decidió a exponerle en detalle el caso que tantos dolores de cabeza y muelas le daba y la jerónima le citó de memoria no solo pasajes de autores que podrían ayudarlo a mejorar su dictamen, sino que incluso le sugirió un libro que era desconocido para Gutiérrez y cuyo contenido podía tener la clave de su argumentación. El fraile agustino quedó estupefacto ante el sabio manejo de fuentes y la elegante exposición de las mismas. Se retiró de San Jerónimo convertido en uno más de los admiradores de la monja no sin antes rogarle a sor Juana que le prestase aquel libro que solo ella parecía tener en toda la Nueva España. Tiempo después Gutiérrez tuvo la delicadeza de confesar ante sus amigos que él no había sido el responsable de encontrar la solución al dictamen teológico que le habían encomendado, sino sor Juana.

Otro visitante asiduo al locutorio fue el franciscano Manuel de Argüello. Este consumado escolástico había recibido el encargo de impugnar una tesis filosófica o teológica —la fuente no lo precisa— que hasta ese momento no había sido tratada en ninguno de los libros a su disposición. Sujeto a una enorme presión de tiempo para elaborar su refutación, Argüello decidió acudir a sor Juana en búsqueda de ayuda. El mismo día en que debía rebatir la tesis, el franciscano se presentó por la mañana en el locutorio y la puso al tanto del debate escolástico. Siempre bien informada, la monja le respondió que ya había leído la tesis que debía rebatir y como si fuera él su discípulo procedió a dictarle una serie de objeciones que podría utilizar; también le sugirió varias mejoras al texto que llevaba consigo y le dio valiosos consejos de cómo podría defenderse de las eventuales impugnaciones. Con la refutación reelaborada bajo el brazo, Argüello salió de San Jerónimo y se dirigió por la tarde al sitio convenido para el debate. Tras su exposición Argüello cosechó grandes aplausos, pero de modo similar a Gutiérrez declaró que el mérito no le correspondía a él, sino a la monja de San Jerónimo[250].

El enorme conocimiento que acumuló sor Juana y compartió una y otra vez con sus amigos y conocidos no parece, sin embargo, haber sido el elemento que terminó por seducir a los oyentes de la monja. Formados en una cultura que otorgaba enorme valor a la palabra hablada, los contemporáneos de sor Juana fueron cautivados por sus habilidades retóricas y persuasorias. Escucharla era acudir a una *performance*. Desde adolescente había embelesado a sus oyentes. Núñez fue uno de los primeros que identificó su gracia al hablar cuando la conoció en el palacio virreinal[251]. Pero fue otro eclesiástico quien nos legó la imagen más detallada sobre cómo se expresaba sor Juana. Si la jerónima escribía bien, era mayor placer escucharla. Quienes acudían al locutorio oían, en palabras de Juan Ignacio de Castorena y Ursúa, cómo «ya, silogizando consecuencias, argüía escolásticamente en las más difíciles disputas; ya, sobre diversos sermones, adelantando con mayor delicadeza los discursos; ya componiendo versos de repente, en distintos idiomas y metros, nos admiraba a todos»[252]. En la voz de la monja resonaban las tres más importantes de la época, a saber, la del sacerdote o teólogo, la del catedrático y la del juglar. Sor Juana podía en una misma tertulia hablar de las enrevesadas disputas teológicas de la época —por ejemplo, debatir sobre la mayor prueba de amor que había hecho Cristo a los hombres antes de morir— y minutos después podía improvisar versos, cual repentista actual, en español, pero también en náhuatl o latín. Fue dueña de un amplio léxico y como Quevedo desarrolló un gusto por neologismos. A un caballero que la llama *el Fénix* le responde que la quiere *enfenizar* (núm. 49, v. 83); a otro de quien ya hablamos que la quería convertir en hombre a través de la ingesta de vasijas de barro le dice que la busca *entarquinar* (núm. 48, v. 88) en alusión a Tarquino, que violó a Lucrecia aprovechando la ausencia de su marido Colatino.

Varias anécdotas nos permiten escuchar a sor Juana en acción. Debió de ser temible enfrentarse a ella en un debate de índole personal o académico, porque no solía tener pelos en la lengua. Cuando se peleó con una priora le dijo durante la discusión: «Calle, madre, que es una tonta». Solo su buena relación con el arzobispo fray Payo la salvó de una reprimenda mayor, pues este respondió en el mismo billete donde venía la queja de la priora lo siguiente: «Pruebe la madre superiora lo contrario y se administrará justicia»[253]. En otro momento supo que alguien andaba a sus espaldas hablando mal de su difunto padre a quien, por algún proceder ilícito o por alguna afrenta, llamaba poco honrado; la jerónima advirtió que el calificativo llevaba una doble intención, ya que podía estar dirigido no solo hacia su progenitor, sino también hacia ella en alusión a su ilegitimidad; su respuesta no se hizo esperar e insultó a la madre del deslenguado: «Más piadosa fue tu madre, / que hizo que a muchos sucedas: / para que, entre tantos, puedas / tomar el que más te cuadre» (núm. 95, vv. 5-8). Lo que revelan las fuentes y ella misma es que sor Juana solía recoger los guantes que le lanzaban: «¿Para qué tengo yo pico, / sino para despicarme?» (núm. 49, vv. 175-176), sentenció en una ocasión.

Además de pico tenía sor Juana un excepcional sentido del humor. Era traviesa y solía hacer una que otra broma pesada. Tal vez ninguna más arriesgada que la que le jugó al enfermo mental Domingo Pérez de Barcia, que tras fundar en 1686 el recogimiento de San Miguel para mujeres pobres y prostitutas comenzó a mostrar síntomas de su padecimiento. Este se manifestaba algunas veces con severos ataques y convulsiones, espuma en la boca, sangre en la nariz y pérdida del sentido; otras veces Pérez de Barcia atacaba a quien se le ponía en frente y un día el padre José López estuvo a punto de ser golpeado brutalmente por él con un palo; sobrevivió porque prefirió lanzarse por una ventana que enfrentarse al enloquecido hombre. Cuentan que los compañeros de Pérez de Barcia tenían que controlarlo dándole fuertes bofetadas y sometiéndole hasta que regresaba en sí[254].

Este hombre, que fue declarado por el arzobispo Francisco Aguiar y Seijas incompetente para dirigir el recogimiento que había fundado, había tenido visiones desde su juventud, razón por la que Antonio Núñez, que fue su padre espiritual, se alejó de él[255]. Con todo, la Iglesia celebraba el ascetismo que buscaba imponer Pérez de Barcia entre sus contemporáneos y, especialmente, entre las monjas. Se sabe que a un caballero le arrancó la peluca y que a otros les prohibió con amenazas rondar las porterías de los conventos[256]. Cuando en una ocasión se percató de que un médico, que había acudido a un convento a ver a varias monjas enfermas, aprovechó la coyuntura para conversar con las sanas, no perdió tiempo para reprenderlo con rigor extremo[257]. Todo esto lo debió de haber sabido sor Juana cuando aprovechó una oportunidad para provocarlo. Resulta que Pérez de Barcia fue un día a confesar a una monja enferma de San Jerónimo; sor Juana esperó a que terminara sus deberes y se acercó a él para solicitarle que permaneciese un rato en el convento para que pudiesen charlar. Es evidente que sor Juana sabía que se negaría, ya que este hombre no se atrevía a estar en ningún recinto de monjas más tiempo que lo estrictamente necesario. Sin embargo, su plan era tentarlo y obligarlo a tener más trato con las monjas. Al parecer Pérez de Barcia no cayó en la trampa y tiempo después sor Juana admitió que deseaba hablar con él solo para «probarlo como a escrupuloso»[258].

Si sor Juana se podía reír de los demás, también se podía reír de sí misma. Hablando de su nacimiento en un poema burlesco dice que lo peor que le pudo pasar a su madre fue «mala noche y parir hija» (núm. 49, v. 83). Su forma de responder a quienes se enfrentaban a ella o a quienes la insultaban y su gusto por provocar a otros revelan a una sor Juana muy segura de sí misma. Sin embargo, ella con frecuencia se empeñó en sus escritos dirigidos a altas autoridades eclesiásticas en crear una imagen distinta, la de una mujer inculta, pobre y sujeta a los gustos y a la voluntad de los demás: «Y, a la verdad, yo nunca he escrito sino violentada y forzada y solo por dar gusto a otros; no solo sin complacencia, sino con positiva repugnancia, porque nunca he juzgado de mí que tenga el caudal de letras e ingenio que pide la obligación de quien escribe»[259].

La actividad poética de sor Juana de los años setenta estuvo básicamente regida por homenajes, encargos, peticiones y poesía fúnebre. Cuando llevaba casi un lustro de haber profesado, llegó el nuevo virrey que sustituyó a los marqueses de Mancera. Se trataba de don Pedro Nuño Colón de Portugal y Castro, duque de Veragua. Para sor Juana debió de ser una triste noticia el fin del gobierno de los Mancera, ya que ellos solían visitarla en el locutorio y asistían con frecuencia a la capilla del convento para las oraciones de las vísperas[260]. El nuevo virrey, de quien se dijo que había comprado el virreinato de México por cincuenta mil pesos[261], entró a la Ciudad de México el 8 de diciembre de 1673, pero murió solo cuatro días después. Sor Juana hizo un tríptico de sonetos fúnebres en honor a este gobernante, con quien nunca cruzó palabra alguna (núms. 190-192), pero a quien tenía que rendir pleitesía en un acto de relaciones públicas. Con todo, quizá se trasluce algo de ironía en su homenaje a Nuño Colón, que era considerado un corrupto y cuya muerte fue, en realidad, una bendición para las finanzas públicas: «Tanto pudo la fama encarecerlo / y tanto las noticias sublimarlo, / que sin haber llegado a conocerlo / llegó con tanto extremo el reino a amarlo, / que muchos ojos no pudieron verlo, / mas ningunos pudieron no llorarlo» (núm. 190, vv. 9-14). Tras el fallecimiento del duque de Veragua fue nombrado virrey fray Payo Enríquez de Ribera, que era en ese entonces el arzobispo.

Muy distintos son, en cambio, los tres sonetos (núms. 187-189) a la muerte de Leonor Carreto, la virreina que le abrió las puertas de palacio y que falleció en Tepeaca el 21 de abril de 1674 cuando se dirigía con su marido y su comitiva al puerto de Veracruz para embarcarse rumbo a Europa. Que haya muerto ahí no carece de ironía trágica: cuentan que, cuando era virreina y le solicitaban alguna cosa a la que no quería acceder, respondía: «Vayan al rollo de Tepeaca»[262]. La Carreto fue una de las grandes influencias en la vida de sor Juana. Ella fomentó su inclinación a las letras y la jerónima fue plenamente consciente de este hecho. Recuerda en el soneto más bello y efusivo de los tres el decisivo influjo que ejerció doña Leonor sobre su personalidad poética:

Mueran contigo, Laura, pues moriste,
los afectos que en vano te desean,
los ojos a quien privas de que vean
la hermosa luz que un tiempo concediste.
Muera mi lira infausta en que influiste
ecos, que lamentables te vocean,
y hasta estos rasgos mal formados sean
lágrimas negras de mi pluma triste.
Muévase a compasión la misma Muerte
que, precisa, no pudo perdonarte;
y lamente el Amor su amarga suerte,
pues si antes, ambicioso de gozarte,
deseó tener ojos para verte,
ya le sirvieran solo de llorarte (núm. 189).

El soneto patentiza la familiaridad de sor Juana con la tradición elegíaca hispánica; en la composición se oyen los ecos de aquel soneto de Lope de Vega que empieza: «Quiero escribir y el llanto no me deja»[263]. ¿Habrá enviado sor Juana estos sonetos al marqués de Mancera o los habrá escrito solo para dar cauce a su dolor personal? Difícil saberlo. En México nunca se publicaron durante la vida de la monja. Aparecieron en el primer tomo de sus obras, *Inundación castálida*, en 1689.

Si sor Juana dejó constancia poética de los decesos de varios poderosos (también escribió, como se recordará, un soneto a la muerte de Felipe IV [núm. 185]), el fallecimiento de ningún familiar suyo quedó registrado por su pluma. Su tía María murió en 1680, su madre, en 1688; ese último año fue particularmente complicado para sor Juana, porque coincidió con la partida de su mecenas y más íntima amiga, la condesa de Paredes, virreina de la Nueva España. Pero eso no quiere decir que su familia no haya estado presente en sus composiciones; a su medio hermano, Diego Ruiz Lozano, el Mozo, le dedicó un soneto de cumpleaños (núm. 196), que incluye no pocas referencias mitológicas, lo que quizá revele que Ruiz Lozano tuvo una cultura clásica decente y que podía apreciar las sutilezas verbales de su media hermana; como ya he dicho, a su padre lo defendió con un epigrama ácido (núm. 95); y quizá sus famosas redondillas («Hombres necios que acusáis / a la mujer sin razón / sin ver que sois la ocasión / de lo mismo que culpáis» [núm. 92]) deban leerse a la luz de lo que fueron las experiencias con el sexo masculino de sus dos hermanas, Josefa María y María.

Desde su ingreso a Santa Paula hasta 1679 sor Juana escribió cinco juegos de villancicos, una *Loa de la Concepción* (núm. 373), una loa al cumpleaños del rey Carlos II (núm. 374) y dos poemas a fray Payo (núms. 11 y 12). Pero un poeta profesional, como ella lo fue, debió de escribir mucho más. Desgraciadamente no se puede establecer una cronología exacta de sus escritos, porque la mayoría de sus poemas no están fechados y es casi imposible observar una evolución en su estilo.

Los villancicos de estos años son a la Asunción (1676), a la Concepción (1676), a san Pedro Nolasco (1677), a san Pedro Apóstol (1677) y otra vez a la Asunción (1679)[264]. Estos cinco villancicos, compuestos por series de ocho o nueve letras (coplas, jácaras, ensaladas, estribillos), se cantaron en los maitines de la catedral de la Ciudad de México; la musicalización corrió a cargo de célebres maestros de capilla. Actualmente se utiliza el término solo para los cánticos de Navidad, pero en la época de sor Juana se cantaron en diversas fiestas religiosas. Los villancicos son una muestra excepcional de la poesía religiosa de sor Juana y de su conocimiento litúrgico, pero también de la vena popular que impregnó sus obras. Sor Juana se sirvió de la tradición que le habían legado los grandes villanciqueros de su siglo (Lope de Vega, Góngora y Valdivielso) para mezclar elementos disímiles: al lado del habla coloquial aparecen recursos conceptistas, y versos de arte mayor se complementan con ritmos populares.

Desde su primer juego de villancicos la jerónima debió de haber enamorado al público que acudió a la catedral de México en 1676. Al escuchar aquellos versos dedicados a María, paráfrasis del *Cantar de los cantares*, supieron que no querían escuchar a nadie más y la declararon, aunque no oficialmente, la villanciquera del virreinato:

> Aquella Zagala
> del mirar sereno,
> hechizo del soto
> y envidia del Cielo;
> la que al Mayoral
> de la cumbre, excelso,
> hirió con un ojo,
> prendió en un cabello;
> a quien su Querido
> le fue mirra un tiempo,
> dándole morada
> sus cándidos pechos;
> la que en rico adorno
> tiene, por aseo,
> cedrina la casa
> y florido el lecho;
> la que se alababa
> que el color moreno
> se lo iluminaron
> los rayos Febeos;
> la por quien su Esposo
> con galán desvelo
> pasaba los valles,
> saltaba los cerros [...]
> en confusos ecos[265]

los pastores, al verla ascender al Cielo, le cantan en versos de métrica variada:

> ¡Al monte, al monte, a la cumbre
> corred, volad, Zagales,
> que se nos va María por los aires!
> ¡Corred, corred, volad aprisa, aprisa,
> que nos lleva robadas las almas y las vidas,
> y llevando en sí misma nuestra riqueza,
> nos deja sin tesoros el aldea! (núm. 221, vv. 49-55).

También desde este primer juego de villancicos introdujo sor Juana uno de sus temas preferidos, a saber, la sabiduría femenina. En este caso presenta, a través de una alegoría universitaria, a la virgen María como una mujer docta:

> La soberana doctora
> de las escuelas divinas,
> de que los Ángeles todos
> deprenden sabiduría,
> por ser quien inteligencia
> mejor de Dios participa,
> a leer la suprema sube
> cátedra de teología (núm. 219, vv. 1-8).

El tema de la valoración de la mujer sabia es común a muchos villancicos de sor Juana de esta época y en los años noventa alcanzó su máximo esplendor con los *Villancicos de santa Catarina* (1691).

Asimismo, aprovechó sor Juana sus villancicos para dar voz a indios y a negros. Pero en ella los sonecillos negros no fueron un mero artificio retórico como quizá sí lo fueron para Góngora; recordemos que ella interactuó en la hacienda del abuelo con varios de los hijos de los esclavos negros. Una estilización de aquella habla que escuchó durante su infancia se halla en los *Villancicos de san Pedro Nolasco* (1677):

> Hoy dici que en las Melcede
> estos Parre Mercenaria
> hace una fiesa a su Palre,
> ¿qué fiesa? como su cala.
> Ella dici que redimi:
> cosa palece encantala,
> por que yo la Oblaje vivo
> y las Parre no mi saca (núm. 241, vv. 13-20).

Y todo esto acompañado de estribillos con onomatopeyas de la música de negros:

> ¡Tumba, la-lá-la; tumba, la-lé-le;
> que donde ya Pilico, escrava no quede!

¡Tumba, tumba, la-lé-le; tumba la-lá-la,
que donde ya Pilico, no quede escrava! (núm. 241, vv. 9-12).

En ese mismo villancico hace hablar a los indios en una mezcla de castellano y náhuatl:

Los Padres bendito
tiene on Redentor;
amo *nic neltoca*
quimati no Dios.
Solo Dios *Piltzintli*
del Cielo bajó,
y nuestro *tlatlácol*
nos lo perdonó.
Pero estos *Teopixqui*
dice en so sermón
que este san Nolasco
mïechtin compró (núm. 241, vv. 73-84)[266].

Además de imitar las lenguas de indios y negros, sor Juana hizo lo propio con la de vascos y portugueses[267]. Sus villancicos son quizá el mejor ejemplo de su dominio sobre el verso español; en ellos utilizó metros poco conocidos o utilizados[268].

Los dos juegos de villancicos de 1677 son, por otra parte, un buen botón de muestra para entender cómo sor Juana tejió su red de alianzas e influencias con importantes miembros de la Iglesia mexicana. En enero de ese año escribió los dedicados a san Pedro Nolasco, fundador de la orden de los mercedarios, que le sirvieron para desarrollar una buena relación con los religiosos de dicha orden, pues tanto su madre como sus medios hermanos fueron enterrados en años posteriores en el convento de la Merced de la Ciudad de México[269]. Otro ejemplo de su atinado manejo de las relaciones públicas son los *Villancicos de san Pedro apóstol*, también de 1677. Si bien era común indicar en las portadas a quién se dedicaba la obra, menos usual era que se incluyera la dedicatoria completa en la carátula como sí se hizo en estos villancicos. Sor Juana los escribió para un canónigo de la catedral de México, don García de Legazpi. Es la primera dedicatoria impresa de la monja y pone de manifiesto su interés por establecer lazos con los poderosos[270]. El criollo Legazpi, quien ya había tenido como alcalde mayor la máxima autoridad temporal de la ciudad de Puebla, estaba en ese momento apenas empezando su carrera eclesiástica, pero llegó a ocupar las mitras de Durango, Michoacán y Puebla. Sor Juana sabía además que pertenecía a la influyente e ilustre casa de los condes de Santiago («en lo natural y político es glorioso esplendor de sus nobilísimos progenitores», le dice la monja)[271]. Con buen tacto y mejores versos, sor Juana se ganó un aliado entre la jerarquía eclesiástica. Ahora bien, en esta dedicatoria la monja-escritora hizo la primera defensa de su poesía de que se tenga noticia y explicó que sus versos se hallaban en la tradición de san Jerónimo, que también, recuerda ella, escribió poesía. De esto se puede deducir que para 1677 ya había recibido severas críticas a su dedicación a las letras[272]. Otro punto que no debe pasarse por alto es que en esta portada se lee también su primera firma de autora: *Juana Inés de la Cruz*, sin *sor* o *la madre* como después aparece en las portadas de todas sus obras[273]. Por sus villancicos sor Juana cobró, aunque no sabemos la cantidad exacta que percibió por cada uno.

Sor Juana empezó a escribir loas desde principios de la década de los setenta si no es que antes. En total se conservan trece loas sueltas; estas breves piezas alegóricas, por lo general se representaban en palacio o en casas particulares de familias pudientes. Otras tres loas anteceden sus autos sacramentales y dos más fueron escritas para sus comedias[274]. Específicamente de esta década se conservan una loa religiosa y otra de asunto mundano. La *Loa de la Concepción* fue representada en la casa de don José Guerrero, un acaudalado hombre que celebró con ella el cumpleaños de su primogénito. Se puede fechar entre 1670 y 1675. La otra loa, escrita entre 1674 y 1678, se hizo para festejar el cumpleaños del rey Carlos II. Según se observa, sor Juana era solicitada tanto por la Iglesia para escribir villancicos como por la corte para amenizar sus celebraciones. Y es muy probable que también cobrase por la escritura de estas últimas obras.

Durante su primera década en San Jerónimo dos hombres fueron los que más influyeron en la vida de sor Juana; por un lado su confesor, Antonio Núñez de Miranda que desaprobaba cualquier actividad mundana de su hija espiritual, y, por el otro, fray Payo Enríquez de Ribera, en quien recayeron durante algunos años los cargos de arzobispo y virrey de la Nueva España. Entre estas dos personalidades tan distintas, uno jesuita y el otro agustino, forjó sor Juana su manera tan peculiar de entender lo que significaba ser esposa de Cristo.

Fray Payo fue un aliado y benefactor de la monja. Y también fue mecenas de varios letrados novohispanos, entre los que destaca Carlos de Sigüenza y Góngora. En 1657 fue nombrado obispo de Guatemala, donde estableció la primera imprenta para poder publicar un libro de su autoría en el que respondió a un teólogo que había atacado su primera obra, la *Aclamación y primer fundamento de la Concepción Inmaculada de María Santísima* (1653). Once años más tarde le concedieron la mitra de Michoacán, pero camino a asumir su nuevo cargo fue nombrado en septiembre de 1668 arzobispo de México. A finales de 1673, a causa de la muerte del duque de Veragua, asumió el cargo de virrey. Fray Payo conoció a sor Juana todavía como Juana Inés en la corte de los virreyes de Mancera y fue uno de aquellos que pensaron que había algo sobrenatural en su inteligencia[275]. Con el tiempo entendió que era una extraordinaria mezcla de talento y disciplina. Después de que ella ingresara al convento debieron de mantener un nutrido intercambio epistolar y a más tardar en 1673, cuando sor Juana ocupaba el puesto de tornera, se volvieron a ver. Ese año visitó el arzobispo San Jerónimo con la intención de revisar el funcionamiento del convento. La priora puso a fray Payo al día sobre las actividades que se llevaban a cabo: le presentó la lista de las monjas, le hizo una relación de las alhajas de cada una y le entregó un inventario de la plata, la seda, los ornamentos y la ropa blanca que había en el convento. Finalmente revisó el arzobispo el reglamento de visitas y el modo de vestir[276].

Desde un principio prelado y monja debieron de congeniar: él desarrolló por sor Juana un cariño especial y ella se sintió en confianza con él. Fray Payo, además, era escritor, aunque exclusivamente de obras religiosas[277]. Quizá ello y el hecho de que también había sido un hijo natural le permitieron tener la sensibilidad suficiente para entender el espíritu de la monja. Aunque durante los años setenta sor Juana solo fue conocida por escribir villancicos, loas y sonetos fúnebres o de homenaje, fray Payo se dio cuenta de que esta notable mujer podía ofrecer mucho más que este tipo de composiciones y decidió impulsarla. La oportunidad se le presentó con la llegada de los virreyes de la Laguna, cuando movió todos los hilos a su disposición para que sor Juana se luciese ante ellos como autora del arco triunfal para su bienvenida en la capital.

A juzgar por los dos romances que sor Juana le escribió a fray Payo tuvieron monja y prelado una amistad profunda. En uno le cuenta jocosamente los paroxismos de una enfermedad que recientemente ha superado y que la llevó casi al borde de la muerte, para terminar por pedirle que sea él quien le otorgue el sacramento de la confirmación (núm. 11) y en otro elogia un libro del arzobispo en el que hace una apología de la Inmaculada Concepción (núm. 12); probablemente se trate de su libro publicado en Guatemala[278]. Sabedora de que fray Payo estaba siempre muy ocupado, sor Juana recurre al humor para apuntalar su petición de que él la confirme: tomando su nombre *de la Cruz* como referencia, le dice al arzobispo que vea el inconveniente de hacer lo que ella le pide como una de las muchas cruces de su oficio pastoral[279]. A pesar del ingenioso romance, fray Payo no fue quien la confirmó, sino don Martín de Espinosa, un 13 de marzo de 1674, y su padrino fue el presbítero Miguel de Perea Quintanilla, un hombre que también escribía poesía.

Es probable que la mayor influencia de fray Payo sobre sor Juana haya sido la idea de «modernidad» que le transmitió tanto en la vida civil (impulsó la construcción de puentes, desagües y calzadas) como en lo eclesiástico (fue un activo promotor de una reforma en los conventos a favor de la «vida particular»)[280]. No se debe subestimar el impacto de una figura de este calibre en la formación de una joven monja como era sor Juana en ese momento. Asimismo, sus primeros años en San Jerónimo fueron decisivos para que ella entendiera bajo qué parámetros funcionaría su relación con los poderes civiles y eclesiásticos desde el convento. Con la amistad y bajo la guía de fray Payo sor Juana aprendió a utilizar el mecenazgo, algo que le fue de muchísima ayuda a la llegada de los virreyes de Laguna. En el aspecto estrictamente religioso, quizá más que Núñez, fray Payo influyó en su devoción mariana, pues, como he dicho, publicó un extensísimo libro en el que realizó una férrea defensa de la Inmaculada Concepción en 1653. Sor Juana debió de conocer su obra al dedillo así como el debate que surgió a raíz de la publicación de esta entre fray Payo y un detractor. Esto fue una influencia más que le dejó el prelado: no callar si alguien impugnaba algún texto de su autoría. En 1691, bajo ataque por una obra teológica suya que se imprimió sin su autorización, sor Juana puso ese consejo en práctica.

IV
LOS CONCEPTOS DE UN ALMA
1680-1681

A principios de 1680 sor Juana no podía sospechar que este sería uno de los años más importantes de su vida. Enero había comenzado con un suceso que estremeció a la población de la Ciudad de México. El arzobispo-virrey fray Payo recibió por la mañana la noticia de que debía acudir sin mayor dilación al puente del Hospital de Nuestra Señora. Allí, le advirtieron sus sirvientes, le aguardaba un hecho extraordinario. Como tardaron en alistar su carroza, fray Payo no quiso perder más tiempo y ante la premura se subió a la de un oidor. Acompañado por la Real Audiencia —compuesta de ocho oidores, cuatro alcaldes del crimen y tres fiscales— se dirigió a todo galope al sitio señalado, donde halló muerto a Carlos de Santa Rosa.

El cadáver del natural de Écija descansaba sobre una silla con pluma en mano; su rostro proyectaba absoluta paz y serenidad, como si se encontrase en estado contemplativo. El aposento donde había pasado su última noche era sumamente pequeño; había en él un ataúd que hacía las funciones de cama y una calavera que servía de almohada. Al revisar fray Payo y su comitiva el contenido de los papeles que estaba redactando Carlos de Santa Rosa cuando lo sorprendió la muerte, se toparon con unos versos, cuya última línea les heló el alma. «O morir o padecer junto a la puente del Hospital de Nuestra Señora» había escrito aquel hombre con su último suspiro. Para evitar que los curiosos convirtieran el hallazgo en un espectáculo, el arzobispo ordenó dejar el cuerpo donde estaba y retirarlo del lugar después de la puesta del sol. Finalmente, a la medianoche don Carlos fue enterrado bajo el mayor sigilo en la capilla de Nuestra Señora de la Soledad en la catedral metropolitana, aunque, de acuerdo a su testamento, hubiese preferido que lo sepultasen en la Purísima. Al momento de su muerte tenía cincuenta años y en España, donde había dejado esposa e hijos, había sido conocido con el nombre de Bartolomé de Guevara Lorite[281].

El extraño caso de Carlos de Santa Rosa interesó a sor Juana y le dedicó un escrito hoy perdido[282]. Tal vez Antonio Núñez de Miranda, padre espiritual y albacea de don Carlos, fue quien la motivó a redactar alguna composición de naturaleza fúnebre sobre este sorprendente acontecimiento. Para Núñez, por cierto, el año de 1680 fue de altibajos. Si bien en febrero fue nombrado provincial de la Compañía de Jesús alcanzando así el cénit de su carrera eclesiástica[283], fue reemplazado solo seis meses después. Fue un golpe del que le tomó mucho tiempo recuperarse anímicamente.

Los siguientes meses de 1680 fueron dominados por dos noticias. En marzo se supo en la Nueva España que el rey Carlos II había contraído matrimonio en Francia con María Luisa de Orleáns en noviembre del año anterior[284]. Pero la cuestión que verdaderamente preocupaba a todos era saber quiénes serían los sucesores de fray Payo en su doble función de arzobispo y virrey. Para mayo el velo parecía levantarse: las cartas que había traído la flota mencionaban reiteradamente a Pedro Fernández de Velasco, marqués del Fresno, como futuro virrey, y a Manuel Fernández de Santa Cruz, a la sazón obispo de Puebla, como nuevo arzobispo. Nada de eso se concretó. Finalmente en los primeros días de julio hubo certezas: los virreyes serían Tomás Antonio de la Cerda Enríquez de Ribera y María Luisa Manrique de Lara y Gonzaga[285]. Poco tiempo después de confirmarse la noticia un miembro del cabildo catedralicio debió de acercarse a sor Juana para hablarle informalmente de la posibilidad de que ella se encargase de hacer uno de los arcos triunfales para recibir a la pareja virreinal en la Ciudad de México[286]. Se vivían, por lo demás, días tristes en San Jerónimo: el 2 de julio había fallecido sor Petronila de la Encarnación, que había pasado seis años postrada en cama y había sido muy querida por todas sus compañeras[287].

A mediados de septiembre arribaron los nuevos virreyes a la Nueva España; la travesía marina de las doce naos había durado dos largos meses. En su profusa comitiva había familias enteras, capellanes, secretarios y 80 criados[288]. Descansaron un par de semanas en el puerto de Veracruz y el 30 de septiembre iniciaron su recorrido hacia la capital adonde llegaron un mes más tarde. Tras superar dos mil metros de diferencia de altura entre la costa y el altiplano mexicano celebraron en Tlaxcala su primera entrada triunfal. Pocos días después en Puebla, la segunda ciudad más importante del virreinato, los esperaban dos arcos triunfales[289]. Las fastuosas celebraciones duraron una semana. Su siguiente escala fue Cholula, antiguo y poderoso centro ceremonial de las culturas mesoamericanas. Desde ese sitio admiraron en todo su esplendor la majestuosidad de los volcanes nevados de más de cinco mil metros, el Popocatépetl y el Iztaccíhuatl. A la jornada siguiente se dirigieron a Huejotzingo, sede de uno de los más grandes conventos franciscanos de la región, donde nuevamente se erigió un arco triunfal en su honor. Finalmente, a Otumba, donde ya los esperaba fray Payo, llegaron el 27 de octubre para dar inicio a la ceremonia del traspaso del poder. El 30 de octubre, a las puertas de la Ciudad de México, almorzó la pareja en la villa de Guadalupe y por la tarde siguió su camino hacia la residencia virreinal en Chapultepec, donde permaneció durante varias semanas. Allí sostuvo don Tomás diversos encuentros privados y oficiales con la élite política para conocer los principales problemas que agobiaban el inmenso territorio que en breve empezaría a gobernar.

El 7 de noviembre se reunió Tomás Antonio de la Cerda con todos los miembros de la Real Audiencia en la sala del acuerdo del palacio virreinal y juró su cargo frente a una Biblia y un gran crucifijo. Ese mismo día se fijó la fecha de su entrada triunfal a la ciudad, pero esta, programada para los próximos días, se pospuso dos semanas porque don Tomás enfermó y lo tuvieron que sangrar[290]. Por fin, el 30 de noviembre por la tarde entró la pareja virreinal públicamente a la Ciudad de México. Su trayecto empezó en la ermita de Santa Ana y culminó en palacio. En la plaza de Santo Domingo se detuvieron doña María Luisa y don Tomás para admirar el arco triunfal del cabildo de la Ciudad; sin embargo, el espectáculo fue ensombrecido por un accidente: un indio resbaló del arco y quedó medio muerto a la vista de todos. Un poco más adelante, en la catedral, los esperaba el arco triunfal comisionado por el cabildo eclesiástico que causaría gran impresión en ambos[291].

Los preparativos para recibir a los nuevos virreyes habían iniciado con varios meses de antelación. Una de las primeras decisiones que cabildo civil y catedralicio tomaron, una vez conocido el aviso de que en la próxima flota vendría el nuevo virrey, fue la elección de los creadores de los arcos triunfales. La distinción recayó en las dos mentes más privilegiadas de su generación: a Carlos de Sigüenza y Góngora le encomendó el cabildo civil elaborar el arco triunfal que se colocó en la plaza de Santo Domingo y el cabildo catedralicio se dirigió a sor Juana para comisionarla con el arco que tradicionalmente se erigía en la puerta occidental de la catedral[292]. Pero mientras el primero aceptó el encargo de inmediato, sor Juana vaciló, pese a que la oferta representaba una excelente oportunidad para mejorar sus finanzas y para darse a conocer frente a los virreyes. Los acontecimientos que se suscitaron tiempo después explican sus titubeos para aceptar la oferta: ella sabía que su participación en las celebraciones sería reprobada severamente por su director espiritual, el padre Núñez.

Con todo, sor Juana no parece haber tenido otra opción más que aceptar la encomienda. En sesión del 20 de septiembre del cabildo catedralicio el tesorero Ignacio de Hoyos Santillana propuso a la jerónima como responsable de diseñar el arco triunfal. Su moción enfrentó la oposición del arcediano Juan de la Cámara, para quien el jesuita Bernardo Valtierra era el más indicado[293]. Hoyos Santillana arguyó, sin embargo, que, dada la relevancia de la ocasión, sor Juana era la única calificada para concebir un arco que estuviese a la par del comisionado por el cabildo de la Ciudad de México a Sigüenza y Góngora[294]. Evidentemente el tesorero conocía personalmente a la monja y, habiendo asistido varias veces al locutorio de San Jerónimo, era consciente de lo que era capaz. Además no hablaba por sí solo: la idea le había sido sugerida probablemente por el arzobispo-virrey fray Payo, protector y confidente de la monja[295]. Antes de 1680 sor Juana había puesto su talento al servicio de la Iglesia con sus villancicos, pero quienes la habían escuchado hablar, versificar y disertar sabían que podía emprender proyectos de mayor envergadura. El arco triunfal representaba esa coyuntura. Tras escuchar los argumentos de Hoyos Santillana el cabildo sufragó: Valtierra obtuvo un voto y sor Juana el resto. Hacía falta solo comunicarle el resultado al arzobispo y a la jerónima.

Mientras que fray Payo debió de mirar con beneplácito el resultado de la votación, sabemos con certeza que sor Juana no compartió su entusiasmo; de hecho, se negó a acceder a la petición del cabildo. Sorprendidos por su negativa, los eclesiásticos reiteraron su deseo de que ella se encargase del arco triunfal, pero la monja no cedió ni un ápice. Como el tiempo apremiaba, dos jueces hacedores, entre quienes debió de estar Hoyos Santillana[296], se presentaron en el convento para hablar con la madre priora Juana de San Antonio y solicitarle su apoyo para convencer a la reticente monja. La priora mandó a llamar a sor Juana y juntos, priora y jueces, intentaron cercarla y hacerla cambiar de opinión. Ella debió de esgrimir buenas razones para negarse, porque los jueces, desesperados, recurrieron a un último recurso: Juana Inés de la Cruz debía entender de que no se trataba solo de una petición del cabildo, sino de una orden expresa del mismísimo fray Payo. La amenaza surtió efecto y a regañadientes la jerónima aceptó el encargo[297].

Inmediatamente después de esta reunión sor Juana puso manos a la obra. El 22 de septiembre el cabildo solicitó al racionero José Vidal Figueroa hacerse cargo de las cuentas para la elaboración del arco triunfal[298]. Seis semanas más tarde el diseño arquitectónico y probablemente también el *Neptuno alegórico* y la *Explicación sucinta del arco triunfal* estaban concluidos. Aunque la capacidad de trabajo de sor Juana fue siempre excepcional, parece muy poco el tiempo para hacer un trabajo tan extraordinario como el que ella hizo. Precisa tener en mente que ella nunca se dedicó de tiempo completo a la escritura y que, además de sus obligaciones religiosas, también cumplía otras funciones administrativas. Verbigracia, el 15 de octubre, ya con los futuros virreyes en ruta hacia la capital, tuvo que escribir de su puño y letra la profesión de María Clara de San Francisco[299]. En consecuencia, sospecho que desde julio Hoyos Santillana debió de acercársele para preguntarle si estaría dispuesta a realizar el arco; es probable que en esa reunión su respuesta haya sido afirmativa y la monja haya empezado a trabajar en la idea que desarrolló más adelante, pero una vez que se oficializó la petición del cabildo catedralicio sor Juana dudó de si era una buena decisión concluir el proyecto conociendo que Núñez se opondría. Las palabras de Hoyos Santillana y el recado que le llevó de fray Payo debieron de terminarla de convencer.

El 8 de noviembre, mientras fuera de catedral los carpinteros hacían sonar sus martillos para fijar las últimas piezas del arco y los artistas se apresuraban a concluir los símbolos, las alegorías y los versos latinos y castellanos de los tableros, el cabildo eclesiástico se reunió para fijar el monto del pago a sor Juana por sus servicios. El arcediano Juan de la Cámara consideró que 150 pesos eran suficientes, pero Hoyos Santillana no estuvo de acuerdo y pidió una retribución más generosa; argumentó, primero, que los gastos en que había incurrido el cabildo en esta ocasión habían sido menores a los que se hicieron para recibir al duque de Veragua en 1673; en segundo lugar, destacó que sor Juana no solo había entregado el trabajo a tiempo, sino que la calidad de su labor redundaría en beneficio de la Iglesia mexicana; y, para concluir, apeló a la liberalidad de los miembros del cabildo para con una monja de escasos recursos que merecía su apoyo sin miramientos[300]. Los razonamientos de Hoyos Santillana resultaron convincentes y se autorizó un pago por 200 pesos. No era una cantidad menor; en algunas ocasiones era la que se pagaba por un esclavo. Una década más tarde compró sor Juana una segunda celda por 300 pesos. Ganar ese dinero en un par de meses representó, sin duda, un excelente negocio para la monja-escritora. Hasta ese día sor Juana solo había cobrado montos muy modestos por su labor de villanciquera. Agradecida por la generosa compensación, sor Juana, siempre graciosa, envió a los miembros del cabildo un billete de agradecimiento, en el que los hacía responsables si tras la buena paga se alejaba la musa de ella (núm. 115)[301].

Si bien los arcos triunfales pueden ser vistos como propaganda, su función era mucho más compleja: servían también como una especie de manual para recordarle visualmente al virrey la forma en que debía conducir su gobierno y alertarlo sobre las necesidades más apremiantes de sus nuevos súbditos[302]. Adicionalmente los autores de los arcos aprovechaban la oportunidad para ganarse el favor del gobernante. Si para Sigüenza los modelos que debía tener en mente el nuevo virrey eran los de los antiguos emperadores mexicanos, la jerónima se sirvió de una fábula de la mitología clásica; ingeniosamente vinculó el título del virrey, marqués de la Laguna, con el hecho de que la Ciudad de México había sido erigida sobre una laguna: tituló su arco el *Neptuno alegórico*.

El arco tenía treinta varas de alto y dieciséis de ancho. Elaborado con madera y yeso, estaba dividido en tres cuerpos de estilos diferentes (corintio, compuesto y dórico), sus columnas e intercolumnios semejaban jaspes y bronces, y contaba con ocho lienzos o tableros ornamentados con pinturas que representaban distintos episodios de la historia del dios Neptuno[303]. En el primer lienzo se representaron las imágenes de Neptuno y su esposa Anfítrite, cuyos rostros semejaban los del virrey y la virreina. En el segundo aparecía Neptuno salvando a la ciudad de Argos de una inundación; los habitantes de la Ciudad de México manifestaban así su deseo de que el nuevo virrey se ocupase de contener las frecuentes inundaciones sobre la capital llevando a cabo las necesarias obras de desagüe. En el tercer tablero se reprodujo la historia de Delos, sitio que Neptuno transformó de isla flotante en isla firme, como lo habían hecho los antiguos mexicanos con México-Tenochtitlán. El cuarto tablero identificaba a don Tomás con Eneas, quien había sido auxiliado por Neptuno. En el quinto se veía cómo el dios ofrecía protección a los centauros, a quien sor Juana califica de «doctísimos»; con este emblema quiso la monja dar a entender que el virrey ayudaría a los letrados novohispanos. Un cielo en el que aparecía el Delfín como constelación conformaba el sexto lienzo; aludía de esta forma la jerónima a la historia según la cual el Delfín había convencido a la esquiva Anfitrite de aceptar a Neptuno por esposo. La competencia entre Minerva y Neptuno para darle nombre a la ciudad de Atenas fue materia del séptimo retablo: sabido es que el dios perdió la contienda para nombrar la ciudad, pero su derrota fue, a ojos de sor Juana, una victoria, pues aceptó ser vencido por la sabiduría. El último lienzo, el octavo, daba voz a una segunda petición; en él representó sor Juana la fachada de la catedral de México sin terminar, tal como lucía en aquella época, y enfrente colocó el muro de Troya, cuya edificación era atribuida a Neptuno: los súbditos solicitaban de su nuevo gobernante la ayuda para concluir su máximo templo religioso.

Mientras el virrey y su cortejo admiraban el arco, una actriz recitaba versos que explicaban las alegorías, los símbolos y los jeroglíficos[304]. Eran versos hechos por la monja que algunos asistentes además podían leer, ya que se había hecho una impresión de los mismos[305]. Pocos días más tarde apareció un libro en prosa que explicaba eruditamente el arco y cuya autoría también fue de sor Juana: *Neptuno alegórico*. Con esta obra su voz, por vez primera, intervino en los asuntos públicos. Hasta esa fecha había estado su actividad circunscrita al ámbito de la Iglesia. De cierta forma, el *Neptuno* deja entrever su olfato político y el *tono* en que llevó sus relaciones con los poderosos. No obstante ser una obra de encargo, el programa iconográfico fue en su totalidad idea de sor Juana y nada le fue sugerido o impuesto. El año en que se publicó el *Neptuno alegórico* se tomó en Roma una decisión que sin duda influyó en la vida de sor Juana. Fue nombrado el hasta entonces obispo de Michoacán, Francisco Aguiar y Seijas, arzobispo de la Nueva España, cargo que ocupó a partir de 1682 hasta su muerte en 1698. Él fue el hombre bajo cuya autoridad episcopal estuvo sor Juana el resto de su vida.

Durante el mes de noviembre de 1680, allende de la toma de posesión del virrey, hubo un evento que llamó poderosamente la atención de la población de la Nueva España. El viernes 15 fue avistado un gran cometa[306]. El fenómeno fue observado también en Europa. Solo dos meses después, en enero de 1681, Carlos de Sigüenza y Góngora, que no daba mucho crédito a la astrología, publicó su *Manifiesto filosófico contra los cometas despojados del imperio que tenían sobre los tímidos*. En su escrito, dedicado a la condesa de Paredes en un nuevo intento de congraciase con los virreyes, Sigüenza, a la sazón real cosmógrafo del reino, argumentaba que la aparición de un cometa no presagiaba calamidades ni infortunios. De inmediato se desató una polémica. Ese mismo año aparecieron, por lo menos, tres réplicas en contra del *Manifiesto filosófico*, siendo la más importante, porque Sigüenza y Góngora la sintió como una traición, la del jesuita Eusebio Francisco Kino, que había venido a la Nueva España como misionero en mayo de 1681[307].

Kino, nacido en el Tirol, tenía en su haber un impresionante currículum universitario, dominaba varias lenguas y contaba con un don especial para las matemáticas. Había, sin embargo, rechazado una cátedra en la Universidad de Ingolstadt a favor de su actividad misionera. Cuando en noviembre de 1680 esperaba en Cádiz a la flota para poder embarcarse hacia la Nueva España, había observado el cometa y había tomado una serie de apuntes sobre el fenómeno astronómico. Ya en México, Sigüenza y Góngora lo recibió en su casa, pues se enteró de los intereses astronómicos y matemáticos del recién venido. Antes de partir a Sinaloa para iniciar su labor misionera en 1681, Kino publicó un libro en el que no mencionó jamás el nombre de Sigüenza, pero en el que defendía una postura distinta a la del criollo, ya que en su opinión los cometas sí auguraban sucesos funestos, aunque quizá no eran la causa de ellos. Su *Exposición astronómica del cometa* enfureció a Sigüenza y este de inmediato le contestó con su impresionante

Libra astronómica y filosófica, el libro científico más importante escrito en México durante ese siglo y el siguiente. Era un texto donde se mencionaba y citaba a pensadores del calibre de Descartes, Kepler y Caramuel, entre otros. Agobiado, como siempre, por dificultades económicas para dar a conocer sus escritos, Sigüenza no imprimió su libro hasta 1691.

No se sabe qué tan de cerca siguió sor Juana la polémica entre Sigüenza y Kino, pero, aunque no tomó partido de manera explícita a favor de uno y en detrimento del otro, sí escribió un soneto en el que elogió al europeo en clara referencia a su libro sobre los cometas (núm. 205). Sigüenza y ella se conocían desde hace algún tiempo, pero tal vez no se reunían aún con tanta frecuencia como lo hicieron en años venideros. En todo caso, lo más seguro es que la monja se sintiera comprometida con Kino por la amistad de este con los nuevos virreyes[308]. O quizá estaba un poco resentida por la crítica que Sigüenza había hecho a su *Neptuno alegórico* en 1680 y de la que precisa hablar a continuación.

Carlos de Sigüenza y Góngora había nacido en la Ciudad de México en 1645. Era sobrino del cordobés don Luis de Góngora y Argote. Ingresó con quince años a la orden jesuita y dos años más tarde hizo los «votos simples» en el colegio de Tepozotlán; allí estudió literatura, filosofía y teología. Poco tiempo después se trasladó al Colegio del Espíritu Santo, en Puebla, pero cuando los superiores descubrieron que el joven participaba en escapadas nocturnas fue castigado y en 1668 fue definitivamente expulsado de la orden jesuita, a la que intentó regresar en varias ocasiones sin éxito. Se trasladó a la Real Universidad para continuar sus estudios y en 1668 publicó su primer poema gracias a una invitación del bachiller Diego de Ribera; se trataba del mismo opúsculo en el que sor Juana se había estrenado como poetisa. En 1672 ganó la cátedra de astrología y matemáticas. Pero como profesor no enseñaba astrología, la que él despreciaba, sino astronomía[309]. Además de su puesto como catedrático ocupó a lo largo de su vida otros cargos: real cosmógrafo, capellán del Hospital del Amor de Dios y cronista del reino en el virreinato del conde de Galve. Además de su interés por las ciencias naturales, fue el primer novohispano en estudiar las culturas prehispánicas desde una perspectiva histórica y no misionera. Dirigió las primeras excavaciones arqueológicas y coleccionó una impresionante cantidad de crónicas, códices y mapas elaborados por descendientes de la élite indígena. En su opinión, tener una conciencia criolla implicaba mostrar un interés por el rescate del pasado prehispánico. Fue, sin duda, el historiador y científico más destacado de la época virreinal. Dejó órdenes para que tras su fallecimiento se practicara una autopsia a su cadáver con la finalidad de que los médicos conocieran las causas de su muerte y sacaran conclusiones en beneficio de la ciencia. Su mandato fue ejecutado: encontraron en el riñón derecho, donde había reportado grandes dolores, una piedra casi del tamaño de un hueso de durazno[310].

Como ya he dicho, a cargo de este sabio criollo estuvo el arco que hizo en la plaza de Santo Domingo el ayuntamiento de la Ciudad de México para recibir al marqués de la Laguna. De tamaño similar al de sor Juana frente a la catedral, el arco de Sigüenza era absolutamente distinto en su concepción. En su entender el nuevo virrey debía inspirarse no en fábulas mitológicas europeas para ser un buen gobernante, sino en la historia antigua de México. En consecuencia, los emblemas y las alegorías representaban a reyes mexicas como Acamapichtli, Itzcóatl, Tizoc y Cuauhtémoc, el último emperador azteca. Incluyó Sigüenza también al dios de la guerra, Huitzilopochtli, al que presentó como un caudillo. A la obra complementaria que explicaba su arco y sus símbolos, Sigüenza le dio un elocuente título: *Teatro de virtudes políticas que constituyen a un príncipe, advertidas en los monarcas del mexicano imperio, cuyas efigies hermoseó el arco triunfal que la muy noble, muy leal, imperial Ciudad de México…* (1680). Sigüenza actuaba motivado por una conciencia criolla militante que reclamaba para los nacidos en América el acceso a puestos relevantes en el ámbito político, cultural y económico. Todo esto era hasta cierto punto entendible; menos lo fue la velada recriminación que hizo el sabio mexicano a sor Juana en el preludio de su libro, donde la acusó de mendigar en fábulas extranjeras el contenido de su arco triunfal[311]. Sor Juana debió de quedarse estupefacta ante las palabras de Sigüenza, que en un intento por suavizar su crítica advirtió que Neptuno también fue progenitor de los indios y elogió a la monja:

> Cuanto en el antecedente preludio se ha discurrido más tiene por objeto dar razón de lo que dispuse en el arco que perjudicar lo que en el que erigió la Santa Iglesia Metropolitana de México al mismo intento ideó la madre Juana Inés de la Cruz […]; y dicho se estaba, cuando no

hay pluma que pueda elevarse a la eminencia donde la suya descuella, cuánto y más atreverse a profanar la sublimidad de la erudición que la adorna[312].

Durante varias páginas Sigüenza, como arrepentido de su crítica a la monja y queriendo remediarlo, continúa desviviéndose en elogios hacia sor Juana. Tal vez como una estrategia para mostrar que entre él y ella no había conflicto alguno, le pidió a sor Juana una composición elogiándolo a él como autor, que apareció al comienzo de una pequeña obra suya que anexó al *Teatro de virtudes políticas*[313]. No sabemos si sor Juana ya conocía para ese momento la crítica de Sigüenza hacia su *Neptuno alegórico* o no. Si no la conocía y Sigüenza la mantuvo en desconocimiento de lo que había escrito en los preliminares, fue un golpe bajo. Y por eso ella cuando tuvo oportunidad de elogiar a Kino, lo hizo. Pero si sí supo de la opinión negativa de Sigüenza hacia su arco, se podría pensar que sor Juana respondió como lo sabía hacer: con contundencia, pero con diplomacia, pues su soneto en el que elogia al autor del *Teatro de virtudes políticas* está saturado precisamente de aquellas alusiones mitológicas que le había echado en cara Sigüenza andar mendigando (núm. 204).

En algún momento, sor Juana y Sigüenza debieron de zanjar sus diferencias, si es que las hubo, ya que continuaron viéndose y tratándose; con seguridad él la puso en contacto con destacados miembros de la academia. En 1682 y 1683 la Real Universidad convocó a certámenes cuyo tema era la Inmaculada Concepción. Para el segundo certamen resultó premiado un romance de un tal Juan Sáenz del Cauri, quien recibió dos bandejas de plata. Se trataba de un seudónimo de sor Juana (núm. 22); el nombre ficticio es, en efecto, un perfecto anagrama del suyo. Sigüenza fue el encargado de reunir los trabajos en su *Triunfo parténico* (1683) y tuvo el detalle de alabar a la monja y jugarle una pequeña broma a partir de la anfibología creada por la palabra *desvelo* ('insomnio' o 'acción de quitar el velo'): «¿Qué importará que se encubra, / Sáenz, tu nombre en este trance, / si espíritu en tu romance / hay que tu nombre descubra? / Mas porque no formes quejas, / ya que te costó desvelo, / como a dos te premian, velo, / pues te han dado dos bandejas»[314].

Durante la década de los ochenta Sigüenza fue uno de los más asiduos visitantes a las academias literarias de sor Juana en San Jerónimo y probablemente se debieron también reunir en *petit comité* para tratar asuntos altamente eruditos o políticamente delicados. Se ha especulado que, junto con otros prominentes novohispanos, sor Juana y Sigüenza formaron lo que podría haber sido un grupo político donde se discutía fervientemente sobre el destino de los criollos en la Nueva España. No hay información que confirme estas reuniones, pero ambos dejaron constancia en sus escritos de una posición ideológica afín con el criollismo militante[315].

Finalmente, sor Juana contribuyó en 1691 con una extraordinaria silva (núm. 215) a un libro de Sigüenza. Dos años después, cuando regresó en 1693 de una expedición de la Florida a la que fue enviado por el virrey, Sigüenza se enteró del cambio de vida que había decidido emprender su más brillante interlocutora, dedicándose a la penitencia y a la flagelación. Ha de haber sido una sorpresa para él como lo fue para casi todos. A la muerte de la jerónima redactó una oración fúnebre que, junto con un manuscrito de sor Juana (el *Equilibrio moral),* no quiso compartir con Juan Ignacio de Castorena, el editor de la *Fama y obras póstumas* de la monja. La querella entre estos dos criollos quizá se deba, entre otras cosas, a las muy distintas perspectivas que tuvieron sobre lo que sucedió en los dos últimos años de vida de la célebre poetisa, cuya fama y cuyo nombre, en opinión de Sigüenza, terminaría solo con el fin del mundo[316].

Cuando Tomás Antonio de la Cerda Enríquez de Ribera y su consorte María Luisa Manrique de Lara y Gonzaga hicieron su entrada a la Ciudad de México en 1680, él tenía cuarenta y un años y ella treinta y uno[317]. Habían contraído matrimonio cinco años antes. Ambos procedían de renombradas familias: él era hermano del duque de Medinaceli, valido del rey Carlos II, y ella estaba emparentada con la Casa de los duques de Mantua. Después de sus nupcias se mudaron a Cádiz, donde don Tomás ejerció el cargo de capitán general de Mar Océano y Costas de Andalucía. Los primeros años de matrimonio no fueron fáciles: procrearon dos hijos, pero ninguno superó los tres años[318]. Recién designado virrey de Galicia en 1679, don Tomás recibió la noticia de su anhelado nombramiento como representante del rey en la Nueva España. Sin duda su hermano mayor, Juan Tomás de la Cerda, fue el responsable de impulsarlo a uno de los puestos más lucrativos del imperio español[319]. Muchos virreyes de la Nueva España crearon a su alrededor una red de prestanombres para participar en jugosos negocios de índole ilícita[320]. Don Tomás no fue la excepción; durante seis años apoyó a familiares y amigos y acrecentó su patrimonio personal. A su regreso a España hizo un donativo de 50.000 pesos y, posteriormente, fue hecho grande de España; a su hijo se le otorgó el título de duque de Guastalla[321]. El virreinato había dejado, sin duda, grandes dividendos.

En México De la Cerda enfrentó diversas situaciones complejas. Aunque desde los primeros meses dirigió su atención a los indios de Nuevo México que se habían levantado en armas en agosto de 1680, todos sus esfuerzos fueron en vano para pacificar la vasta y lejana región. En el primer año de su gobierno estalló otro tumulto de indios en Antequera, Oaxaca. Su mayor preocupación, sin embargo, fueron los piratas y las fuerzas navales de Francia, Inglaterra y Holanda, que merodeaban las costas del Golfo de México y representaban una constante amenaza. La situación se agravó en 1683 cuando el puerto de Veracruz cayó en manos de los franceses por varias semanas: los invasores se retiraron solo después de saquear la ciudad y sus templos y secuestrar a los más ricos ciudadanos y eclesiásticos, por quienes pidieron un exagerado rescate[322]. Uno de los mayores fracasos políticos del virrey fue la colonización de California, que impulsó con muchos recursos financieros, pero a la que tuvo que renunciar cuando misioneros —entre quienes se encontraba el padre Kino— y soldados se vieron forzados a abandonar en 1685 San Bruno agobiados por una interminable sequía.

En cambio, uno de los más felices acontecimientos de su virreinato fue el nacimiento de su hijo José Francisco en julio de 1683. Sor Juana cariñosamente solía llamarle «el Mexicano» al vástago de los virreyes. Su bautizo se celebró en la catedral en una ceremonia oficiada por el arzobispo Aguiar y Seijas, quien había asumido el cargo hacía pocas semanas. Durante la misa ocurrió un hecho curioso: el arzobispo tuvo dificultades para leer el larguísimo nombre con múltiples apellidos del recién nacido y buscó sus anteojos, pero dilató tanto en encontrarlos que el virrey le arrebató el papel y leyó el nombre por sí mismo[323]. Las únicas dos cartas que se conocen de María Luisa sugieren que entre ella y su marido hubo una ágil y honesta comunicación de todo lo relacionado a la administración del virreinato, ya que se muestra bien enterada de los problemas sociales y políticos que enfrentó su esposo[324]. A diferencia de los Mancera y del duque de Veragua, los nuevos virreyes no eligieron al padre Núñez como su confesor, lo que es un indicio de su decreciente influencia en las altas esferas del poder civil tras su fulminante cese como provincial de los jesuitas en 1680. La virreina prefirió como confesor al jesuita Baltasar Mansilla, a quien sor Juana dedicó un soneto (núm. 201)[325]. Resulta muy elocuente el hecho de que a su propio confesor, Núñez de Miranda, jamás le haya dedicado composición alguna.

A finales de 1685 don Tomás, agobiado por los múltiples problemas a los que no hallaba solución, desistió de buscar un tercer trienio al frente del gobierno. Su solicitud fue aprobada en abril del año siguiente y seis meses después ya se encontraba su sucesor, el conde de la Monclova, en tierras mexicanas. La rapidez del relevo lo sorprendió y no le agradó, situación que ocasionó cierta tensión entre el virrey saliente y el entrante[326]. Los Laguna, sin embargo, no emprendieron de inmediato el regreso a España y decidieron permanecer dieciocho meses más en el país. Fue un tiempo inusualmente largo: sus antecesores, los Mancera, solo se habían quedado seis meses más una vez concluido su mandato. La razón para dilatar su partida bien pudo ser la íntima amistad de la virreina con sor Juana o las constantes amenazas de piratas por esos años[327].

De vuelta en España De la Cerda aprovechó sus buenas relaciones en la corte de Madrid. Mientras su esposa y un grupo de amigos supervisaban en 1689 el lanzamiento de *Inundación castálida*, el primer libro de sor Juana, don Tomás fue nombrado Grande de España y se convirtió en mayordomo mayor de Mariana de Neoburgo, la segunda esposa de Carlos II. Gozó de este título solo tres años; su muerte acaeció en 1692, año en que María Luisa fue nombrada también Grande de España. De 1694 a 1696 ella fungió como camarera mayor de Mariana de Austria; durante el desempeño de esta función recibió la terrible noticia de la muerte de su amiga, la monja mexicana. Durante la Guerra de Sucesión ella y su hijo, José Francisco, tomaron partido por la fracción política de Carlos de Austria. Cuando en 1710 se dieron cuenta de que el triunfo de Felipe V era inevitable, abandonaron Madrid por Barcelona, donde permanecieron tres años más, para dirigirse, después, a un exilio incierto. Algunos piensan que terminó enclaustrada en algún convento y que murió en 1721. Otros sostienen que falleció en Milán ese mismo año[328]. Son especulaciones: el final de sus días, como el de sor Juana, es un gran enigma.

Al virrey sor Juana siempre lo trató, como era de esperarse, en los términos más respetuosos y encomiásticos. En dos loas lo llamó «Cerda invencible»[329] y en sus cumpleaños solía enviarle romances de felicitación (núms. 13-15). Pero incluso cuando se dirigía a él tenía siempre en mente a la virreina, María Luisa, condesa de Paredes. En uno de sus romances le dice al virrey que él no vive en la tierra sino en el Cielo, porque su esposa es un ser divino[330]. Y al leer los poemas que sor Juana hizo para la virreina surge la impresión de que la monja misma también se sentía en el Cielo por haberla conocido. Quizá más que Leonor Carreto, la condesa de Paredes tuvo un papel preponderante en la vida de sor Juana. La primera fue algo así como su madre, la segunda, su amiga y confidente. Visto a la distancia, sor Juana tuvo la gran fortuna de que en un lapso de quince años llegaran a la Nueva España dos virreinas cultas y con gran sensibilidad para las artes como lo fueron la Carreto y la condesa de Paredes. Casi parece un milagro si se considera que durante los tres siglos de dominio español solo un tercio de los virreyes llegó con esposas[331]. Durante su estancia en México María Luisa cultivó relaciones con diversas órdenes religiosas y con miembros de la élite intelectual. En un inicio se mostró peculiarmente afecta a las clarisas, quienes tras su arribo a la capital organizaron en 1681 una representación con danza y música para festejarla. Cuando se publicó ese festín, compuesto por José de la Barrera Barahona, contribuyó sor Juana a los preliminares con unas décimas en elogio del autor (núm. 108)[332]. Dama que siempre mostró su gusto por la poesía y la cultura, María Luisa acudió en 1683 a la universidad en ocasión de un certamen poético en conmemoración de la Inmaculada Concepción y también tomó parte en la inauguración de un salón de actos[333]. Estas actividades no eran infrecuentes en las cónyuges de los representantes del rey. Las virreinas novohispanas solían contar con suficiente campo de acción para seguir sus propios intereses políticos y culturales independientemente de los de sus esposos.

María Luisa fue una mujer muy bella de ojos azules. Es posible que sor Juana tuviese una idea de cómo era la virreina antes de conocerla personalmente. Según algunas fuentes, la condesa de Paredes envió un autorretrato a los artistas que elaboraron el lienzo del arco triunfal[334]. Se desconoce la fecha exacta del primer encuentro entre ambas mujeres, pero debió de suceder en los primeros meses tras la entrada triunfal de los virreyes. En cambio las circunstancias son bien conocidas. Sor Juana se enteró de que los nuevos gobernantes tenían la intención de visitar San Jerónimo para conocerla y llenarla de elogios por su impresionante trabajo como diseñadora del arco triunfal y creadora del *Neptuno alegórico*. Temerosa de que tanta atención de parte de los poderosos pudiese acarrearle más problemas con Núñez, la monja intentó eludir la reunión a toda costa. Su plan consistió en encerrarse en su celda y esperar a que los virreyes se retirasen, pero la priora fue por ella y le ordenó salir y presentarse ante los visitantes[335]. Comenzó así un estrecho vínculo entre ambas mujeres que hizo posible que una monja mexicana fuese la última gran luminaria del Siglo de Oro español, según lo expresó en 1692 Pedro Ignacio de Arce, entusiasta lector de sor Juana y regidor de la villa de Madrid:

> En todos tiempos se han venerado ingenios grandes; pero mayor, en ninguno. Y la prerrogativa del sexo no sea motivo para crecer la admiración; séalo para justificarla el que todo cuanto ha confirmado por especiosos a muchos varones en sus facultades, ha sobresalido con excelencia en nuestra autora. [...] Hablen, pues [los versos de sor Juana], y óigase la varia generalidad de sus estilos, en la dulzura a Garcilaso, en la facilidad a Lope, en lo numérico a Góngora, en lo ingenioso a Quevedo, en la gravedad a Zárate, en los conceptos a Argensola, en las locuciones a Hortensio, en lo jocoserio a Pantaleón, en lo puro a Ulloa, en lo festivo a Cáncer, en lo discreto a Solís y en las composiciones dialógicas a Calderón[336].

Los escritos de sor Juana reflejan cómo su relación con María Luisa fue haciéndose más profunda con el paso del tiempo. Monja y virreina se empezaron a ver con gran frecuencia. La Paredes acudía muchas veces sin su marido a San Jerónimo[337]. De amigas que intercambiaban regalos[338] y billetes de felicitación por sus cumpleaños, Pascuas o Navidad, pasaron a ser confidentes[339]. Verbigracia, María Luisa compartió con la monja su obstinación por convertirse en madre y una vez que nació su hijo no dejó de hablarle de sus preocupaciones por su salud cada vez que el niño enfermaba[340]. Tenía miedo de que se repitiese la historia de sus otros dos hijos que habían fallecido prematuramente. Había entre ambas secretos tan indecibles que en una ocasión sor Juana sostuvo haberse comido, aunque tal vez no lo haya hecho, un recado que le envió la virreina para asegurar su confidencialidad (núm. 113).

Sor Juana dirigió a la marquesa una sorprendente cantidad de poemas amorosos que, además de tener una evidente carga emocional, deben entenderse como una expresión panegírica. Aun así, los lectores de aquella época, ni en la metrópolis ni en América, habían escuchado jamás que una monja se dirigiese a la esposa de un gobernante en términos tan afectuosos:

> Adorado dueño mío,
> de mi amor divina esfera,
> objeto de mis discursos,
> suspensión de mis potencias;
> excelsa, clara María,
> cuya sin igual belleza
> solo deja competirse
> de vuestro valor y prendas (núm. 33, vv. 29-36).

Una vez la virreina le regaló a su amiga un retrato suyo y la jerónima quedó tan conmovida por el obsequio que le escribió un enardecido romance. El editor de *Inundación castálida* se apresuró a detener cualquier lectura equívoca del poema con un epígrafe aclaratorio: «Puro amor que, ausente y sin deseo de indecencias, puede sentir lo que el más profano». Si la explicación era necesaria, es porque una voz femenina desde un claustro nunca se había expresado de esta manera, a menos que se tratase del amor divino. Pero aquí la interlocutora era una bella y joven mujer de carne y hueso:

> De ti, peregrina Filis,
> cuyo divino sujeto
> se dio por merced al mundo,
> se dio por ventaja al cielo;
> en cuyas divinas aras
> ni sudor arde sabeo,
> ni sangre se efunde humana,
> ni bruto se corta cuello,
> pues del mismo corazón
> los combatientes deseos
> son holocausto poluto,
> son materiales afectos,
> y solamente del alma

en religiosos incendios,
arde sacrificio puro
de adoración y silencio (núm. 19, vv. 41-57).

La monja también le envió a la virreina un retrato suyo que acompañó con uno de sus más logrados sonetos:

Este, que ves, engaño colorido,
que del arte ostentando los primores,
con falsos silogismos de colores
es cauteloso engaño del sentido;
   este en quien la lisonja ha pretendido
excusar de los años los horrores
y, venciendo del tiempo los rigores,
triunfar de la vejez y del olvido,
   es un vano artificio del cuidado,
es una flor al viento delicada,
es un resguardo inútil para el hado;
   es una necia diligencia errada,
es un afán caduco y, bien mirado,
es cadáver, es polvo, es sombra, es nada (núm. 145)[341].

Muchas veces sor Juana y María Luisa no se pudieron ver con la frecuencia que hubiesen querido, ya por las múltiples obligaciones que ambas tenían, ya porque las visitas estaban prohibidas en ciertos períodos a los conventos. Apesadumbrada por la ausencia de la virreina durante la cuaresma, sor Juana ventila su frustración y declara tener

cuaresmeados los deseos,
   la voluntad traspasada,
ayuno el entendimiento,
mano sobre mano el gusto
y los ojos sin objeto (núm. 27, vv. 12-16),

para rematar con una confesión: «De veras, mi dulce amor; / cierto que no lo encarezco: / que sin ti, hasta mis discursos / parece que son ajenos» (núm. 27, vv. 17-20). Sin embargo, no todo fue miel sobre hojuelas en su relación y también existieron malentendidos y reproches entre las dos. Resulta que en una ocasión fue la virreina a ver a sor Juana, pero llegó tarde al locutorio y la monja ya se había retirado. María Luisa, enfadada, le reclamó a la religiosa su actitud y sor Juana se disculpó con un escrito:

> En leyes de Palacio,
> el delito más grave
> es esperar; y en mí
> fue el delito mayor el no esperarte. [...]
> Baste ya de rigores,
> hermoso dueño, baste;
> que tan indigno blanco
> a tus sagrados tiros es desaire (núm. 85, vv. 13-16 y 29-32).

Cuando la condesa regresó a España, sor Juana y ella debieron de seguirse escribiendo, pero no hay poemas de la monja dondc esta le pregunte a su mecenas cómo es su vida en la Península. De hecho, en el *Segundo volumen* de 1692 hay muy pocos poemas que explícitamente hablen de María Luisa; sí hay, en cambio, una cantidad considerable que giran en torno a la ausencia del ser amado (los poemas 6 y 101, son de los más enardecidos). ¿Seguía hablando con ella sin nombrarla?

¿Por qué se entendieron tan bien monja y virreina si sus biografías no podían ser más distintas? María Luisa pertenecía a la más alta alcurnia. Era hija de Vespasiano Gonzaga, virrey de Valencia y Grande de España, había sido menina en la corte de Felipe IV y dama de Mariana de Austria en su adolescencia. Gozó de buenos maestros y creció en una corte sumamente sofisticada. Antes de llegar a México ya era una mujer de mundo. Sor Juana, en cambio, no contaba con prosapia ilustre y llevaba más de una década enclaustrada en el convento. Quienes observaron su trato familiar, su gran afinidad y su mutua correspondencia, no dejaron de preguntarse por el origen de su afecto. Un discreto testigo, cuya identidad no ha podido ser develada, intentó explicarlo. En su opinión, la monja experimentó un profundo agradecimiento hacia María Luisa y reconoció sus virtudes innatas, a saber, su inteligencia y belleza. Pero el privilegiado observador admitió que estas razones no eran suficientes para dilucidar el «ardor tan puro» que atestiguó. La mutua simpatía debía de tener un origen fuera del control de ambas; aventuró, finalmente, que o la contextura psíquica de las dos (los «humores»), o el destino (los «astros»), o todas las causas juntas eran las responsables. Que las dos fuesen casi de la misma edad, leyeran poesía, escribiesen versos, tuviesen el mismo signo zodiacal y contasen con una cultura exquisita, debió solo de facilitar su amistad[342].

María Luisa fue una mujer inteligente, extremadamente curiosa y de envidiable poder de observación. No llevaba dos años en el virreinato cuando ya contaba con un conocimiento adecuado de las costumbres de las poblaciones indígenas y se había informado a cabalidad sobre la situación de las misiones en América[343]. Por aquel tiempo, motivada quizá por caridad o por la rareza que aquello implicaba, acogió en palacio a un joven indígena, enano y sordomudo pero muy inteligente, que planeaba llevar consigo a España a su regreso, aunque se desconoce si se concretaron sus planes[344].

Con todo, su temporada en México no fue sencilla. En los primeros años se sintió muy sola y extrañaba enormemente a sus parientes; cuando finalmente logró embarazarse, sufrió en abril de 1682 un aborto de una niña; después del nacimiento de José Francisco temía constantemente por la salud de este y cuando enfermó de gravedad con escasos seis meses pensó que terminaría por enterrarlo[345]. A su mayor soledad contribuyeron las infidelidades de su marido, quien en 1684 engendró una hija natural a cuyo bautizo acudió el virrey en persona[346]. Pero eso no impidió que la virreina no se mostrase solidaria con él ante las múltiples dificultades que afrontó durante su gobierno. De sus cartas se deduce que le prestaba apoyo moral y que los fracasos administrativos del virrey repercutían severamente en el ánimo de ella. En todo caso, parece que nadie llegó a conocer y a entender mejor a María Luisa que su amiga en San Jerónimo y que la monja fue un apoyo inestimable para sobrellevar los pesares que la agobiaron durante su estancia en la Nueva España.

Los años mexicanos de María Luisa coincidieron con la madurez intelectual de sor Juana. Pero este florecimiento no habría producido obras maestras como *El divino Narciso* o *El sueño* sin la intervención de la virreina. Ella fue la compañera intelectual que sor Juana añoró durante una década encerrada entre monjas poco cultas. Difícilmente en México había alguien que estuviese al tanto de los últimos desarrollos de la literatura española como lo estuvo la joven virreina. Ella compartió con sor Juana su amplia red de contactos políticos, literarios y eclesiásticos en la Península, e hizo posible que volviera a establecer lazos estrechos con la corte novohispana, que fue virtualmente inexistente durante el virreinato de fray Payo. María Luisa también le facilitó entrar en contacto con poetas célebres de la época como José Pérez de Montoro o Manuel de León Marchante, que la virreina había leído en su juventud y a quienes había tratado personalmente. Con el primero había coincidido en un certamen poético en ocasión del cumpleaños de la reina Mariana de Austria en 1672: Montoro había sido jurado y ella había participado como autora. Aunque sor Juana tenía buenas relaciones con los libreros de la Ciudad de México y podía enterarse de las últimas novedades editoriales, María Luisa debió de prestarle libros o hacer pedidos especiales a su nombre a sus contactos de la metrópolis. Y se podría decir que María Luisa y su esposo llevaron en varias ocasiones el palacio al convento. Una vez la jerónima compuso diversas letras para bailes (núms. 64-69) con ocasión de un festejo al que asistió la pareja virreinal en el mismo convento. Allí se bailó el turdión, la españoleta y el panamá. ¿Habrá bailado sor Juana? Todas esas danzas las conocía de su paso por la corte.

Gracias a María Luisa, sor Juana también entró en contacto con varios miembros de la Iglesia española. De boca de la virreina debió de escuchar por vez primera el nombre de Diego Calleja y decidió escribirle. El jesuita, nacido en 1638 en Castilla, estudió en la Universidad de Alcalá de Henares e ingresó a la Compañía de Jesús en 1663. De joven mostró bastante afición por la poesía y el teatro. Colaboró con Manuel de León Marchante en, por lo menos, tres dramas sagrados y escribió otros tres de su autoría[347]. Más tarde escribió libros ascéticos[348]. Calleja y sor Juana empezaron a cartearse alrededor de 1680 y desarrollaron una buena amistad, según el jesuita. En Calleja encontró ella no solo a un erudito teólogo y amante de la poesía, sino a un sabio consejero y confidente que se convirtió en su primer biógrafo. Otro miembro eminente del clero español con quien empezó a escribirse fue el fraile premonstratense Luis Tineo de Morales, quien debió alentarla no pocas veces en su labor poética y fue su gran apologista en el primer tomo de sus obras, aparecido en 1689. En México la virreina le abrió las puertas de la corte. Con Francisco de las Heras, secretario del virrey, parece haber desarrollado cierta familiaridad[349]. José de Vega y Vique, asesor general del virrey y buen amigo de Núñez de Miranda, leía con agrado los versos de la poetisa y para referirse a él la jerónima inventó un gracioso neologismo: como él sabía de leyes, le dice que es un *Juris-prudente*, pero como también era un experto en las musas lo llama *Musae-perito* (núm. 38, v. 148). Los amigos de la virreina se volvieron amigos de sor Juana: Juan Camacho Jayna, alcalde mayor de San Luis Potosí entre 1680 y 1687, fue a su regreso a España el patrocinador del segundo tomo de sus obras. En definitiva, la fama de sor Juana se explica en parte por el mecenazgo de María Luisa, pero la monja sabía que su amiga había hecho mucho más por ella de lo que se esperaba de un bienhechor. María Luisa había sido inspiración de muchos de sus mejores versos y por eso sus poemas le pertenecían doblemente: por musa y por mecenas. El soneto-dedicatoria de *Inundación castálida* (1689) resume sus más profundos sentimientos por ella:

> El hijo que la esclava ha concebido,
> dice el Derecho que le pertenece
> al legítimo dueño que obedece
> la esclava madre, de quien es nacido.
>   El que retorna el campo agradecido,
> opimo fruto, que obediente ofrece,
> es del señor, pues si fecundo crece,
> se lo debe al cultivo recibido.
>   Así, Lisi divina, estos borrones
> que hijos del alma son, partos del pecho,
> será razón que a ti te restituya;
>   y no lo impidan sus imperfecciones,
> pues vienen a ser tuyos de derecho
> los conceptos de un alma que es tan tuya (núm. 195).

María Luisa es «Lisi»; así la llamó e inmortalizó nuestra autora en una docena de poemas.

Sor Juana sabía, a través de sus lecturas, de mujeres como ella que habían anhelado el conocimiento. Pero la mayoría había vivido muchos siglos antes. No así la prima de la virreina, María Guadalupe de Lancaster y Cárdenas, duquesa de Aveiro, quien pertenecía a la más alta nobleza de Portugal. Las dos primas se mantuvieron siempre en contacto y, particularmente durante sus años mexicanos, María Luisa tuvo en ella a una confidente de sus éxitos y fracasos. A ella fue quizá a la primera persona a la que le habló de su mayor hallazgo en tierras americanas: una monja del convento de San Jerónimo que la había dejado deslumbrada. Y María Luisa también le contó a sor Juana quién era su poderosa prima. Debido a que tras la separación de Portugal y de España la familia de la duquesa apoyó a los castellanos, ella y su familia se exiliaron en Madrid. Allí ella contrajo matrimonio con Manuel Ponce de León, duque de Arcos, con quien tuvo tres hijos. Cuando en 1679 el Consejo Real de Portugal le reconoció a la duquesa nuevamente su título, finalmente pudo retornar a su país. Lo hizo sin Ponce de León, de quien se había divorciado. Más que sus buenas conexiones, o su conocida devoción religiosa, o su labor de mecenazgo hacia los misioneros jesuitas en América, lo que debió de impactar a sor Juana fue su cultura, inteligencia y dominio de distintas lenguas. En su biblioteca albergó 4.374 volúmenes en diez idiomas sobre religión, ciencias y poesía[350]. A sor Juana saber de la duquesa de Aveiro a través de la virreina y de los misioneros en la Nueva España le abrió un panorama que desconocía en México: había una mujer como ella que ansiaba el conocimiento y con quien podía comunicarse. De inmediato entró en contacto con la duquesa y le escribió varias cartas. Solo se conserva, sin embargo, un romance laudatorio (núm. 37). Y cuando la poetisa hizo una genealogía de mujeres sabias de varias épocas, la duquesa de Aveiro fue la única contemporánea suya que incluyó (núm. 38, vv. 173-197)[351].

Con la virreina sor Juana también debió de sincerarse sobre los problemas que la agobiaban: las monjas que la interrumpían cuando quería dedicarse a la lectura y escritura; su aislamiento intelectual dentro del convento; las constantes amenazas de Núñez intimándole a abandonar la escritura. La presencia de María Luisa seguramente fue un factor para que sor Juana tomase la decisión de separarse de su confesor[352]. En un romance epistolar para felicitarla por la navidad, sor Juana le confesó a la virreina que estaba pasando por días difíciles debido a que Núñez se dedicaba a hablar mal de ella por la ciudad y a que le prohibía estar en contacto con sus amigos de la corte: «Y así, pese a quien pesare, / escribo, que es cosa recia, / no importando que haya a quien / le pese lo que no pesa» (núm. 33, vv. 5-8)[353]. Quizá María Luisa también consoló a su amiga ante la muerte de su madre acaecida el 3 de enero de 1688. Sor Juana no dejó testimonio de sus sentimientos al respecto; su madre había pasado varios meses del último año de su vida en la Ciudad de México y no en su hacienda de Panoayan, así que es presumible que tuvieran más contacto en esta temporada. Sea como fuere, con la muerte de su madre experimentó Juana Inés la orfandad completa. Ella fue siempre muy activa, pero al parecer tras el fallecimiento de doña Isabel y la partida de María Luisa, ambos acontecimientos de 1688, sor Juana se volcó en la creación poética, porque en estos años surgió una cantidad impresionante de sus obras.

María Luisa y sor Juana tuvieron una relación intensa que debe entenderse en el contexto del patronazgo y el mecenazgo, propio de las condiciones políticas y sociales de la época. Los poemas amorosos de sor Juana hacia la condesa están anclados en varias tradiciones: el petrarquismo y el neoplatonismo, por un lado, pero también en un género cortesano de la época, que permitía que mujeres se dirigiesen a otras en los términos más efusivos[354]. Pero si bien cada línea que escribió sor Juana para María Luisa estuvo supeditada a estas tradiciones y a la retórica de la cortesanía, uno de sus más grandes logros poéticos fue que, pese a la codificación que implican ciertas fórmulas, muchos de sus poemas jamás perdieron un tono personal e íntimo. Y precisamente dicho tono surge de algo más que no es agradecimiento,

> pues desde el dichoso día
> que vuestra belleza vi,
> tan del todo me rendí,
> que no me quedó acción mía. [...]
> Bien sé que es atrevimiento;
> pero el Amor es testigo
> que no sé lo que me digo
> por saber lo que me siento.
> Y en fin, perdonad, por Dios,
> señora, que os hable así:
> que si yo estuviera en mí,
> no estuvierais en mí vos (núm. 90, vv. 37-53)[355].

Un cálculo modesto revela que sor Juana escribió para los virreyes de la Laguna más del veinticinco por ciento de su obra. Desgraciadamente solo han llegado hasta nosotros dos poemas de la condesa para sor Juana, composiciones que la monja nunca conoció, y treinta líneas de una reveladora carta que son la primera semblanza de sor Juana. El

30 de diciembre de 1682 escribía María Luisa a su prima María Guadalupe de Lancaster y Cárdenas:

> Pues otra cosa de gusto que la visita de una monja que hay en San Jerónimo que es rara mujer no la hay. Yo me holgara mucho que tú la conocieras, pues creo habías de gustar mucho de hablar con ella porque en todas ciencias es muy particular esta. Habiéndose criado en un pueblo de cuatro malas casillas de indios, trujéronla aquí y pasmaba a todos los que la oían porque el ingenio es grande. Y ella, queriendo huir los riesgos del mundo, se entró en las carmelitas donde no pudo, por su falta de salud, profesar con que se pasó a San Jerónimo. Hase aplicado mucho a las ciencias pero sin haberlas estudiado con su razón. Recién venida, que sería de catorce años, dejaba aturdidos a todos, el señor don Payo decía que en su entender era ciencia sobrenatural. Yo suelo ir allá algunas veces que es muy buen rato y gastamos muchas en hablar de ti porque te tiene grandísima inclinación por las noticias con que hasta ese gusto tengo yo ese día[356].

Cuando el 28 de abril de 1688 María Luisa salió de la Ciudad de México con dirección a Veracruz para unirse a la flota que la llevaría de regreso a su patria, refirieron los testigos que iba presa de un llanto incontrolable. Es seguro que una de las causas de sus lágrimas era la certeza de que no volvería a ver a aquella monja de San Jerónimo cuyo nombre no menciona en su carta, pero a quien descubrió y ayudó a autodescubrirse[357]. La antigua virreina habría hecho bien en recordar las palabras de su amiga para consolarse:

> Ser mujer, ni estar ausente,
> no es de amarte impedimento,
> pues sabes tú que las almas
> distancia ignoran y sexo (num. 19, vv. 109-112).

V
EL PARNASO EN EL CONVENTO
1682-1688

La dirección espiritual y la confesión tuvieron una enorme relevancia en la vida religiosa de la Nueva España. Para los jesuitas fueron tareas de primer orden que garantizaban gran poder e influencia. Cuando sor Juana llegó a la corte de los Mancera, uno de los hombres con mayor ascendiente sobre los virreyes era Antonio Núñez de Miranda, confesor de la pareja. De inmediato el jesuita se interesó por la superdotada muchacha e hizo todo lo que estuvo en sus manos para que ella eligiera la vida de monja: la aconsejó cuando mostró dudas sobre su vocación, la apoyó en la elección del convento y asumió los costos de la fiesta y del banquete que se ofrecieron a la alta sociedad el día de su profesión. Núñez conocía bien la inteligencia, la belleza y el carisma de sor Juana. Esta combinación de talentos le parecía peligrosa tanto fuera como dentro del convento. A sus ojos ser una buena religiosa y, a un tiempo, una mujer dedicada a las ciencias, a las humanidades y a la lectura y escritura de versos profanos era una empresa no solo incompatible, sino condenable. Lo que, por otra parte, no debe extrañar a nadie: la primera obligación de una monja es entregarse a Dios y a una vida que garantice la salvación de su alma.

Pese a su aguda inteligencia y gran experiencia en la dirección de conciencias, Núñez no sospechó que una mujer tan singular como sor Juana requería en su calidad de monja de distintos parámetros. Cuando él mismo se percató en su juventud de su carácter desenfrenado, aprendió a controlarse gracias a la penitencia. De las religiosas que aconsejaba esperaba también que refrenaran sus pasiones a través de la mortificación y que se ciñeran a una vida espiritual según los criterios de la Contrarreforma. En ese sentido, fray Payo había identificado y comprendido mejor la compleja y contradictoria personalidad de sor Juana, aunque, por supuesto, él no cargó con la misma responsabilidad moral que el jesuita, quien fue confesor y director espiritual de sor Juana entre 1669 y 1684. Núñez, a fin de cuentas, fue un hombre de su tiempo que no supo cómo actuar frente a una mujer que evidentemente se adelantaba en muchos aspectos al suyo. Pero, ¿podía pedírsele más a quien en el fondo no era más que un experto de la confesión sacramental?

Núñez había visto la luz en Fresnillo, Zacatecas, un 4 de noviembre de 1618. Sus padres, Diego Núñez de Miranda y Jerónima Valdecañas, habían sido los descubridores y primeros pobladores de Real de Minas. Realizó sus primeros estudios en el colegio de jesuitas de Zacatecas. En 1631 era ya alumno del Real Colegio de San Ildefonso en la Ciudad de México. Debido a su dedicación al estudio y a su inclinación al retiro fue llamado por sus condiscípulos el «Gregorio López» de su tiempo[358]. Se graduó de bachiller en Filosofía en la Real Universidad en 1637; para entonces tenía diecisiete años. Ese mismo año ingresó en la Compañía de Jesús y fue remitido al noviciado de Tepozotlán. Bajo la guía del padre Pedro de Velasco empezó su formación espiritual. Por aquella época un superior lo describió «de ingenio y juicio, óptimo; de prudencia, bueno; de experiencia, mediano; de aprovechamiento en letras, bueno; de complexión, sanguínea; y de talento, bueno»[359]. Núñez sabía que era un hombre propenso a los arrebatos que debía guardar bajo estricto control; en el noviciado solía decir que de haberse mantenido en el siglo su naturaleza indómita lo habría llevado a la horca[360]. Alrededor de esas fechas debió de adquirir su pasión por la penitencia: el maestro de novicios, al tanto de su carácter impetuoso, le imponía rigurosísimas mortificaciones incluso cuando hacía las cosas bien y cumplía con sus obligaciones[361]. En su edad madura Núñez llegó a disciplinarse cada tercer día con 73 azotes en alusión a los años de vida de la virgen María. Cuentan que los vigorosos golpes se oían fuera del aposento y que la sangre manchaba las puertas y paredes de la habitación[362].

En agosto de 1639 hizo su profesión de votos simples y dos meses después empezó a enseñar latín en Valladolid. Concluyó sus estudios de filosofía en 1644 y se ordenó probablemente ese mismo año sacerdote. Con treinta años, tras cuatro de estudio de teología, se encontraba de vuelta en el noviciado de Tepozotlán instruyendo ahora a los jóvenes novicios en las Humanidades. En esa época otro superior lo juzgó de complexión colérico-sanguínea, pero apto para todo. Dos años más tarde se trasladó a la Ciudad de México para instruir a los seminaristas del Real Colegio de San Ildefonso. En un informe para el provincial de su orden se observa que tenía cualidades de líder[363]. Para 1653 se encontraba en Puebla enseñando teología moral y Sagrada Escritura, pero dos años más tarde fue enviado a Guatemala, región en aquella época de poca importancia cultural si se compara con la Puebla de los Ángeles. Su antigua cátedra fue cedida a un peninsular. Núñez se sintió humillado por este gesto y se quejó sin éxito. En Guatemala hizo en 1656 la solemne profesión de cuatro votos[364].

A más tardar en 1660 estaba de vuelta en el Colegio de San Pedro y San Pablo en la Ciudad de México, donde se desempeñó como prefecto, cargo que solo era otorgado a los hombres mejor preparados en letras de la Compañía de Jesús. Con apenas cuarenta años su fama de erudito y sabio ya era proverbial. Sus contemporáneos refieren su propensión a jactarse de nunca haber tenido que leer un libro dos veces gracias a su prodigiosa memoria[365]. También gozó de gran prestigio por sus dotes pedagógicas, su capacidad retórica y su caridad: visitaba cárceles en las que ofrecía cenas y favorecía una cantidad considerable de hospitales con bien dotadas rentas con las que compraba medicina, allende de pagar a los médicos. Desde esa época visitaba frecuentemente los conventos de monjas.

Al inicio de la década de los sesenta Núñez comenzó su actividad como calificador del Santo Oficio, cargo que desempeñó por más de treinta años. A partir de 1663 dirigió hasta su muerte la Congregación de la Purísima Concepción desde donde distribuyó para actos caritativos inmensas cantidades de dinero. Sus allegados estimaron que donó más de un millón de pesos a lo largo de su vida[366]. A la Congregación de la Purísima Concepción pertenecieron 110 miembros de la élite novohispana entre laicos y sacerdotes. Su sede se encontraba en la iglesia de San Pedro y San Pablo. De 1664 es una de sus primeras obras, el *Comulgador penitente de la Purísima*. Núñez se convirtió en las siguientes tres décadas en uno de los autores más prolíficos de su siglo, especializándose, ante todo, en escritos ascéticos dirigidos

V. P. ANTTONIO NUÑES DE MIRANDA DELA
Compañia de Jhs. Prefecto de la mui illustre Congregacion de la Puris
sima por espacio de 32 años. Varon insigne en sabiduria, observancia
religiosa, i zelo de la salvacion de las almas. Murio en Mexico
de edad de 77 años a 17 de Febrero de 1695.
Bernardin. Aleman. Sculp. Mexico Año 1701

Ilustración 2. Antonio Núñez de Miranda, confesor de sor Juana Inés de la Cruz. Grabado en *Vida ejemplar, heroicas virtudes y apostólicos ministerios del V. P. Antonio Núñez de Miranda* de Juan Antonio de Oviedo, México, 1702. Fondo reservado de la Biblioteca Nacional, Universidad Nacional Autónoma de México.

a monjas[367]. Sus libros, como los de su confesanda más indómita, siguieron gozando de buena fortuna durante el primer tercio del siglo XVIII[368].

Núñez fue también director espiritual de arzobispos y, por lo menos, de dos virreyes, el conde de Baños (1660-1663) y el marqués de Mancera (1664-1673). Solo concebía subordinación absoluta de sus hijos espirituales a quienes decía que el confesor debía ser obedecido como un oráculo divino[369]. No dudó un instante en ejercer su ascendiente sobre los poderosos a través de su oficio de confesor. Se dice que el marqués de Mancera siempre consultaba con él las más arduas resoluciones que tomaba[370]. También fue confesor de su esposa. En 1677 fue nombrado rector del Colegio de San Pedro y San Pablo. Su carrera eclesiástica alcanzó su clímax en febrero de 1680 cuando fue designado provincial de la Compañía de Jesús, el cargo de mayor jerarquía entre los jesuitas en la Nueva España. Pero a los seis meses fue relevado y el nuevo provincial se dedicó a deshacer muchas de sus órdenes[371]. A partir de este descalabro administrativo, el jesuita no volvió a ocupar un puesto relevante dentro de su orden ni a ejercer como confesor de ningún virrey, con lo que vio disminuida su influencia en la corte.

Con todo, el prestigio de Núñez dentro y fuera de la Compañía siguió siendo enorme. Incluso de avanzada edad no se alejó de sus estudios ni de su afición por los libros ascéticos. Aunque al final de su vida terminó completamente ciego, no desistió de pedir con frecuencia libros a Europa[372]. Legó su enorme biblioteca al Colegio de San Pedro y San Pablo, donde había sido maestro de muchos de los hombres que a su muerte formaban la élite de la burocracia eclesiástica.

Desde su ingreso a San Jerónimo en 1669 Núñez fue el padre espiritual y confesor de sor Juana. En esta función se mantuvo durante más de una década. Pero alrededor de 1684 sor Juana decidió poner fin a esta relación de forma abrupta mas no del todo inesperada. Aunque alrededor de 1693 la monja decidió volverlo a llamar a su lado, la primera ruptura marcó la vida de ambos. Ella puso fin a su celosa vigilancia y empezó a escribir sus obras maestras gracias a la libertad intelectual recién ganada y el defenestrado confesor reorientó su energía a la redacción profusa de libros para dirigir las conciencias de monjas, como si ante la pérdida de sor Juana tuviera que buscar un público que lo escuchara a través de sus libros.

Durante por lo menos diez años el jesuita fue el individuo con quien sor Juana tuvo mayor trato. Él fue su interlocutor principal y ejerció sobre ella una autoridad moral mayor que la que tuvieron sus superiores inmediatos (la priora o el arzobispo). Si bien la frecuencia con que un confesor y su penitente se reunían era decisión exclusiva de ellos, los registros sugieren entre una y tres visitas por semana[373]. En San Jerónimo las confesiones eran todos los viernes[374]. Núñez conoció mejor que nadie las tribulaciones de sor Juana. Pero también ella tuvo una mirada privilegiada al fondo del alma de Núñez.

La dinámica entre confesor y penitente consistía en contarse mutuamente detalles de su vida personal y religiosa[375]. Para bien o para mal, sor Juana y Núñez, en sus intensas conversaciones y correspondencia escrita, formaron estrechos lazos y compartieron secretos tal vez indecibles. Ella era para el jesuita su *hija* espiritual y él sin duda representó para la joven monja una figura paternal[376]. Él no se refería a ella como la madre Juana Inés de la Cruz. Por haberla conocido tan joven la llamaba simplemente Juana Inés[377]. A través de él sor Juana se familiarizó con los presupuestos ascéticos a los que debía aspirar toda monja de aquel siglo: obediencia, sacrificio, negación del *yo* y una vida dedicada a la oración. La concepción que tenía Núñez de una religiosa quedó epitomizada en una *Protesta de la fe* que redactó quizá para sor Juana misma y que solicitaba que todas las monjas dijeran cada año: «Mi cuerpo sea enterrado vivo en las cuatro paredes del convento de donde ni por imaginación salga paso. Y como verdaderamente muerto al Mundo, ni vea, ni oiga, ni hable, ni se acuerde de sus cosas. Allá se lo haya el siglo con sus máquinas. No me toca, ni me atañe; ruede, vuelve y caiga [...]. Que todos mis sentidos sean con mi cuerpo enterrados»[378]. La constante presencia en su vida de Núñez le recordó a sor Juana algo que aprendió a más tardar desde que ingresó al palacio virreinal: que en aquella sociedad la mujer estaba sujeta al hombre y a sus deseos.

Encontrar un buen confesor y director espiritual no fue una tarea sencilla para ninguna monja, pues se requería una compatibilidad de caracteres e intereses. Con algo de suerte los confesores se convertían en verdaderos guías e incluso amigos. En cambio, un choque de personalidades generaba enormes conflictos. No fueron inusitadas las quejas de religiosas en contra de sus confesores, pero sí lo fue la virulencia con que sor Juana despidió a Núñez de su lado. Incluso santa

Teresa había sido más diplomática en su conflicto con los confesores que se burlaban de ella y que intentaban persuadirla sobre el origen diabólico de sus visiones. Desesperada, la santa escribió que le ocasionaban gran daño a su alma, pero no se atrevió a cuestionarlos en el mismo tono en que lo hizo la monja mexicana con el jesuita[379].

La ruptura entre sor Juana y Núñez se gestó a lo largo de la década de los setenta. Durante esa época el jesuita intentó ejercer un severo control sobre las lecturas y la actividad creativa de su hija espiritual. En 1676 sor Juana escribió dos juegos de villancicos y ambos fueron publicados, pero en ninguno de los casos aparece el nombre de la autora en la portada[380]. La razón más probable es que ella no lo permitió, porque no se consideraba la única responsable del texto y, en consecuencia, su autora. En una sorprendente declaración hecha ocho años después, sor Juana asegura que los villancicos de 1676 fueron corregidos por su confesor[381]. Hasta ahora nadie parece haberse preguntado por la naturaleza de las correcciones de Núñez ni por su extensión. El calificador del Santo Oficio, ¿se habrá limitado a una revisión de los dogmas de la Asunción o de la Inmaculada Concepción o habrá impuesto cambios en el orden de la estética (versificación, estructura, etc.)? Lo más probable es lo segundo si tenemos en cuenta que Núñez tenía talento literario y escribía poesía en latín y en castellano; además, según uno de los hombres que mejor lo conoció, «era fama común que casi no se cantaba villancico alguno en las iglesias de México que no fuese obra de su ingenio»[382]. Si la afirmación de sor Juana sobre las correcciones que hacía Núñez a sus textos no peca de exageración, hay que aceptar que dos instancias autoriales concurrieron en la elaboración de los villancicos de 1676. Y *corregir* puede ser sinónimo de *censurar*, y así lo debió de haber experimentado sor Juana.

Es probable que otras obras de aquella época también fueran escritas después de recibir el permiso de Núñez, aunque una loa a los años del rey respondió expresamente a la petición de fray Payo (núm. 374). También es muy plausible que, cuando sor Juana se transformó en la villanciquera oficial del virreinato, se gestara en Núñez un sentimiento de envidia por haber sido desplazado por la monja de una función que él cumplió durante varias décadas. Ella misma intuyó dichos sentimientos en su confesor y lo cuestionó: «¿Qué más castigo me quiere V. R. que el que entre los mismos aplausos, que tanto le duelen, tengo? ¿De qué envidia no soy blanco?»[383].

Con todo, Núñez no pudo fiscalizar todas las actividades de sor Juana durante la década de los setenta; en estos mismos años ella escribió romances epistolares y leyó, además de obras religiosas, mucha literatura de entretenimiento y de filosofía natural. Además sor Juana mantuvo, pese a su encierro en Santa Paula, estrechos vínculos con la corte virreinal y con la vida civil, si bien durante el virreinato de fray Payo la corte no fue muy activa. Por ejemplo, entre 1676 y 1678 desarrolló una amistad con un alto burócrata, el oidor don Diego de Valverde, a quien extrañó mucho tras su partida, pues se había hecho también amiga de su esposa (núm. 39). Su confesor hubiese preferido que los dones que el Cielo le había dado los pusiese al servicio de Dios y no de asuntos terrenales[384]. La actitud de sor Juana llegó para él a un punto intolerable con la llegada de los Laguna. Que la monja hubiese aceptado en 1680 el encargo de diseñar el arco triunfal para los virreyes sin consultarlo fue algo que le recriminó severamente.

A este gesto, que Núñez debió de interpretar como una pequeña rebeldía, se sumó que a partir de 1681 sor Juana aumentó su interacción con gente ajena al convento, en especial con la condesa de Paredes y empezó a componer más poemas. Su confesor vio en su proceder un descuido de sus obligaciones religiosas que le garantizaban la salvación de su alma. El jesuita aumentó la presión sobre sor Juana para que abandonase sus estudios y su dedicación a las letras mundanas, pero ella se negó y le debió de responder desafiantemente con palabras similares a las que utilizó más tarde: «La materia, pues, de este enojo de V. R., muy amado padre y señor mío, no ha sido otra que la de estos negros versos de que el Cielo tan contra la voluntad de V. R. me dotó. [...]Las letras ¿estorban, sino que antes ayudan, a la salvación? ¿No se salvó san Agustín, san Ambrosio y todos los demás santos Doctores? ¿Y V. R., cargado de tantas letras, no piensa salvarse?»[385]. La molestia de Núñez creció cuando se percató de los beneficios que sor Juana recibía de parte de la élite y, más particularmente, de los nuevos virreyes. Ante la frustración acumulada el jesuita dio voz pública a sus sentimientos. Los desacuerdos entre ambos salieron del locutorio a la arena pública. Con la gente de su círculo de influencia el jesuita ventiló sus quejas y les dijo que con esa conducta sor Juana corría peligro de condenarse[386]. Núñez fue aún más lejos: escandalizado empezó a recorrer la ciudad y a denostar a la jerónima. Incluso la hirió en su orgullo de monja cuando declaró que si ella se quería dedicar a la poesía no se hubiese metido de religiosa y mejor se hubiese casado[387]. Pronto las murmuraciones llegaron a los oídos de sor Juana y ella no tuvo otro remedio más que enfrentársele con una carta:

> [Ha] muchos tiempos que varias personas me han informado que soy la única reprehensible en las conversaciones de V. R., fiscalizando mis acciones con tan agria ponderación como llegarlas a escándalo público y otros epíctetos no menos horrorosos [...]. ¿En qué se funda, pues, este enojo, en qué este desacreditarme, en qué este ponerme en concepto de escandalosa con todos? ¿Canso yo a V. R. con algo? ¿Hele pedido alguna cosa para el socorro de mis necesidades, o le he molestado con otra espiritual ni temporal? ¿Tócale a V. R. mi corrección por alguna razón de obligación, de parentesco, crianza, prelacía o tal que cosa? Si es mera caridad, parezca mera caridad y proceda como tal, suavemente, que el exasperarme no es buen modo de reducirme, ni yo tengo tan servil natural que haga por amenazas lo que no me persuade, ni por respetos humanos lo que no hago por Dios[388].

No se conoce en el mundo hispánico del siglo XVII ningún caso en que una hija espiritual se haya dirigido por escrito hacia su confesor con palabras tan desafiantes. Núñez, por lo demás, se había ganado esta reprimenda: su actitud, por decir lo menos, había sido insólita: que un confesor vituperase públicamente a su confesanda no era cosa de todos los días[389] y sor Juana se lo echa en cara cuando le pregunta por qué desea obligarla a abandonar las letras «a fuerza de reprehensiones, y estas no a mí en secreto, como ordena la paternal correpción [...], sino públicamente con todos, donde cada uno siente como entiende y habla como siente»[390].

Sor Juana debió de sentirse agobiada por la constante intimidación de Núñez y por su falta de tacto. Él era, para hacer las cosas aún más difíciles, un hombre al que había respetado y querido durante años. El jesuita, a su vez, debió de haber estado desesperado ante la poca eficacia de sus palabras para reconvenirla. Primero ella había ganado celebridad con el arco triunfal; ciertamente la invitación había venido de fray Payo, pero eso no quiere decir que Núñez estuviese de acuerdo. Después sor Juana y los virreyes se conocieron, congeniaron y comenzaron las visitas frecuentes de María Luisa a Santa Paula. El enojo del confesor debió de aumentar al enterarse de que sor Juana ganó un premio en un certamen poético organizado por la Real Universidad celebrado en 1683. Ese año la monja había estado leyendo con mucho detenimiento un tratado del carmelita Juan de Jesús María sobre la vida monástica. En especial se detuvo en un pasaje sobre la salvación que subrayó con regla: «Es absolutamente cierto que el fin último de los religiosos y de los seglares es uno mismo; mientras vivan de manera justa y decente, todos ellos se encaminan por igual a la vida eterna»[391]. ¿Acaso estas palabras terminaron por convencerla de alejarse de Núñez y prescindir de sus consejos, pues su salvación no dependía de él, sino de cumplir con los mandamientos?

La presión de Núñez a lo largo de 1683 fue intensa, pero finalmente en 1684 sor Juana no pudo más y explotó[392]. Le escribió a Núñez la carta a la que ya me he referido para explicarle que ya llevaba mucho tiempo soportando su conducta, pero que su paciencia, que solía ser grande, se había agotado y prefería que él, si no estaba dispuesto a dejar de hablar mal de ella, se alejase de su lado: «Pero a V. R. no puedo dejar de decirle que rebozan ya en el pecho las quejas que en espacio de dos años pudiera haber dado; y pues tomo la pluma para darlas, redarguyendo a quien tanto venero, es porque ya no puedo más»[393]. Antes de despedirse le recordó a Núñez, con gran ironía, que dedicarse una monja a estudiar y a escribir era menos inmoral y menos pecaminoso que dedicarse un confesor a murmurar. ¿No sería acaso él quien con su conducta se estaría, en realidad, condenando al fuego eterno? Pero quizá lo que más hirió a Núñez fue que sor Juana le dijera que él, el hombre que en la Nueva España era considerado el confesor de monjas por antonomasia, no era indispensable para su salvación. Sor Juana le preguntó: «¿Qué precisión ['necesidad'] hay en que esta salvación mía sea por medio de V. R.? ¿No podrá ser por otro? ¿Restringiose y limitose la misericordia de Dios a un hombre, aunque sea tan discreto, tan docto y tan santo como V. R.?». Y respondió por él: «No por cierto, ni hasta ahora he tenido yo luz particular ni inspiración del Señor que así me lo ordene»[394]. Es probable que a Núñez le haya dolido más perder a sor Juana que ser destituido de la posición más alta de la orden jesuita en la Nueva España.

Sor Juana no fue la única monja que decidió separarse de su confesor en aquella época; otras monjas también lo hicieron[395]. Pero a diferencia de aquellas disputas la suya con Núñez tuvo un contexto político inusitado: la polémica personal entre letras humanas *versus* penitencia devino pública y enfrentó al poder civil, pues ella contaba con el apoyo de los virreyes, con el religioso (alto clero, Inquisición)[396]. Si la carta de sor Juana es hasta ahora el único testimonio de este enfrentamiento tal vez se deba a que fue un episodio que trataron de acallar. La Compañía de Jesús optó por silenciar o manipular los hechos con la intención de salvaguardar el prestigio de uno de sus miembros más destacados.

¿Por qué tuvo sor Juana la necesidad de escribirle una carta a Núñez si podía haberle solicitado oralmente que se alejara? Cartas de monjas a sus directores espirituales y de estos a ellas no fueron infrecuentes. Por una parte, las misivas servían para superar la distancia en caso de un viaje del director espiritual y, por otra, las monjas recibían con gusto cartas de sus directores espirituales, incluso si estos no estaban de viaje, ya que podían releerlas varias veces y compartirlas con otras compañeras[397]. Sin embargo, no hay noticias de viaje alguno del jesuita por esos años. ¿La escribió quizá solo para ella y jamás la envió? ¿Quería dejar solo un registro de los hechos y de sus razones para romper con Núñez? ¿Fue quizá una forma de autodescubrirse por medio de la escritura? ¿Sabía que pese a sus admirables dotes retóricas orales, era mejor que su pluma se quejase? ¿Fue una terapia a través de la escritura? Seguro es que hizo una copia de la misiva y la guardó por si algún día tenía que volver a defenderse[398]. Y si, en realidad, envió la carta, probablemente esperaba una réplica por escrito. ¿Respondió el jesuita? No se sabe. En cualquier caso, si sor Juana corrió a Núñez de su lado, eso no quiere decir que no haya seguido dialogando con él en sus soliloquios. La presencia del jesuita fue una sombra a lo largo de su vida que siempre la acechó, como se deduce de varios pasajes de su célebre *Respuesta a sor Filotea*, escrita siete años después de estos acontecimientos[399].

Con su carta de ruptura declaró sor Juana la victoria de su libre albedrío y la absoluta responsabilidad sobre su propia vida en este mundo y el siguiente. Y algo más: aceptó que las letras humanas eran un regalo divino que había recibido, no una tentación, como le quería hacer creer su confesor. Por un tiempo reconcilió así su personalidad de monja y escritora, dándole quizá primacía a la segunda. No volvieron a verse Núñez y sor Juana hasta 1693 cuando ella le pidió que regresara a su lado. Sobre esta acción aparentemente humillante y contradictoria regresaré más adelante. La identidad del confesor de la jerónima durante la ausencia de Núñez no ha sido aclarada[400].

A partir de 1684 sor Juana ganó un espacio de independencia intelectual, pero en los años siguientes alcanzó otra autonomía fundamental: la económica. Si bien cuando llegó a San Jerónimo contaba con ciertos recursos económicos, a pesar de que las monjas indicaron en 1698 lo contrario, por muchos años sus ingresos fueron muy limitados[401]. En 1680 no era la monja pobre que quiso Hoyos Santillana hacerle creer al cabildo eclesiástico, pero tampoco pertenecía a las religiosas más acaudaladas del convento. Sin embargo, en 1695 sor Juana murió siendo una monja muy rica. Ahora bien: su espíritu emprendedor estuvo siempre al servicio de su anhelo por el conocimiento (pues tenía que adquirir libros), de su incesante empeño caritativo entregando generosas limosnas, de su liberalidad para con sus amigos, a quienes obsequiaba bellos presentes, y de su precaución para asegurarse una vejez digna que nunca llegó. Su sentido económico fue también un fehaciente signo de su modernidad.

Sor Juana mostró una gran habilidad para la administración y la contabilidad; esta pericia fue vista por sus compañeras incluso con mayor beneplácito que su destreza versificadora, pues los conventos en la Nueva España funcionaban como organismos financieros y prestamistas. Las malas decisiones económicas podían poner en peligro la subsistencia material de todo un convento como sucedió con San Jerónimo probablemente a principio de los años ochenta. Acaso por una serie de inversiones desafortunadas los ingresos por rentas disminuyeron drásticamente y la carestía alcanzó niveles alarmantes dentro del convento. Las monjas comenzaron a padecer hambre. Ante la angustiosa situación las religiosas recurrieron a sor Juana para que asumiera junto con la priora y el mayordomo Mateo Ortiz de Torres la responsabilidad financiera de la institución. Muñoz de Castro, un profesional de la administración pública de aquella época, sugiere que sor Juana tuvo que echar mano de toda su pericia —«viveza y maña», dice él— para enderezar las finanzas del convento[402]. Poco tiempo después de asumir el puesto de contadora la madre Juana salvó al convento y ante semejante éxito sus compañeras no le permitieron abandonar el cargo el resto de su vida. Fue con seguridad contadora por lo menos nueve años desde 1686[403].

Las responsabilidades de sor Juana no se limitaban a revisar los balances financieros o a darle dinero al mayordomo para que pagase las cuentas de los alimentos o de los materiales de construcción que se adquirían para ampliar o darle mantenimiento al convento. En realidad, la contadora diseñaba con la priora y el mayordomo una amplia estrategia de inversión de los bienes del convento. Pero sor Juana debió de haber sido el cerebro financiero, porque tanto la priora como el mayordomo estaban ya en sus cargos cuando explotó la crisis financiera de San Jerónimo; con sor Juana involucrada en la toma de decisiones la situación tomó un rumbo positivo. Que sus compañeras hayan recurrido en un momento de gran premura a ella es un indicio de que tenían información previa sobre su talento para los negocios. Por sus manos pasó como contadora de San Jerónimo una cantidad impresionante de dinero y fue la responsable de un patrimonio que rondaría cientos de miles de pesos[404]. Dentro del convento debió de contar sor Juana con la ayuda de algunas monjas para organizar la montaña de papeles a la que se enfrentaba. Quizá una de sus asistentes en la década de los noventa fue sor María Gertrudis de Santa Eustoquio, que a inicios del siglo XVIII se convirtió en la contadora de San Jerónimo.

Fuera del convento el hombre clave fue Mateo Ortiz de Torres, quien asumió el cargo de mayordomo en 1670. Ocupó también por varias décadas el mismo puesto en el convento de Regina de la orden concepcionista. Gracias a sus habilidades financieras hizo una considerable fortuna. Para su desgracia su holgada posición económica no fue un secreto y en 1701 unos ladrones aprovecharon que salió a dar un paseo para meterse a su casa y saquearla. El robo le provocó un enfado tan grande que lo llevó a la tumba de forma repentina. En vida Ortiz de Torres resultó un apoyo inestimable para sor Juana. Sus tareas consistían en rentar las propiedades del convento y en cobrar los arrendamientos; también se ocupaba de dar seguimiento a los préstamos e hipotecas que otorgaban las monjas y cobrar los correspondientes réditos. Pagaba a los proveedores y se reunía con sor Juana semanalmente en la portería para entregarle las cuentas de sus operaciones y recibir su sueldo. Juntos verificaban los libros de contabilidad que enviaban anualmente a la Contaduría de la Curia para su revisión y aprobación. No hay indicios de que monja y mayordomo hayan reprobado las severas auditorías. Cuenta el burócrata Muñoz de Castro que para los libros internos la jerónima desarrolló un práctico método de contabilidad que tenía la virtud de «en poco rato, cada que se quiera, tomar cuentas a los mayordomos y sin confusiones sacar los alcances, sin copia de guarismos ni volumen de papeles»[405].

El trato continuo entre monja y mayordomo derivó en una provechosa amistad. Es de suponer que don Mateo le sirvió a Juana Inés de la Cruz de intermediario con los libreros; no es descabellada la idea de que a través de él se hicieron no solo los pagos de libros que adquirió para su biblioteca, sino de los muchos instrumentos musicales y científicos que guardaba en su celda. Hay que subrayar que no todo lo que ella tenía fue un regalo, como señalan las fuentes de la época; la mayoría de sus bienes la consiguió gracias a su trabajo como poeta de ocasión y a sus inversiones. El mayordomo fue, además, su vínculo con los financieros y comerciantes de la Nueva España, grupo social que sor Juana conoció bien durante su estancia en el palacio virreinal. Ortiz de Torres, finalmente, la apoyó para realizar una serie de transacciones financieras que hizo en sus años finales a espaldas de sus compañeras de San Jerónimo. Sor Juana, siempre precavida, escondió, como veremos, una reserva de dinero, cuyo uso no quería justificar ante nadie[406].

En la celda de la contadora se encontraba la caja con los activos del convento. Solo la priora, la vicaria y ella tenían una llave. Al igual que los otros puestos de la jerarquía conventual, también el de contadora era sometido a votación cada tres años. Sor Juana nunca fue definidora (consejera de la priora), vicaria o priora, pero como responsable de las finanzas del convento tuvo una gran influencia tanto dentro como fuera del claustro. Se entiende mejor el poder que detentó si se considera que San Jerónimo, al ser uno de los conventos más ricos, jugó un papel fundamental en la economía del virreinato. Por ello es fácil imaginar que su actividad de contadora le debió de haber sido muy útil en algún que otro pequeño conflicto que pudiera haber tenido con sus superiores[407].

Debemos imaginar a sor Juana como una monja-escritora-administradora. Aunque en varias ocasiones se quejó de las distracciones de la vida conventual que le impedían dar cauce ininterrumpido a sus inquietudes intelectuales, jamás se refirió a su puesto de contadora como una carga. Tampoco lo hizo con sus otros puestos que ya he mencionado: tornera en 1673, secretaria en 1677, portera menor en 1680 y encargada durante varios años de los archivos conventuales[408]. Sor Juana se fue a la cama algunas noches pensando más en números que en metáforas o en rezos, y a la actividad de contabilidad le dedicó una buena parte de su tiempo[409]. Una monja concepcionista describió a principios del siglo XVII su trabajo de contadora como un martirio y dijo que al asumir el puesto pensó en morirse ante la maraña de papeles y libros que debía leer y revisar[410]. Sor Juana, en cambio, parece haber hecho con agrado su labor administrativa. Cuando se realizaron en el siglo XX labores de restauración en el convento de San Jerónimo se encontró en un muro una nota que da fe de que sor Juana dirigió algunas obras de ampliación en el edificio: «Este arco cerró de su mano la madre Juana Inés de la Cruz, siendo contadora de este convento de Nuestro Padre san Jerónimo y siendo priora la madre Andrea de la Encarnación en 13 de febrero de 1690. *Juana Inés de la Cruz*»[411]. A su vez, en el *Libro de profesiones* hay muchas entradas manuscritas de ella y es probable que haya sido una de las responsables del establecimiento del catálogo de prioras[412]. Sin duda hiperactiva, no hubo área de la administración conventual donde no haya dejado huella.

La madre Juana no solo tuvo energía para ocuparse de los negocios del convento, sino también de los suyos propios. Sabemos que fue una pequeña inversionista que se dedicó a la especulación financiera y que en ocasiones puso de su propio capital para hacer obras que hacían falta en el convento[413]. También se sabe que la mayoría de las veces ella fue la encargada de comprar el material de construcción para dichas obras, porque, según el prebendado de la catedral, nadie como ella para negociar los mejores precios[414]. En la mentalidad de la época esta acumulación de capital no fue vista como un rompimiento del voto de pobreza; casi todas las órdenes, con excepción de las carmelitas, permitían a sus miembros hacerse de recursos conocidos como *reservas,* que eran utilizados para solventar gastos personales o necesidades específicas. Algunas de las lecturas de sor Juana sugieren que estuvo al tanto de los precursores del pensamiento económico y que compartió con algunas corrientes teológicas una moderna actitud hacia el dinero, el trabajo y la inversión[415]. Sor Juana hizo su capital a través del pago de sus obras literarias, de la venta de alhajas, de la inteligente inversión de limosnas y de diversos contratos de compraventa.

Su vocación empresarial afloró a partir de 1684 tras la ruptura con Núñez. Autonomía intelectual y económica fueron para ella dos caras de la misma moneda. Ese año vendió la mulata, que le había donado su madre, a su hermana Josefa María por 250 pesos[416]; liberada de

Núñez invirtió quizá el dinero en la compra de más libros o instrumentos científicos. Un año después entregó 200 pesos a Juan de la Barquilla, quien se comprometió a otorgarle un interés anual de 5 % durante el tiempo que ella mantuviese su dinero con él[417]. En 1691, todavía fresca la tinta de su famosa carta al obispo de Puebla *(Respuesta a sor Filotea de la Cruz)*, sor Juana invirtió 1.400 pesos en fincas del convento de San Jerónimo con la finalidad de garantizarse un ingreso de por vida para ella y su sobrina, sor Isabel María de san José; la monja justificó haber obtenido esta buena cantidad de la venta de alhajas y de algunas limosnas que le habían otorgado[418]; probablemente los pagos por los juegos de villancicos a San José y a la Asunción de 1690 contribuyeron para que juntase ese monto. Sor Juana también era gran limosnera: en una ocasión otorgó 2.000 pesos en beneficio de sus hermanas religiosas. La independencia económica, conseguida a mediados de los ochenta, impactó positivamente en su quehacer literario, pues, una vez obtenida esta, escribió en los años siguientes sus obras maestras, como *El divino Narciso* o *Primero sueño*. A principios de 1692 volvió a acumular suficiente dinero para comprar una segunda celda y solo en los dos últimos años de su vida, cuando según varios relatos se dedicó a un régimen de vida ascético, realizó operaciones por arriba de los 5.000 pesos en su beneficio, una cantidad considerable si consideramos que había requerido la ayuda de un benefactor para pagar los 3.000 pesos de dote que necesitó para ingresar al convento. Pese a su fortuna notable, sor Juana siguió afirmando toda su vida ser «una monja pobre y sin renta»[419].

La mejor inversión de sor Juana fue su biblioteca, donde a decir de ella encontraba el «sosegado silencio de [sus] libros»[420]. En efecto, Juana Inés de la Cruz fue una amante del silencio y por eso sufrió tanto por sus compañeras ruidosas. Su biblioteca fue la culminación de su deseo innato por el conocimiento y una muestra tangible de su fuerza de voluntad, de su talento literario y de sus habilidades financieras, pues sin los pagos por sus obras de encargo y sin sus inversiones con distintos banqueros ella jamás habría juntado suficiente capital para adquirir tantos libros. Durante muchos años de su infancia y adolescencia había leído en bibliotecas ajenas, ora en Panoayan, ora en la casa de los Mata, ora en la biblioteca del convento. Pero, una vez que empezó a ganar dinero con sus villancicos a mediados de la década de los setenta, se dedicó a transformar su celda en un espacio que reflejaba su personalidad: compró libros, adquirió aparatos científicos y se hizo con instrumentos musicales. Mientras observaba la estantería a su alrededor, sor Juana debió de recordar cuándo adquirió tal o cual libro y cuánto pagó por él. Como todo bibliófilo debió de disfrutar tanto el olor de un libro nuevo como las anotaciones marginales en los libros de segunda mano. En una palabra, sor Juana fue su biblioteca.

Según algunos contemporáneos, la suya fue una de las bibliotecas privadas más grandes y eruditas de la Nueva España. De acuerdo con Calleja, que nunca estuvo en México, la jerónima llegó a poseer 4.000 volúmenes. El dato ha sido considerado una exageración. Por lo que sabemos de las bibliotecas privadas de aquellos años, hubo gente muy culta con pocos libros y también personas de limitados recursos con muchos libros, pero casi nunca se mencionan bibliotecas que superen los 2.000 ejemplares[421]. Verbigracia, si bien Carlos de Sigüenza y Góngora tuvo al final de sus días 470 volúmenes[422], Melchor Pérez de Soto, un albañil amante de los libros, tenía 1663 volúmenes en 1655, cuando fue arrestado por el Santo Oficio acusado de poseer libros prohibidos. A Pérez de Soto la Inquisición le confiscó su biblioteca y lo encerró en la cárcel, donde perdió el juicio al verse separado de los cientos de volúmenes que había coleccionado a lo largo de su vida.

Aunque quizá no tuvo 4.000 ejemplares, sor Juana vivió rodeada en su celda de muchos libros, algunos de los cuales tal vez solo ella poseía, como descubrió el fraile agustino Antonio Gutiérrez cuando la visitó en su locutorio para examinarla y ella terminó por sugerirle bibliografía para un dictamen teológico que él debía elaborar. Aunque varios de los volúmenes que tenía le fueron regalados por impresores novohispanos[423], la mayoría provenía de España y por ellos sí tuvo que pagar. Se entiende entonces su esmero por invertir su dinero con las mejores ganancias: si Calleja tuvo razón, sor Juana debió de comprar o recibir como regalo un libro cada dos días durante los veintitantos años en que formó su biblioteca.

No existe catálogo fidedigno de su biblioteca. Algunas fuentes afirman que sor Juana se deshizo de ella en los últimos dos años de su vida para beneficiar a los pobres, pero, en realidad, solo vendió una parte de ella y no la totalidad de sus libros. A su muerte había aún 180 volúmenes en su celda, pero las monjas no hicieron un inventario detallado de ellos ni entregaron los libros a sus deudos[424]. Estos volúmenes, como los otros que ella dio al arzobispo Aguiar y Seijas para hacer caridad, terminaron por dispersarse. Desapareció así, si no la biblioteca privada más grande de la Nueva España, sí la que perteneció a la lectora más voraz que haya nacido en estas latitudes. En la actualidad solo han podido ser ubicados unos cuantos libros que con certeza estuvieron en su estantería: el *Illustrium Poetarum Flores*, la antología de poetas latinos de Mirándola, que lleva su firma y originalmente perteneció a su abuelo; el libro *De la música* de Pedro Cerone con anotación autógrafa de la monja; una edición suelta de sus *Villancicos a san Pedro Nolasco* (1677) con anotaciones y correcciones de ella; y los tomos II y III del *Opera omnia* de Juan de Jesús María, impresos en Colonia (1622-1623) y adquiridos por sor Juana el 15 de enero 1683[425]. La costumbre suya de poner su nombre en sus libros y escribir a los márgenes hace que sea aún más misterioso el hecho de que hayan sobrevivido solo pocos ejemplares que le pertenecieron[426].

Para reconstruir su biblioteca se ha recurrido a los retratos del siglo XVIII que la muestran frente a una estantería repleta de libros, pero estas imágenes responden más a la idea que cada pintor tuvo sobre lo que fue la biblioteca de un erudito novohispano que a la que realmente tuvo sor Juana. Sin embargo, sí es muy probable que ella haya leído muchos de esos libros representados a sus espaldas. En el primer retrato, fechado en 1713, se observan 23 libros, de los cuales tres pertenecen a la misma monja, que es la única mujer y el único autor del continente americano. Los autores de los otros libros son Teófilo Raynaud, Luis de la Puente, fray Luis de Granada, Juan de Sacrobosco, Pierio Valeriano, Jacobo Cansino, Natal Conti, Graciano, Atanasio Kircher, Aristóteles, san Agustín, santo Tomás y, por supuesto, san Jerónimo. Hay teólogos, cosmógrafos, historiadores, lingüistas y matemáticos. Se observan también unas cuantas colecciones: la *Summa Conciliorum*, una recopilación de bulas pontificias, el *Magnum Theatrum Vitae Humanae* o *Teatro de la vida humana* (obra enciclopédica de Laurentio Beyerlinck), el *Magister Sententiarum*, muy famoso libro de sentencias de Pedro Lombardo, y una antología de escritos de los Padres de la Iglesia[427].

En el segundo retrato, datado en 1750, se observan 60 volúmenes. Se incluyen algunos autores presentes en el primer retrato, pero también hay muchos nombres nuevos. Entre los teólogos están san Gregorio, san Ambrosio, san Anselmo, Bernardo, san Isidoro, Arias Montano, Lombardo y Duns Escoto. El pintor reflejó su interés por la ciencia al incluir libros generales de cirugía y anatomía (Hipócrates, Galeno y Caramuel). En esta pintura no faltan los místicos: santa Teresa, san Juan de la Cruz, la madre Ágreda y el *Contemptus Mundi* o *Imitación de Cristo*. Hay también un par de tratados de Derecho Canónico o Civil y bularios pontificios. La retórica está representada por Quintiliano y Cicerón, la agricultura, por Columela, y la historia, por Tácito. En el lomo de uno de los libros se lee el nombre de Séneca. También hay un libro del pintor español Francisco Pacheco del Río: el *Arte de la pintura* (1649). Hay solo dos Biblias en la estantería. Y, a diferencia del primer retrato, aquí sí aparecen varios poetas: los latinos son Virgilio, Lucano, Marcial y Silio Itálico; de los españoles solamente figuran Jacinto Polo y Luis de Góngora[428].

Más que de biblioteca conviene hablar en el caso de sor Juana de sus lecturas. Cuando ella publicó su primer poema en 1668 había leído ya muchos sonetos. Seguramente a Lope, a Quevedo, a Góngora y, por supuesto, al príncipe de los poetas. Que una jovencita de menos de veinte años leyese a Garcilaso no habría sido bien visto a finales del siglo XVI y lo era mucho menos en los años sesenta del siguiente. Que lo hiciese una monja era aún peor. En 1589 había resumido esta actitud el moralista Pedro Malón de Echaide cuando preguntó: «¿Cómo se recogerá a pensar en Dios un rato la que ha gastado muchos en Garcilaso?»[429]. Juana Inés, al parecer, hizo ambas cosas. Ya dentro del convento, sor Juana se familiarizó a través del *Breviario romano*, si es que no lo había hecho antes, con muchos himnógrafos y poetas latino-cristianos. Cuando escribió el *Neptuno alegórico* en 1680 el catálogo de autores que había leído es impresionante, aunque muchos de ellos los conoció a través de misceláneas: Vincenzo Cartari, Andrés Alciato, Jacobo Bolduc, Juan de Torquemada, Homero, Herodoto, Platón, Diógenes Laercio, Diodoro Sículo, Luciano, Juvenal, Ovidio, Horacio, Cicerón, Plinio, Plutarco, Firmiano Lactancio, Publio Papinio Estacio, Claudiano y un larguísimo etcétera.

La *Carta atenagórica* y la *Respuesta a sor Filotea de la Cruz*, que contienen entre las dos más de 150 citas y glosas, casi todas en latín, revelan muchas de sus lecturas teológicas. Sus autores preferidos fueron santo Tomás, san Agustín y san Jerónimo; de este último tuvo una predilección por la *Carta a Leta*, el *Prefacio al Libro Segundo de las*

Crónicas de Eusebio y la *Carta al monje Rústico*, que le brindaron múltiples ejemplos para describir las dificultades del aprendizaje en soledad y argumentos para defender la práctica de la lectura entre las mujeres. Fue una lectora que se sabía de memoria muchísimos pasajes de la Biblia, la que leyó en la versión de la *Vulgata clementina*. Del Antiguo Testamento mostró una predilección por los Libros Históricos y los Libros Poéticos y Sapienciales, sobre todo *Reyes* y *Job*[430]. Conocía bien a los evangelistas, aunque san Marcos no figura en la *Respuesta a sor Filotea*. San Pablo, por supuesto, fue el autor más citado del Nuevo Testamento. Y con seguridad su paulinismo fue decisivo en cómo vivió sus últimos años. La *Carta atenagórica*, escrita en 1690, evidencia que había estado leyendo desde hacía muchos años a Luis de Molina y a Domingo Báñez. También se interesó por la teoría política y moral: a Maquiavelo lo cita en su *Respuesta a sor Filotea*. Y su curiosidad también la llevó a interesarse sobremanera por el neoplatonismo y el *Corpus hermeticum*.

Entre los poetas, sin duda sobre el que más reflexionó fue Góngora; pero también leyó acuciosamente a fray Luis de León, san Juan de la Cruz, Fernando de Herrera, Quevedo, Villamediana y Cervantes; de los poetas que hoy consideramos menores le agradaban José de Valdivielso, Gabriel Bocángel, José Pérez de Montoro, Manuel de León Marchante, Anastasio Pantaléon de la Ribera y Jacinto Polo. Algunos piensan que también conocía a los preceptistas Elio Antonio de Nebrija, Juan Díaz Rengifo y Gonzalo Correas[431]. Es seguro que leyó con mucha calma la *Agudeza y arte de ingenio* de Baltasar Gracián. De los dramaturgos, como era de esperarse, Calderón y Lope fueron sus preferidos. De la prosa le interesaron *La Celestina* y quizá alguna de sus obscenas continuaciones; el *Quijote* lo conocía bien, pero no parece haber leído las *Novelas ejemplares*. A juzgar por la lista de libros que llegaron a México durante su vida conoció los libros de caballerías, la novela pastoril y la picaresca. En definitiva, sor Juana fue una devoradora de libros. Y, aunque en los retratos de Miranda y Cabrera, solo aparezcan autores masculinos, ella también leyó a varias mujeres como santa Teresa, María de Jesús de Ágreda y, tal vez, también a María de Zayas.

No debe prevalecer la impresión de que a sor Juana solo le interesaron los libros o el pensamiento producido en Europa. Si bien anteriormente existió la tendencia a universalizar a la jerónima, ella conocía al dedillo la tradición intelectual y poética mexicana. Algunos de sus paisanos que leyó fueron Juan Díaz de Arce, Juan de Torquemada, Francisco de Castro, Diego de Ribera y, sobre todo, Carlos de Sigüenza y Góngora. Este último quizá le prestó los manuscritos de Fernando de Alva Ixtlilxóchitl, cronista novohispano y descendiente directo del último *tlatoani* de Texcoco. Y aunque no los cite directamente, ella se vio influenciada por la obra de otros novohispanos o autores que escribieron en la Nueva España: el jesuita Miguel Sánchez, Bernardo de Balbuena, Fernán González de Eslava, Eugenio de Salazar y Alarcón, Francisco Cervantes de Salazar, Baltasar Dorantes de Carranza y Arias de Villalobos. De sus obras se desprende también que tenía un interés por la historiografía sobre América; conocía en profundidad la *Monarquía indiana* de Torquemada, pero también muestra familiaridad con las obras de Bernardino de Sahagún, Bartolomé de Las Casas y José de Acosta[432]. Y, por supuesto, también leyó los libros dirigidos a monjas de Núñez de Miranda y la producción religiosa de su protector fray Payo Enríquez de Ribera.

Quienes trataron a sor Juana sostienen que tenía un aprecio especial por los lusitanos, pero no hay indicios de que tuviese un dominio de la lengua portuguesa, aunque probablemente sí tenía algo más que rudimentos[433]. Al célebre predicador portugués Antonio Vieira lo leyó en una traducción castellana; en el poema que le dirige a la duquesa de Aveiro no cita a autores portugueses. Aun así debió de conocer en traducción española a un poeta de la talla de Camões. En definitiva, sor Juana fue una lectora distinta al resto de los novohispanos cultos. Todos leyeron a Góngora, pero nadie escribió el *Primero sueño*.

No sabemos si cuando leía tomaba apuntes o si prefería solamente anotar en los márgenes de los libros sus ideas. Lo que sí se educe de sus obras es que rara vez citaba pasajes largos y casi siempre lo hacía de memoria, como era lo habitual en la época; su técnica, tomada de la oratoria sagrada, consistía en entresacar frases aisladas y glosarlas[434]. Ahora bien, no compró todo lo que leyó. Es probable que el convento tuviese una biblioteca. Además existían redes de lectura y de préstamos de libros en los conventos de jerónimas. Finalmente hay que decir que sor Juana también se leyó a sí misma: recibió los dos primeros tomos de sus obras completas y les debió de dar un lugar de honor en su estantería, elaborada muy probablemente en cedro como muchas de aquellos tiempos.

En su biblioteca no solo había anaqueles y repisas para libros. Sor Juana fue también una coleccionista de instrumentos músicos y científicos, cuadros, alhajas, joyas, relojes y toda clase de objetos que estimularan su intelecto[435]; su biblioteca fue una auténtica cámara de maravillas. Por desgracia esta colección, que llamó poderosamente la atención de sus contemporáneos no solo por su diversidad, sino por el gran valor que tenía, se dice que fue adquirida por algunos particulares de América y Europa tras el fallecimiento de la jerónima, sin dejar mayor rastro[436]. Aunque no se pueda conocer con precisión todo lo guardaba en su celda, debió de tener entre los instrumentos científicos un telescopio. Su afición por la astronomía la compartía con Sigüenza y Góngora. Tampoco se sabe si tocaba algún instrumento musical, pero es probable que sí lo hiciera. En cualquier caso, siempre mostró un interés teórico por la música.

Al convento de San José había ingresado en 1667 como religiosa corista y en San Jerónimo la música era un elemento importante no solo en los ritos religiosos, sino también en las actividades de esparcimiento. Durante un tiempo sor Juana estudió sistemáticamente el arte musical y entre 1688 y 1691 redactó un tratado intitulado el *Caracol*, que hoy está perdido. Quienes alcanzaron a leerlo dijeron que con este nuevo método musical «se llega a su perfecto uso sin los rodeos del antiguo método» y advirtieron que bastaba solo esta obra «para hacerla famosa en el mundo»[437]. La virreina María Luisa se enteró de que la jerónima había compuesto este escrito y le pidió una copia, pero sor Juana se negó a enviársela a España, porque consideró que el manuscrito no había quedado a su entera satisfacción. En varios de sus poemas la jerónima hizo gala de sus conocimientos técnicos y de su dominio del léxico musical (núm. 87). Sus anotaciones al libro de Cerone, maestro de capilla de Felipe II, evidencian su erudición; en una de ellas señala: «Siento también que la razón de llamar semitono menor al de cinco comas y mayor al de cuatro, es respecto de la proporción: pues cuanto una cuantidad es mayor, es menor la denominación; y al contrario, cuanto es menor ella, su denominación es mayor. Esta razón [discurrió] su discípula Juana Inés de la Cruz [rúbrica]»[438]. Finalmente hay que decir que sor Juana no reflexionó solo en su biblioteca; lo hizo en todos los sitios por los que caminaba diariamente:

> Paséabame algunas veces en el testero de un dormitorio nuestro —reveló en una ocasión—, (que es una pieza muy capaz) y estaba observando que, siendo las líneas de sus dos lados paralelas y su techo a nivel, la vista fingía que sus líneas se inclinaban una a otra y que su techo estaba más bajo en lo distante que en lo próximo; de donde infería que las líneas visuales corren rectas, pero no paralelas, sino que van a formar una figura piramidal. Y discurría si sería esta la razón que obligó a los antiguos a dudar si el mundo era esférico o no. Porque, aunque no lo parece, podía ser engaño de la vista, demostrando concavidades donde pudiera no haberlas[439].

Los retratos que se hicieron en la Nueva España después de la profesión o de la muerte de las religiosas son conocidos como retratos de monjas coronadas, porque en ellos aparecen con coronas y palmas. Algunas veces se pintó a las monjas ataviadas muy esplendorosamente, pero en la mayoría de los casos se buscó reflejar una severa austeridad en la vestimenta. También se hicieron retratos de hermanas muy piadosas o de monjas fundadoras de conventos. En todos estos cuadros el fondo siempre es oscuro y sin ambientación. De sor Juana se conservan varios retratos, pero no la representan como monja coronada ni como fundadora de conventos, sino como lectora voraz y erudita.

El más antiguo de todos los retratos que se conservan fue hecho en 1713 por Juan de Miranda y debió de ser comisionado por sor María Gertrudis de Santa Eustaquio[440]. Quizá también influyó para que se mandara hacer este retrato el hecho de que en 1710 había profesado en San Jerónimo una sobrina de sor Juana: sor Feliciana de San Nicolás, hija de su media hermana Inés Ruiz Lozano. El cuadro se colocó en la contaduría del convento. Como Miranda era en 1713 ya un hombre mayor y trabajaba como pintor desde 1697, es muy probable que conociese a sor Juana personalmente y, en consecuencia, sí la pintase con bastante fidelidad. Al cuadro lo acompañan una apretada biografía y un soneto a la esperanza de sor Juana que no se había publicado en ninguno de los tres tomos originales de sus *Obras* (núm. 152).

Sor Juana está de pie y viste el hábito de las jerónimas, sin manto, ya que se encuentra en su biblioteca. El suyo es un hábito bastante espectacular si se le compara con el descrito en las *Reglas* de las jerónimas. A diferencia de aquel, sor Juana aparece con mangas amplias y

Ilustración 3. Retrato de sor Juana Inés de la Cruz por Juan de Miranda (1713). Rectoría de la Universidad Nacional Autónoma de México.

Ilustración 4. Retrato de sor Juana Inés de la Cruz por Miguel Cabrera (1750). Museo Nacional de Historia, México.

una falda en forma de campana. Sobre el pecho lleva un medallón que representa la Anunciación. Su mano izquierda juega con un enorme rosario, cuya cruz final se apoya sobre su hombro izquierdo. A sus espaldas hay una estantería llena de libros y un reloj que marca las nueve y cuarto. A su lado yace una pequeña mesa con tinteros, varias plumas y unas tijeras enormes. En la mano derecha sostiene una pluma de ave con la que acaba de escribir sobre una hoja de papel un soneto de su autoría. Todo su cuerpo está cubierto salvo el rostro y las manos. Es una mujer joven, de complexión mediana. La estatura es difícil de estimar. Si hay un elemento que la caracteriza son sus cejas pobladas. Miranda la pinta de ojos negros, grandes, y de nariz recta.

En 1750 Miguel de Cabrera hizo otro retrato donde la monja también está rodeada de libros. El pintor, sin embargo, optó por ensanchar la biblioteca, lo que le da un mayor protagonismo a esta. Sor Juana aparece sentada en un sillón con amplio respaldo, leyendo un texto de san Jerónimo. A diferencia del cuadro de Miranda las manos aquí están mucho mejor logradas; son delgadas, de dedos largos. Su rostro, acaso un poco más severo, tiene las mismas características que el trazado por Miranda, pero Cabrera le da ojos de color café.

Además de estos se hicieron otros retratos a lo largo del siglo XVIII[441]. Pero también existieron retratos que sí se realizaron en vida de la poetisa, pero que no llegaron hasta nosotros. Uno de estos fue el que le regaló a María Luisa. ¿Pero quién la retrató en esa ocasión? Ningún pintor habría obtenido la autorización para entrar en su celda. Quienquiera que fuese, el artista debió de pintar su rostro de memoria, o quizá le permitieron establecer su taller por un par de horas en el locutorio. Adicionalmente a este retrato para la virreina se ha sospechado la existencia de un autorretrato, pues un retrato de sor Juana hecho por Nicolás Enríquez de Vargas entre 1730 y 1771 trae la siguiente inscripción: «Fiel copia de otra que de sí hizo y de su mano pintó la R. M. Juana Inés de la Cruz»[442]. Aunque no se puede descartar que también contara con esta habilidad, hasta donde se sabe sor Juana jamás pintó, ni sus contemporáneos hablaron sobre esta facultad suya. De hecho, no se tiene registro de ninguna pintora durante el virreinato. En cambio sí existe un poema en el que explícitamente sor Juana niega saber dibujar[443].

¿Era sor Juana bella? Al parecer sí, y mucho. Quienes la conocieron se refieren casi tantas veces a su belleza como a su inteligencia. El

Ilustración 5. Retrato de sor Juana Inés de la Cruz por Nicolás Enríquez de Vargas (siglo XVIII). Philadelphia Museum of Art, Estados Unidos de América.

Ilustración 6. Retrato de sor Juana Inés de la Cruz por Andrés de Islas (1772). Museo de América, Madrid.

mismo Núñez se sorprendió de su «no pequeña hermosura»[444]. Y Calleja, allende de señalar que la monja fue «desgraciada por discreta [...] y perseguida por hermosa»[445], afirma que vio un retrato de ella en España, quizá el que llevó consigo la condesa de Paredes:

> Vi una vez su retrato, y con tan rara
> proporción en semblante y apostura
> que si mi fantasía dibujara.
> De rara calidad fue su hermosura,
> que antes que los llamase su reclamo,
> ahuyentó los deseos su mesura[446].

Tras admirar el retrato, Calleja se aventuró a escribirle una carta a sor Juana porque tenía curiosidad de saber cómo ella reaccionaba ante su propia belleza y ella solo se limitó a responderle que así le había tocado ser y lo aceptaba como tal sin darle mayor importancia al asunto[447]. Pero, de dar fe a uno de sus sonetos, sí reflexionó sobre su hermosura y las vanidades del mundo; concluyó que solo las bellezas del entendimiento son las que valen la pena. Para su desgracia por dedicarse a estas fue hostigada:

> En perseguirme, Mundo, ¿qué interesas?
> ¿En qué te ofendo, cuando solo intento
> poner bellezas en mi entendimiento
> y no mi entendimiento en las bellezas?
> Yo no estimo tesoros ni riquezas;
> y así, siempre me causa más contento
> poner riquezas en mi entendimiento
> que no mi entendimiento en las riquezas.
> Yo no estimo hermosura que, vencida,
> es despojo civil de las edades,
> ni riqueza me agrada fementida,
> teniendo por mejor, en mis verdades,
> consumir vanidades de la vida
> que consumir la vida en vanidades (núm. 146).

Si el estudio de la teología, la astrología, la medicina, el derecho canónico, la filosofía, la música y otras ciencias significó para la jerónima, además de placer, también un esfuerzo, es claro que la poesía fue la

Ilustración 7. Retrato de sor Juana Inés de la Cruz por Antonio Ponz. El Escorial.

actividad que, para bien o para mal, mejor la definió. Sor Juana pudo haber sido una de las mujeres más doctas de su tiempo, pero si no hubiese creado obras de arte imperecederas, no nos interesaría su vida tanto como lo hace en la actualidad. Su obra lírica y dramática está a la altura de los más insignes creadores de nuestro período clásico. En términos de estrofas y metros sor Juana alcanzó una variedad que no tiene parangón; ni siquiera Lope o Góngora mostraron tanta versatilidad[448]. En una palabra, fue gran innovadora y exploradora de nuevas formas poéticas: «Nuevos metros halló, nuevos asuntos», sostuvo Calleja[449]. Fue quizá la primera en utilizar un romance pentasílabo, del que se sirvió en un cantar navideño:

> ¡Mírenlo, mírenlo,
> qué hermoso nace!
> ¡Tóquenle, tóquenle;
> cántenle, cántenle!
> Mírenlo niño,
> con ser gigante;
> háganle fiestas,
> cántenle, cántenle[450].

Le fascinaban los juegos de ecos tanto en su poesía lírica como en los autos sacramentales. En un romance a la condesa de Galve, esposa del último virrey con quien trató, realiza un ingenioso juego de encadenamiento donde el final de cada verso rima con el inicio del verso siguiente: «El soberano Gaspar / par es de la bella Elvira: / vira de Amor más derecha, / hecha de sus manos mismas» (núm. 41, vv. 1-4). En un extraordinario romance a María Luisa se sirve de un metro utilizado por Agustín de Salazar y Torres —versos decasílabos con esdrújulo inicial— para describir los encantos físicos de su amiga:

> Lámina sirva el cielo al retrato,
> Lísida, de tu ángelica forma;
> cálamos forme el sol de sus luces;
> sílabas las estrellas compongan.
> Cárceles de tu madeja fabrica:
> Dédalo que sutilmente forma
> vínculos de dorados Ofires,
> Tíbares de prisiones gustosas (núm. 61, vv. 1-8).

Pero, aunque virtuosa del verso, no por ello permitió que su arte se diluyera en una mera pirotecnia verbal. De hecho, su obra maestra, *Primero sueño*, aunque, en principio, responde a la revolución lingüística iniciada por Góngora, utiliza de manera sabiamente dosificada los recursos del cultismo y del conceptismo. La silva de 975 versos tiene como finalidad mostrar la aventura que significó para sor Juana la adquisición del conocimiento y el fracaso de no poder saberlo todo. Calleja, uno de los lectores más agudos del poema, lo resumió así: «Siendo de noche me dormí; soñé que de una vez quería comprender todas las cosas de que el universo se compone; no pude, ni aun divisas por sus categorías, ni aun solo un individuo. Desengañada, amaneció y desperté». La síntesis es tan atinada que da la impresión de que Calleja copió las palabras de una de las cartas que recibió de sor Juana. Es imposible fijar la fecha exacta de composición de *Primero sueño*, pero tuvo que haber sido escrito entre 1685 y 1690. A decir de la poetisa fue la única obra que hizo sin que se la solicitaran y ella la llamó, como no queriéndole dar importancia, simplemente un «papelillo»[451]. Debido a que comenzó a circular de forma manuscrita por la Nueva España, los lectores bautizaron la silva como el *Sueño*, pero sor Juana prefería que su poema, en clara alusión a las *Soledades* de Góngora, se llamase *Primero sueño*[452]. El poema está dividido en tres partes: la caída de la noche, el sueño y el despertar, que provoca el desengaño.

Quizá cuando sor Juana, amante de la geometría, se paseaba por aquel testero de un dormitorio, donde se percató que las líneas paralelas de los lados y el techo creaban una ilusión óptica que formaba una pirámide, habrá tenido la inspiración para el inicio de su *chef-d'œuvre:*

> Piramidal, funesta, de la tierra
> nacida sombra, al cielo encaminaba
> de vanos obeliscos punta altiva,
> escalar pretendiendo las estrellas [...] (vv. 1-4).

La noche ha llegado, domina sobre el mundo e impone un «imperio silencioso» (v. 20) sobre las especies. Solo se escucha la «obtusa consonancia espacïosa» (v. 70) de la lechuza, el búho y los murciélagos. Pero esto no impide que todo alrededor caiga paulatinamente en los brazos del sueño. El viento se sosiega, el can duerme y el mar no se altera. En los montes duerme el venado, aunque se mantiene «con vigilante oído» (v. 116) a cualquier sonido atento. Los pájaros también descansan en sus nidos:

> El sueño todo, en fin, lo poseía;
> todo, en fin, el silencio lo ocupaba:
> aun el ladrón dormía;
> aun el amante no se desvelaba (vv. 147-150).

Y también duerme sor Juana. No se refiere a sí misma por su nombre, no dice *yo*, pero la voz lírica es de ella cuando explica fisiológicamente cómo el cuerpo, o mejor dicho, el alma, también cede al imperio del sueño:

> El alma, pues, suspensa
> del exterior gobierno —en que, ocupada
> en material empleo,
> o bien o mal da el día por gastado—
> solamente dispensa
> remota, si del todo separada
> no, a los de muerte temporal opresos
> lánguidos miembros, sosegados huesos,
> los gajes del calor vegetativo,
> el cuerpo siendo, en sosegada calma,
> un cadáver con alma,
> muerto a la vida y a la muerte vivo [...] (vv. 192-203).

Pero esta muerte temporal no es un estado pasivo, es un dormir activo: los pulmones siguen funcionando; el corazón, rey de todos los miembros y centro vivo de nuestros espíritus vitales, continúa latiendo armoniosamente como un reloj; el estómago, donde se genera el calor para todo el cuerpo, sigue enviando al cerebro los vahos de los cuatro humores —la sangre, la flema, la cólera y la melancolía— que, como está dormido el cuerpo y sin acceso a sus sentidos exteriores, liberan la facultad imaginativa para crear «imágenes diversas», es decir, sueños, y en este caso, el sueño del alma de sor Juana.

Este sueño le produce un «vuelo intelectual» (v. 301) que se compara con las experiencias que pudo haber tenido un atalaya desde el Faro de Alejandría, o desde una altísima montaña, o desde la cima de las pirámides de Egipto. Pero el lugar que alcanza sor Juana es una pirámide mental aún más alta que estos tres sitios y desde ese punto su alma «gozosa mas suspensa, / suspensa pero ufana» (vv. 435-436) mira todo lo criado. Aunque extasiada, reconoce, que, si bien lo observa todo, no puede comprenderlo todo: por ver todo, no ve nada. La vastedad del mundo,

> cuyo inmenso agregado,
> cúmulo incomprehensible,
> aunque a la vista quiso manifiesto
> dar señas de posible,
> a la comprehensión no, que, entorpecida
> con la sobra de objetos, y excedida
> de la grandeza de ellos su potencia,
> retrocedió cobarde (vv. 446-453).

El alma, atónita, deslumbrada, no tiene otro recurso, como aquel que queda encandilado por la luz, que taparse los ojos con la mano. Tras ello decide hacer un nuevo intento para acceder a todo ese conocimiento que está a sus pies: la metodología consiste en detenerse primero en el reino mineral y pasar por el vegetal hasta llegar a los hombres. Pero ese método tampoco da los resultados esperados y el alma vuelve a experimentar un revés. Sor Juana se pregunta, entonces, cómo es posible que, si su pensamiento es incapaz de comprender especies particulares, crea que puede entender el conjunto de la estructura de todo el cosmos. Y en ese momento no tiene otro remedio más que aceptar que su búsqueda está condenada a la frustración como la de Faetón, quien se creyó capaz de conducir la carroza de Apolo, pero no lo logró y terminó muerto por Zeus. Sor Juana hace a continuación una reflexión sobre este atrevido personaje que, al intentar vivir su sueño, fracasó, pero que ganó fama y gloria, y quizá por ello ha tenido muchos imitadores; estos émulos no se proponen conducir como él el carruaje que jala al Sol, pero sí aspiran a saberlo todo como una monja novohispana:

> Ni el panteón profundo,
> cerúlea tumba a su infeliz ceniza,
> ni el vengativo rayo fulminante

mueve, por más que avisa,
al ánimo arrogante
que, el vivir despreciando, determina
su nombre eternizar en su ruïna.
Tipo es, antes, modelo,
ejemplar pernicioso
que alas engendra a repetido vuelo
del ánimo ambicioso
que, del mismo terror haciendo halago
que al valor lisonjea,
las glorias deletrea
entre los caracteres del estrago (vv. 794-810).

Con la certeza del fracaso llega el sueño a su fin. La aurora se empieza a abrir paso hasta que finalmente los rayos del sol, en una batalla desigual, embisten a la noche

que sin concierto huyendo presurosa,
en sus horrores tropezando,
su sombra iba pisando,
y llegar al ocaso pretendía
con el sin orden ya, desbaratado
ejército de sombras, acosado
de la luz que el alcance le seguía (vv. 952-958).

El sueño se desvanece, el sol avanza cada vez más rápido cubriendo el nuevo hemisferio y la actividad de los sentidos externos se restituye

[...] quedando a luz más cierta
el mundo iluminado, y yo despierta (vv. 974-975).

Así termina *Primero sueño*, la obra cumbre de sor Juana y para muchos el poema de su vida.

En los años ochenta sor Juana también escribió tres autos sacramentales: *El divino Narciso*, *El mártir del Sacramento, san Hermenegildo* y *El cetro de José*. El primer comentario crítico de estas obras lo hizo en 1692 el padre Juan Navarro Vélez, provincial de la provincia de Andalucía y calificador del Santo Oficio. El veterano lector no es-

POESIAS LIRICAS.

PRIMERO SUEÑO, QVE ASSI INTITVLÓ, Y COMPVSO LA MADRE JVANA INES DE LA CRVZ, imitando à Gongora.

PIramidal, funeſta, de la tierra
Nacida ſombra, al Cielo encaminaba
De vanos obeliſcos punta altiva,
Eſcalar pretendiendo las Eſtrellas;
Si bien, ſus luzes bellas
Eſſemptas ſiempre, ſiempre rutilantes,
La tenebroſa guerra,
Que con negros vapores le intimaba
La pavoroſa ſombra fugitiva,
Burlaban, tan diſtantes,
Que ſu atezado ceño,
Al ſuperior convexo aun no llegaba
De el Orbe de la Dioſa,
Que tres vezes hermoſa
Con tres hermoſos roſtros ſer oſtenta:

Que-

Ilustración 8. *Primero sueño.* Página facsimilar del *Segundo volumen*, Sevilla, Tomás López de Haro, 1692.

catimó elogios; después de refutar a aquellos que juzgan el género del auto sacramental de menor arte y dificultad que las comedias y advertir que «su composición [es] sin duda más dificultosa y arriesgada», declara que los tres autos sacramentales de la madre Juana «son cabalmente perfectos, y en todo cumple con lo que debe a las leyes del teatro»[453]. Los tres autos son, en verdad, excepcionales, pero *El divino Narciso* pertenece a los más bellos del género. Para los tres autos sacramentales sor Juana escribió sus respectivas loas; en la que antecede al *Divino Narciso* hace una osada analogía entre la antropofagia ritual entre los aztecas y la eucaristía. Finalmente, en esta década también hizo las comedias *Los empeños de una casa* (1683) y *Amor es más laberinto* (1689)[454].

Al marqués de la Laguna le sucedió Melchor Antonio Portocarrero Lasso de la Vega, conde de la Monclova, quien estuvo en el cargo solo un trienio que finalizó el 18 de abril de 1689. Abandonó la Nueva España para convertirse en virrey del Perú. Durante la corta estancia en México del conde de la Monclova, que llegó acompañado de su esposa, Antonia Jiménez de Urrea, y de sus cuatro hijos, sor Juana solo le deparó una breve mención encomiástica en la loa que precede a *Amor es más laberinto*[455]. Sorprende aún más esta distancia hacia el nuevo gobernante si se toma en cuenta que Portocarrero tenía una vena poética[456]. Es plausible pensar que para ella los virreyes seguían siendo sus queridos don Tomás y doña María Luisa, y que, por lo tanto, no buscó relacionarse con el nuevo virrey. Esto también se podría deber a que durante los dieciocho meses que los Paredes permanecieron en México mantuvieron, pese a la convivencia en varios eventos y festejos con sus sucesores, una fría y distante relación con ellos. María Luisa les reprochaba particularmente su exceso de formalidades[457]. Pero ¿explica su lealtad hacia los virreyes de la Laguna que no haya intentado acercarse más al nuevo virrey? Sor Juana no podía saber que don Melchor iba a permanecer solo tres años en el cargo y su olfato político le debió de haber indicado que lo mejor era entablar sólidas relaciones con él. En definitiva, su actitud hacia el conde la Monclova solo se explica en función de que en estos años sor Juana se dedicó febrilmente a la creación literaria y a la preparación de un proyecto editorial largamente añorado en el que María Luisa fue un factor clave.

En 1689 concluyó una década de gran libertad artística para la monja, en la que se imprimieron en México ocho obras suyas. En ediciones sueltas habían aparecido el *Neptuno alegórico* y la *Explicación sucinta del arco triunfal* en 1680, cuatro juegos de villancicos (a san Pedro apóstol, a la Asunción, a la Concepción y a la Navidad) entre 1683 y 1689, y los *Ejercicios de la Encarnación* y los *Ofrecimientos de los Dolores* alrededor de 1686. Adicionalmente, en 1681 una décima en elogio de José de la Barrera Barahona y en 1683 un romance para un certamen poético a la Purísima Concepción, organizado por la Real Universidad, habían sido incluidos en otros libros, cuya autoría no perteneció a sor Juana (núms. 108 y 22)[458]. Pero bastó un solo libro publicado en Madrid en 1689 para convertirla en la estrella literaria del momento.

VI
LOS APLAUSOS Y LAS CALUMNIAS
1689-1691

En noviembre de 1688 llegaron a la Ciudad de México los últimos virreyes que conoció sor Juana: Gaspar de la Cerda Silva Sandoval y Mendoza, conde de Galve, y su cónyuge, Elvira de Toledo. Él tenía solo treinta y cinco años cuando se convirtió en el hombre más poderoso del continente americano. Doña Elvira era su esposa en segundas nupcias. Su designación como virrey de la Nueva España sorprendió a todos; don Gaspar no tenía ni experiencia militar, ni diplomática, ni administrativa. Antes de su traslado a América había vivido en Madrid en relativa calma, mostrando sobre todo interés en los chismes de la corte, en la vida de sus amigos y en el clima[459].

Si bien su nombramiento ha sido interpretado como un premio por ayudar en la caída del duque de Medinaceli, la verdadera razón tuvo que ver con una inexcusable indiscreción de su esposa. Doña Elvira se enamoró nada más y nada menos que de su cuñado, Gregorio de Silva y Mendoza, y este, en un intento por acallar las habladurías, movió sus influencias con Carlos II para alejar a la imprudente dama y, al mismo tiempo, para favorecer la carrera política de su hermano menor[460]. Su plan tuvo éxito. Con el Atlántico de por medio el amorío empezó a enfriarse. Las cartas de doña Elvira revelan cómo paulatinamente fue dejando de sentir la misma desenfrenada pasión: si en las primeras misivas lo seguía aún llamando cariñosamente *querido de mi vida y de mi corazón*, terminó por dirigirse a él solo como *cuñado*. Doña Elvira, por lo demás, nunca estuvo a gusto en su nuevo país y experimentó sus años mexicanos como un exilio al que intentó poner fin lo más pronto posible[461]. Don Gaspar no parece haber estado enterado jamás de la chispa amorosa que brotó entre su hermano y su esposa o, si lo estuvo, hizo la vista gorda; en la copiosa correspondencia entré él y don Gregorio solo hay muestras de respeto y afecto.

La corte de los Galve fue un reflejo de la personalidad de los virreyes. Él era un hombre de gustos afrancesados; vestía casacas de color, se dejaba la cabellera larga y rizada y tenía una incontrolable adicción por el teatro. En el Palacio Real de Madrid, donde conoció al maestro Pedro Calderón de la Barca, había presidido ensayos de comedias[462]. Extrañaba tanto este espectáculo en México que solo dos meses después de su entrada a la capital se representaron el 11 de enero de 1689, día de su treinta y seis cumpleaños, una loa y una comedia en el palacio virreinal[463]. Sor Juana fue comisionada con ambas obras, pero no le fue fácil cumplir con el compromiso, porque le informaron sobre la solicitud con muy poco tiempo de antelación. Aunque era una autora que escribía a una velocidad vertiginosa, en esta ocasión el tiempo fue demasiado breve y, para salir del apuro, compuso la comedia al alimón con Juan de Guevara: ella se ocupó de la primera y de la tercera jornada, y Guevara de la segunda[464]. Es la única ocasión en que escribió una obra en colaboración. Su obra se intituló *Amor es más laberinto*, una comedia situada en la Creta antigua, pero donde los personajes (Teseo, Ariadna, Baco, Fedra) se comportan como galanes y damas del siglo XVII.

Durante el período en que don Gaspar estuvo al frente del gobierno (1688-1696), los novohispanos fueron testigos de su gusto por la *danza de moros y cristianos*, diversión que mandaba escenificar incluso después de algunas fiestas religiosas[465]. Doña Elvira, a su vez, solía acudir sola o en compañía de su marido a muchos saraos y fiestas en las huertas que rodeaban a la Ciudad de México. Ambos eran asiduos devotos de la fiesta brava. Una pareja con estos gustos y predilecciones difícilmente podía compaginar con la forma de vivir y pensar del arzobispo de México, don Francisco Aguiar y Seijas, hombre de extrema austeridad y gran limosnero. Incluso para sus contemporáneos, acostumbrados a exaltar y admirar la vida ascética, Aguiar y Seijas, quien solía regalar una buena parte de su salario episcopal a los pobres y andar como pordiosero cuidando a los desvalidos y enfermos, debió de parecerles un personaje extraordinario. En 1682, después de ser obispo de Michoacán, había accedido a la máxima mitra del virreinato. No aprobaba las corridas de toros, las peleas de gallos, los juegos de naipes, la ingestión de pulque ni las comedias de teatro. El arzobispo estaba convencido de que estas últimas eran la causa de muchos pecados. En sus visitas arzobispales a los más lejanos pueblos se dedicó a predicar con fervor en contra de ellas. En una ocasión se reunió con comerciantes de libros para canjearles todos sus libros de comedias por libros devotos[466]. Durante las inundaciones de 1691 en el valle de México se dedicó a visitar las poblaciones más afectadas regalando a sus habitantes ropa, pan y maíz[467]. Horas antes de morir decidió vender su cama, llena de chinches, para dejar las ganancias a los mendigos[468]. Cuando falleció, se dieron cuenta de que su cuerpo estaba lleno de llagas y hematomas por las constantes disciplinas a las que se sometía. Alrededor de la cintura se observaban las marcas de un alambre de púas con que se mortificaba y que apenas unos días antes los médicos habían cortado.

Aguiar y Seijas había nacido en Betanzos, La Coruña, en 1632. Después de la muerte de su padre pasó su infancia bajo la tutela del arzobispo de Compostela, don Fernando de Andrada, a quien sirvió de paje y quien se encargó de su educación. Tras su paso por el Colegio de Fonseca se ordenó sacerdote y ocupó varios cargos: canónigo penitenciario en la catedral de Santiago, canónigo magistral en Astorga, colegial mayor de Cuenca y catedrático de filosofía y teología moral en la Universidad de Santiago. Arribó a México en 1678 después de haber sido nombrado obispo de Valladolid en Michoacán. Su consagración estuvo a cargo de Manuel Fernández de Santa Cruz. Tras la renuncia de fray Payo fue nombrado arzobispo. Los virreyes eran en aquel año de 1682 los condes de Paredes, que probablemente mantenían ya una profunda amistad con sor Juana. Cuando llegó a la Ciudad de México lo precedía su fama de caritativo y austero, pero también la de ser un enemigo de las mujeres. Una vez que tomó posesión de su nuevo cargo impuso para sí mismo y para quienes le rodeaban un estilo de vida que reflejaba sus convicciones: nunca usaba seda en su vestuario y solo aceptaba un jubón para abrigarse; comía pequeñas porciones y casi siempre solo; la vajilla que utilizaba no era de plata, sino de barro; en su casa no había cuadros y los únicos muebles eran bancos y mesas. Pero el arzobispo sí fue un hombre al que le gustaban los libros, obviamente los ascéticos y devotos, y formó una muy buena biblioteca de la que se deshizo en los primeros años de la década de los noventa.

En España había tenido excelentes relaciones con la Compañía de Jesús — el afamado predicador jesuita Antonio Vieira le había dedicado en 1678 la traducción española de sus sermones— y en México las mantuvo. Particularmente cultivó una gran amistad con Antonio Núñez de Miranda. Creó diversas instituciones para apoyar su reforma moral: fundó escuelas, casas de recogimiento, iglesias, capillas, conventos y hospitales. Hacia los indígenas se mostró siempre sumamente cariñoso. Para llevar a cabo todos sus propósitos necesitó de grandes cantidades de dinero que consiguió de los novohispanos más ricos y de los diezmos del arzobispado; se calcula que entregó cerca de dos millones de pesos en limosnas. En varias ocasiones sor Juana contribuyó con su propio dinero a las obras de caridad del arzobispo y al parecer se asociaron en algún momento para estos fines[469]. Que la monja se hubiese distanciado de Núñez, uno de los grandes aliados del arzobispo en su reforma monástica, no impidió que este se sirviese de sor Juana para sus fines limosneros.

Apartado de su madre a muy pronta edad y siempre rodeado de hombres, su actitud misógina fue legendaria: cuando una mujer logró, a pesar de su estricta prohibición, entrar al palacio episcopal, pidió que se cambiaran las baldosas que había pisado y, con miras a impedir una nueva intrusión, amenazó con excomunión a cualquier mujer que se atreviese a traspasar las puertas de su casa[470]. En sus sermones repetía una y otra vez todos los defectos que hallaba en el sexo femenino. No le gustaba reunirse con los virreyes para no tener que ver a las virreinas. La naturaleza, por lo menos, le hizo un favor noble: el arzobispo sufría de una terrible miopía[471]. Las monjas jerónimas a las que pertenecía sor Juana estaban sometidas a su autoridad episcopal. Aunque el virrey don Gaspar y Aguiar y Seijas trabajaron juntos para la creación del Seminario Conciliar de México, lo cierto es que sus relaciones siempre fueron difíciles y terminaron por distanciarse. Quizá tuvo el conde de Galve algo que ver con el hecho de que cuando la Corona le aceptó su renuncia, el obispo de Michoacán, Juan de Ortega y Montañés, haya sido nombrado virrey interino y no Aguiar y Seijas como normalmente sucedía en estos casos por ser el arzobispo. Falleció el dadivoso prelado en 1698[472].

Su relación con sor Juana fue ambivalente. Ella apoyaba sus obras de caridad. Y él aprobaba sus solicitudes, como la compra de una segunda celda en 1692. Pero también es cierto que no debió de celebrar su inclinación a las letras humanas, sobre todo, al teatro que él detestaba. Seguramente no olvidaba que el mismo día de su entrada pública a la Ciudad de México en octubre 1683 se representó la comedia de sor Juana *Los empeños de una casa*. Sin duda, Aguiar y Seijas siempre estuvo bien enterado de las actividades de la jerónima y de sus intereses. Escuchó a lo largo de los años muchos de sus villancicos en la catedral metropolitana; siguió con atención la polémica en torno a la *Carta atenagórica* de sor Juana, de la que me ocuparé más adelante, pero no parece haber tomado partido, por lo menos de manera pública; y por los reportes de la priora debió de saber que sor Juana cumplía con todas sus obligaciones religiosas y que era una pieza fundamental para el buen funcionamiento administrativo de San Jerónimo, pero que también dedicaba muchas horas al estudio. Sabía que, en ese sentido, sor Juana gozaba de cierta autoridad dentro del convento y de influencias por su posición de contadora. También debió de estar muy bien informado sobre las visitas que la monja recibía y la frecuencia de estas. En su opinión, sor Juana probablemente no fue una monja ejemplar, pero quizá, por las altas exigencias que tenía, muy pocas lo fueron para él. Durante su período como arzobispo prohibió la publicación de comedias, pero sor Juana hizo imprimir las suyas en España. No se conoce, sin embargo, documento que Aguiar y Seijas haya firmado para detener las actividades de sor Juana que él consideraba mundanas, aunque, siendo arzobispo, tenía muchos otros medios más allá de una orden por escrito para amonestarla.

Sor Juana debió de pensar en diciembre de 1689 que el año había sido excepcional. Había comenzado de manera extraordinaria con la representación de *Amor es más laberinto* y concluía con la composición de los villancicos a la Concepción y a la Navidad, que significaron el inicio de un nuevo ciclo de intensa actividad dedicada a este género. En 1690 compuso dos nuevos juegos (San José y Asunción) y en 1691 dedicó uno más a santa Catarina[473]. Aunque a lo largo de tres décadas la jerónima escribió villancicos, nunca lo hizo con tanta frecuencia como en estos años de gobierno de los Galve. Es revelador que durante el virreinato de los Paredes haya mostrado muy poco interés en contribuir con sus letras a las celebraciones religiosas.

Pero lo más significativo de aquel año para la vida de sor Juana no sucedió en la Nueva España. Por los mismos días en que ella era reelecta por tercera vez como contadora del convento y sor María Gertrudis de Santa Eustoquio, su sucesora en la contaduría, profesó[474], un grupo compacto de amigos de la monja preparaba el lanzamiento de su primer libro en Europa. Cuando, a su regreso de México, el marqués de la Laguna y la condesa de Paredes desembarcaron en el puerto de Santa María en el verano de 1688, María Luisa se apresuró a presumir de lo más valioso que traía en su equipaje: un cartapacio con decenas de manuscritos de sor Juana que planeaba publicar. El jesuita sevillano Lorenzo Ortiz, buen amigo de los Laguna que había acudido a recibirlos, fue de los primeros en hojear los originales en el mismo puerto y años más tarde admitió que durante la lectura se le «pasmaron las potencias»[475].

Sor Juana y María Luisa debieron de empezar a gestar el proyecto de la publicación de las obras de la primera varios años antes y la jerónima debió de dedicar los meses finales de 1687 y los primeros de 1688 a sacar copias de sus poemas y a terminar alguna que otra pieza *ex profeso* para el tomo. El trabajo de reunir algunas de sus mejores composiciones no fue tarea sencilla, pues ella no guardaba copias de todos sus escritos y no siempre las que solicitó entre sus conocidos llegaron a tiempo para dárselas a María Luisa antes de su partida[476]. Durante sus conversaciones con la virreina sor Juana debió de empezar a ganar consciencia sobre lo que significaría su encuentro con el gran público. Ella era una celebridad en México gracias a su erudición y a la difusión en manuscritos de algunos de sus mejores poemas, pero en la península Ibérica solo la conocían unos cuantos que se carteaban directamente con ella o con sus admiradores. La publicación de un libro en la metrópolis, en cambio, le brindaba la posibilidad de ser una autora leída en todo el vasto imperio español. Bibliófila consumada, bien sabía sor Juana que jamás se había reunido en un volumen el tipo de obras que ella entregó a María Luisa para que llevara consigo a Europa. ¿Cómo reaccionarían —se habrá preguntado— los lectores de Lope, Calderón o Quevedo ante los versos profanos de una monja americana?

La ex virreina y sus allegados tardaron más de un año en la planeación y ejecución del lanzamiento del libro. Hay varias razones que explican su dilatado proceder. Primero decidieron si era conveniente o no publicar todos los manuscritos del cartapacio original; por razones de cautela dejaron fuera ciertos poemas subidos de tono y prefirieron esperar a conocer la reacción del público para aventurarse a incluirlos en una reedición. En segundo lugar, fijaron el índice del libro. Quizá sor Juana había manifestado su preferencia sobre qué lugar deseaba que ocupara tal o cual poema (por ejemplo, el soneto-dedicatoria para María Luisa), pero todo apunta a que fueron ellos los últimos responsables de la ordenación del volumen. A continuación se preguntaron quién redactaría los epígrafes y los preliminares del libro. La primera tarea solo podía recaer en alguien que estuviese perfectamente familiarizado con el contexto de muchos de los poemas y la vida de la monja. Algunos sospechan que el responsable fue Francisco de las Heras, antiguo secretario del virrey[477]. Redactar los preliminares implicaba, a su vez, presentar el *caso* de sor Juana al público español, es decir, se debía, por una parte, hacer conocer a los lectores las cualidades intelectuales de sor Juana y avalar su historial de muchos años como poetisa, y por otra, convencerlos de que su estado de religiosa no era incompatible con la escritura de versos mundanos. Esta estrategia defensiva se materializó en una Aprobación de Luis Tineo de Morales y en un prólogo cuyo autor permanece anónimo[478]. Finalmente, en agosto de 1689, terminaron los amigos de sor Juana su labor y solicitaron la licencia de impresión.

Un último pero decisivo detalle, en gran medida relacionado con la mercadotecnia, quedaba pendiente: el título. La decisión no fue unánime y el grupo se mostró dividido. Unos consideraban que debía llamarse *Varios poemas castellanos de sóror Juana Inés de la Cruz*; otros preferían el título *Poemas de sóror Juana Inés de la Cruz*. Durante dos meses se prolongó el debate sin que lograran ponerse de acuerdo. Tal vez con varios pliegos ya impresos y sin margen para dilatar más la publicación alcanzaron un compromiso que no convenció a nadie: *Inundación castálida de la única poetisa, Musa décima, sóror Juana Inés de la Cruz, religiosa profesa en el monasterio de San Jerónimo de la imperial Ciudad de México, que en varios metros, idiomas y estilos fertiliza varios asuntos con elegantes, sutiles, claros, ingeniosos, útiles versos, para enseñanza, recreo y admiración*. No se les podía acusar de modestos. Estaban seguros de que el volumen cumplía la promesa que encerraba el título y también lo hacía el nombre con el que habían bautizado a la autora: Musa décima[479]. El libro salió de la imprenta en noviembre, el mismo mes en que sor Juana celebraba su cumpleaños. ¿Regalo de María Luisa para ella?[480]

El círculo madrileño de sor Juana estuvo conformado por María Luisa, Luis Tineo de Morales, Diego Calleja, Juan Camacho Jayna y presumiblemente Francisco de las Heras[481]. Tineo de Morales fue un monje premonstratense, que en su juventud escribió algunos poemas y se relacionó con Gabriel de Bocángel y Luis de Ulloa Pereira; estudió en Salamanca y obtuvo probablemente en Ávila el título de Doctor en Teología. Abandonó la poesía de circunstancias hacia 1655 para dedicarse por entero a las funciones dentro de su orden. En 1671 publicó su única obra, un volumen de sermones panegíricos, el *Mercurio evangélico*, y un año después vivía en Roma como maestro general de los premonstratenses[482]. María Luisa fue la intermediaria entre sor Juana y Tineo, quien, como ya he dicho, redactó una de las Aprobaciones de *Inundación castálida*. El apologista de la jerónima falleció en 1693.

El jesuita Diego Calleja, cuya participación oficial se limitó a una muy breve segunda Aprobación, fue sin duda pieza clave tras bambalinas; durante más de una década había cultivado una copiosa correspondencia con la jerónima y se había convertido en uno de sus mayores confidentes. En 1700 escribió, como ya he señalado, para *Fama y obras póstumas* la primera biografía de su llorada amiga. En Camacho Jayna recayó la responsabilidad de aparecer en la portada del libro como el editor, por lo que es plausible que haya aportado la mayor parte del dinero para la materialización de la obra. Este caballero de la Orden de Santiago había sido de 1680 a 1687 alcalde mayor de San Luis Potosí, rica ciudad minera mexicana, donde amasó una gran fortuna. A su regreso a España se llevó consigo un espléndido retablo de plata que mandó hacer en 1685 y que hoy aún luce en la capilla del sagrario de la Iglesia Mayor Prioral de Cádiz. En resumidas cuentas, estos nobles y eclesiásticos aficionados a las letras fueron, además de María Luisa —la principal promotora—, los paladines más visibles de sor Juana. El lanzamiento de *Inundación castálida* fue un éxito rotundo y sor Juana se apoderó de golpe del mundo de las letras españolas. Su logro no fue menor: en sus días a las mujeres no se les atribuía la misma capacidad intelectual que a los hombres y la producción artística de los virreinatos americanos era considerada de menor calidad que la española. El éxito editorial de su libro, sin embargo, revela la existencia de un público que supo sobreponer su placer estético a consideraciones ideológicas estrechas.

INVNDACION CASTALIDA

DE

LA VNICA POETISA, MVSA DEZIMA,

SOROR JVANA INES

DE LA CRVZ, RELIGIOSA PROFESSA EN el Monaſterio de San Geronimo de la Imperial Ciudad de Mexico.

QVE

EN VARIOS METROS, IDIOMAS, Y ESTILOS, Fertiliza varios aſſumptos:

CON

ELEGANTES, SVTILES, CLAROS, INGENIOSOS, VTILES VERSOS:

PARA ENSENANZA, RECREO, Y ADMIRACION.

DEDICALOS

A LA EXCEL.MA SEÑORA. SEÑORA D. MARIA Luiſa Gonçaga Manrique de Lara, Condeſa de Paredes, Marqueſa de la Laguna,

Y LOS SACA A LVZ

D. JVAN CAMACHO GAYNA, CAVALLERO DEL ORDEN de Santiago, Mayordomo, y Cavallerizo que fue de ſu Excelencia, Governador actual de la Ciudad del Puerto de Santa MARIA.

CON PRIVILEGIO.

EN MADRID: POR JVAN GARCIA INFANZON. Año de 1689.

Ilustración 9. *Inundación castálida*, Madrid, Juan García Infanzón, 1689.

Compuesta por lírica personal —romances, sonetos, liras, redondillas, décimas, endechas, ovillejos y glosas—, nueve loas, nueve villancicos y el *Neptuno alegórico* que cierra el volumen, *Inundación castálida* ofrece un muestrario amplio de los géneros que sor Juana cultivó. Resalta la marcada inclinación del volumen por los versos mundanos y de ocasión. Aunque sor Juana había escrito obras de devoción —los *Ejercicios* y los *Ofrecimientos*— los editores decidieron excluirlas[483]. Seguramente creyeron que esa producción no la distinguía de otras monjas-escritoras: sor Juana, en cambio, era *rara avis in terra* por su erudición singular, su manejo sin paralelo de la métrica y sus versos de amor-amistad hacia la virreina. De hecho, una buena parte de *Inundación castálida* es un poemario en honor a María Luisa, lo que también podría explicar el gran interés de la antigua virreina en la publicación de la obra. Su primer libro consagró a sor Juana como uno de los grandes poetas líricos del amor. *Inundación castálida* virtualmente inicia con un tríptico extraordinario de sonetos de «encontradas correspondencias» donde la voz lírica se debate entre amar y aborrecer (núms. 166-168)[484]. Son las primeras composiciones en español hechas por una mujer sobre este tema y aparecen en el siguiente orden en el libro:

I

Resuelve la cuestión de cuál sea pesar más molesto en encontradas correspondencias: amar o aborrecer

Que no me quiera Fabio, al verse amado,
es dolor sin igual en mi sentido;
mas que me quiera Silvio, aborrecido,
es menor mal, mas no menor enfado.
¿Qué sufrimiento no estará cansado
si siempre le resuenan al oído
tras la vana arrogancia de un querido
el cansado gemir de un desdeñado?
Si de Silvio me cansa el rendimiento,
a Fabio canso con estar rendida;
si de este busco el agradecimiento,
a mí me busca el otro agradecida:
por activa y pasiva es mi tormento,
pues padezco en querer y en ser querida.

II

Prosigue el mismo asunto, y determina
que prevalezca la razón contra el gusto.

Al que ingrato me deja, busco amante;
al que amante me sigue, dejo ingrata;
constante adoro a quien mi amor maltrata;
maltrato a quien mi amor busca constante.
Al que trato de amor, hallo diamante,
y soy diamante al que de amor me trata;
triunfante quiero ver al que me mata,
y mato al que me quiere ver triunfante.
Si a este pago, padece mi deseo;
si ruego a aquel, mi pundonor enojo:
de entrambos modos infeliz me veo.
Pero yo, por mejor partido, escojo
de quien no quiero, ser violento empleo,
que de quien no me quiere, vil despojo.

III

Continúa el asunto y aun le expresa
con más viva elegancia.

Feliciano me adora y le aborrezco;
Lisardo me aborrece y yo le adoro;
por quien no me apetece ingrato, lloro,
y al que me llora tierno, no apetezco.
A quien más me desdora, el alma ofrezco;
a quien me ofrece víctimas, desdoro;
desprecio al que enriquece mi decoro,
y al que le hace desprecios, enriquezco.
Si con mi ofensa al uno reconvengo,
me reconviene el otro a mí, ofendido;
y a padecer de todos modos vengo,
pues ambos atormentan mi sentido:
aqueste con pedir lo que no tengo,
y aquel con no tener lo que le pido.

Hizo bien el grupo de María Luisa en colocar estas joyas para abrir boca, pues el lector queda preso de un golpe por esta nueva voz femenina venida de América. Si no lo hubiese dicho el título del libro, nadie habría sospechado que la autora de estos poemas amorosos era una monja que llevaba más de veinte años recluida[485].

Además de las «encontradas correspondencias» sor Juana estaba obsesionada por otros dos temas: la ausencia y los celos; su obra regresa una y otra vez sobre estos dos asuntos que disecciona con una determinación inusitada en una esposa de Cristo. El número de versos que escribió inspirada en estas pasiones se acerca en cantidad a los 975 de *Primero sueño*. Nuevamente los editores de *Inundación castálida* muestran lo bien que conocían a la jerónima al escoger un soneto que reflexiona sobre la casuística de la ausencia y de los celos para cerrar la primera sección del libro:

> El ausente, el celoso, se provoca,
> aquel con sentimiento, este con ira;
> presume este la ofensa que no mira,
> y siente aquel la realidad que toca.
>   Este templa, tal vez, su furia loca,
> cuando el discurso en su favor delira;
> y sin intermisión aquel suspira,
> pues nada a su dolor la fuerza apoca.
>   Este aflige dudoso su paciencia,
> y aquel padece ciertos sus desvelos;
> este al dolor opone resistencia,
>   aquel, sin ella, sufre desconsuelos;
> y si es pena de daño, al fin, la ausencia,
> luego es mayor tormento que los celos (núm. 175).

Su indagación sobre el amor en *Inundación castálida* la hizo detenerse en varias heroínas de amor trágico como Lucrecia, Porcia o Tisbe a quienes dedicó sendos sonetos (núms. 153-157). También aparece en este volumen la primera lira (núm. 213) de una memorable serie de tres que culminó en 1692 sobre los celos, la ausencia y la muerte («Amado dueño mío...», «Pues estoy condenada...» y «A estos peñascos rudos...»). A esta composición se suma un desgarrador poema (núm. 78), en el que una mujer que acaba de enterrar a su amante da rienda suelta a sus lamentos:

Agora que conmigo
sola en este retrete,
por pena, o por alivio,
permite Amor que quede;
    agora, pues, que hurtada,
estoy, un rato breve,
de la atención de tantos
ojos impertinentes,
    salgan del pecho, salgan
en lágrimas ardientes,
las represadas penas
de mis ansias crüeles (vv. 1-12).

Sus quejas son, ante todo, preguntas sin respuestas:

¿Él sin vida, y yo animo
este compuesto débil?
¿Yo con voz, y él difunto?
¿Yo viva, cuando él muere?

Sin comprender cómo es posible que siga viva si ya no existe quien tanto amó, explica su paradoja:

    ¿Quién conserva mi vida,
o de adónde le viene
aire con que respire,
calor que la fomente?
    Sin duda que es mi amor
el que en mi pecho enciende
estas señas, que en mí
parecen de viviente.
    Y como en un madero
que abrasa el fuego ardiente
nos parece que luce
lo mismo que padece
    y cuando el vegetable
humor en él perece
nos parece que vive
y no es sino que muere,
    así yo, en las mortales

ansias que el alma siente,
me animo con las mismas
congojas de la muerte (vv. 57-76).

Los lectores también tuvieron la oportunidad de descubrir a una autora con gran sentido del humor capaz de crear la más fina poesía burlesca, como en los ovillejos donde «pinta en jocoso numen [...] una belleza» (núm. 214):

El diablo me ha metido en ser pintora;
dejémoslo, mi Musa, por ahora,
a quien sepa el oficio. [...]

Yo tengo de pintar dé donde diere,
salga como saliere,
aunque saque un retrato
tal que, después, le ponga: «Aqueste es gato» (vv. 9-11 y 19-22).

Se queja la poetisa de que ya todas las metáforas han sido usadas y estén desgastadas ahora que ha llegado su turno de escribir a finales del siglo XVII:

Mas ¿con qué he de pintar, si ya la vena
no se tiene por buena
si no forma, hortelana, en sus colores,
un gran cuadro de flores?
¡Oh siglo desdichado y desvalido
en que todo lo hallamos ya servido!,
pues que no hay voz, equívoco ni frase
que por común no pase
y digan los censores:
«¿Eso? ¡Ya lo pensaron los mayores!»
¡Dichosos los antiguos que tuvieron
paño de que cortar, y así vistieron
sus conceptos de albores,
de luces, de reflejos y de flores!
Que entonces era el Sol nuevo, flamante,
y andaba tan valido lo brillante
que el decir que el cabello era un tesoro,
valía otro tanto oro.

¡Pues las estrellas, con sus rayos rojos,
que aún no estaban cansadas de ser ojos
cuando eran celebradas!
¡Oh dulces luces, por mi mal halladas,
dulces y alegres cuando Dios quería,
pues ya no os puede usar la Musa mía
sin que diga, severo, algún letrado
que Garcilaso está muy maltratado
y en lugar indecente! (vv. 35-61).

Sor Juana se debió de divertir muchísimo lamentándose por la supuesta falta de originalidad de su poema. El ritmo es extraordinario y adictivo, la parodia y la autoparodia permean cada verso. Finalmente hay en *Inundación castálida* un soneto cuya inclusión resulta, por decir lo menos, inquietante, porque en él se dirige al destino (¿habrá que leer Dios?) reclamándole por las envidias que le ha ocasionado su arte versificador. El epígrafe, puesto por el grupo de María Luisa, es explícito: «Muestra sentir que la baldonen por los aplausos de su habilidad»:

¿Tan grande, ¡ay hado!, mi delito ha sido
que, por castigo de él, o por tormento,
no basta el que adelanta el pensamiento,
sino el que le previenes al oído?
    Tan severo en mi contra has procedido,
que me persuado, de tu duro intento,
a que solo me diste entendimiento
porque fuese mi daño más crecido.
    Dísteme aplausos, para más baldones;
subir me hiciste, para penas tales;
y aun pienso que me dieron tus traiciones
    penas a mi desdicha desiguales,
porque, viéndome rica de tus dones,
nadie tuviese lástima a mis males (núm. 150).

Quizá sor Juana escribió este poema intuyendo que en él se prefiguraban los acontecimientos (sus *males*) que ensombrecerían sus años finales[486]. Sea como fuere, *Inundación castálida* fue el libro que inició una avalancha de reconocimientos hacia sor Juana. Fue reeditado nueve veces en un lapso de treinta y seis años. Con todo, sus obras maestras, y lo que puede considerarse su más valioso regalo a la humanidad, tendrían que aguardar tres años más para darse a conocer al público español.

A principios de 1690 llegó el volumen a manos de su autora; empero, no solo a las suyas, sino también a las de la élite civil y eclesiástica novohispana. Si bien en México se habían impreso algunos de sus villancicos y circulaban sueltos muchos de sus poemas, con *Inundación castálida* sor Juana trascendió las fronteras del virreinato[487]. Hacia el final del siglo XVII y principios del XVIII la monja mexicana era leída en Europa, América y en Asia. Verbigracia, en 1709, para celebrar el nacimiento del primogénito de Felipe V, se organizaron en todas las posesiones del imperio español una serie de festejos que incluyeron misas, corridas de toros, danzas y representaciones teatrales. Dos de las comedias que se escenificaron en Manila salieron de la pluma de la jerónima: *Amor es más laberinto* y *Los empeños de una casa*[488]. Muchos poetas e intelectuales criollos, que enfrentaban enormes dificultades para publicar sus obras, debieron de sentir admiración hacia su paisana, pero también envidia. Tal vez por ese sentimiento ambivalente sor Juana siempre siguió siendo para ellos la madre Juana Inés de la Cruz y jamás la Musa décima.

Sor Juana leyó *Inundación castálida* de cabo a rabo. De entrada se llevó una pequeña decepción: el prólogo en verso que había enviado en el último momento no había llegado a tiempo para ser incluido. Particularmente los preliminares despertaron su curiosidad. Por aquellos días aún no había recibido las cartas que le informaban del éxito de ventas de su libro y de que estaba en ciernes una segunda edición. Esta vio la luz en el verano de 1690 bajo el título de *Poemas de la única poetisa americana, Musa décima, sóror Juana Inés de la Cruz*. En comparación con el título de la primera edición se observa que el énfasis se ha desplazado hacia su cualidad de ser poeta desde América. Aunque en la portada se indica que era una edición «corregida y mejorada por su autora», esto era un truco publicitario y una forma de justificar la inserción de poemas que se les habían traspapelado a los editores o cuya inclusión no habían considerado prudente en una primera instancia. Dadas las condiciones de la época, sor Juana no pudo leer el libro, corregirlo y mandar sus enmiendas en un plazo de unos cuantos meses. Algunas de las composiciones que se agregaron a esta segunda edición muestran a una sor Juana irreverente y obscena, pero también a una autora de extraordinaria poesía sacra culta[489]. En efecto, esa fue Juana Inés de la Cruz: una poetisa que escribía con la sal gruesa de Quevedo o con la exquisitez de san Juan de la Cruz. En esta reedición sí encontró cabida el prólogo que había escrito *ex profeso* para su primer volumen de obras. Así se presentaba sor Juana de propia voz ante los lectores del Viejo Continente:

> Esos versos, lector mío,
> que a tu deleite consagro,
> y solo tienen de buenos
> conocer yo que son malos,
> ni disculpártelos quiero
> ni quiero recomendarlos,
> porque eso fuera querer
> hacer de ellos mucho caso. [...]
> En tu libertad te pongo,
> si quisieras censurarlos;
> pues de que, al cabo, te estás
> en ella, estoy muy al cabo.
> No hay cosa más libre que
> el entendimiento humano;
> pues lo que Dios no violenta,
> ¿por qué yo he de violentarlo? (núm. 1, vv. 1-8 y 13-20).

Podemos imaginar a sor Juana durante estos primeros meses del año hablando en el locutorio con sus amigos sobre lo que significó que sus versos se hubiesen impreso en la metrópolis y desde ahí fueran enviados a todos los rincones del imperio. Por si fuera poco, 1690 fue un año particularmente creativo[490]. En marzo escribió a petición de Fernández de Santa Cruz unos villancicos a san José para la catedral de Puebla. Tres meses más tarde compuso para la dedicación del convento concepcionista de San Bernardo y de su templo 32 bellísimas letras, que son una de las cumbres de su poesía sacra y una profunda reflexión sobre la función de las iglesias. La bendición del templo, situado en la Ciudad de México, fue hecha por el arzobispo Aguiar y Seijas. En agosto volvieron a solicitar sus servicios: otros villancicos, esta vez en honor de la Asunción Triunfante, que se cantaron en la catedral de México. Paralelamente continuó con una intensa vida de reuniones y academias literarias en el locutorio. En la segunda mitad del año se publicó en México, con la autorización de Aguiar y Seijas, la edición suelta del *Auto sacramental del divino Narciso, por alegorías*.

La génesis y la primera difusión del *Divino Narciso* encierran varias incógnitas. Según Ambrosio de Lima, antiguo camarero de la condesa de Paredes, sor Juana habría escrito la obra a petición de María Luisa para que se representase en Madrid. Se ha asumido que esta petición fue anterior a la partida de la virreina en abril de 1688, pero bien podría haber sido hecha en fecha posterior a través de una carta. En cualquier caso parece dudoso que una obra tan personal y de los alcances de *El divino Narciso* surgiese a partir de una solicitud. Lo que debió suceder es que la virreina conocía a través de sus conversaciones con la monja su obsesión por la figura de Narciso y su intención de escribir un auto sacramental basado en dicha figura. María Luisa debió de decirle o de escribirle que, si sor Juana se animaba a poner manos a la obra, ella haría lo que estuviese en su poder para lograr su representación en la capital española. La obra, sin embargo, jamás fue escenificada en la metrópolis. En cambio, sí fue publicada en 1691 en Barcelona[491], pero con ligeros cambios en comparación con la edición mexicana. Un enigma sin resolver es la afirmación de Ambrosio de Lima según la cual él logró hacerse con una copia del auto sacramental, que es la que publicó en México. ¿Se la dio sor Juana o la virreina? ¿Contaba él con el aval de alguna de ellas para hacerla imprimir en México? Sea como fuere, gracias a De Lima se imprimió por vez primera una de las grandes obras del género en América.

Hacia finales de 1690 sor Juana recibió una noticia que no le hizo ni pizca de gracia y que le trajo muchos dolores de cabeza. El 25 de noviembre una monja del convento de la Santísima Trinidad de Puebla, llamada sor Filotea de la Cruz, redactó una misiva dirigida a sor Juana con la intención de tratar un tema delicado: quería explicarle sus razones para hacer pública una carta privada de la jerónima. Sor Filotea, además, aprovechó la ocasión para regañar a su amiga por dedicarle demasiado tiempo al estudio de las humanidades y la conminó a escribir solo literatura religiosa si es que no podía dejar la pluma. El asunto era harto espinoso, pues sor Filotea ni siquiera era la destinataria de la carta que hacía pública, pero se había hecho de una copia del original por medios que jamás explicó. La monja de Puebla no le ofrecía tampoco disculpas a sor Juana por su acción unilateral. A estas alturas era de por sí demasiado tarde para ello o para consultar con la jerónima sobre su proceder. El escrito privado de sor Juana empezó a imprimirse la misma noche o a más tardar al día siguiente.

Sor Filotea consideró que la mejor manera de hacerle llegar a su amiga su carta no era en un sobre sellado. Prefirió que su epístola hiciese las veces de prólogo al texto de sor Juana. El pequeño libro se difundió en la Ciudad de México en el mes de diciembre bajo el enigmático título de *Carta atenagórica de la madre Juana Inés de la Cruz*. Por lo menos, sor Filotea se tomó la molestia de enviarle un ejemplar a su amiga. Cuando el libro de tan solo 32 páginas llegó a manos de sor Juana esta prorrumpió en llanto. Estaba confundida: por un lado, no entendía las razones que habían llevado a la monja de Puebla a imprimir una carta privada y, por otro, sentía agradecimiento[492]. A raíz de esta publicación sor Juana vivió el período más agitado de su vida.

Todo había comenzado medio año antes en el locutorio de San Jerónimo. Allí, alrededor de julio de 1690, sor Juana y los asistentes a la tertulia hablaron sobre el Sermón del Mandato del padre Antonio Vieira, célebre jesuita portugués que para esa fecha estaba exiliado en Brasil[493]. Cuarenta años antes Vieira había disertado en Lisboa sobre la mayor fineza de Cristo (es decir, su mayor prueba de amor) hacia la humanidad al final de sus días[494]. En su homilía el afamado orador confrontó su opinión con las de san Agustín, santo Tomas y san Juan Crisóstomo. Al término de su discurso Vieira, armado de gran pericia retórica, sostuvo haber refutado con sólidos argumentos los puntos de vista de los tres sabios y se vanaglorió de que su opinión prevaleciera sobre las otras. Los oyentes quedaron deslumbrados, ya que nunca antes habían escuchado una prédica en donde se expusieran y contrastaran al mismo tiempo las ideas de dos Padres de la Iglesia y el Doctor Angélico sobre la materia de marras. Sor Juana y los demás *tertulios* conocieron el sermón de Vieira a través de una deficiente traducción española publicada en los años setenta en Madrid. No está por demás recordar que dicha edición estuvo dedicada a Aguiar y Seijas, quien en ese entonces se encontraba aún en España, donde se desempeñaba como canónigo, primero de Santiago y después de Astorga[495].

El tema, de gran calado y cuya discusión solía reservarse a los más eruditos teólogos, gozaba de gran actualidad en la Nueva España. En un periodo de unos cuantos años el padre Antonio Núñez había escrito tan solo tres libros sobre las finezas de Cristo; no es un detalle menor que dos de ellos estuvieran dedicados a Fernández de Santa Cruz, el obispo de Puebla[496]. Sor Juana también se había interesado por el tema desde tiempo atrás en su *Loa para el auto intitulado «El mártir del Sacramento, san Hermenegildo»* y en *El divino Narciso*. Ese mismo año de 1690, en junio, había escrito las *Letras de san Bernardo* en las que se había explayado sobre la fineza sacramental[497]. ¿Habrá iniciado el debate en el locutorio por alguna mención a alguno de los libros de Núñez, su antiguo confesor?

Sea como fuere, en algún momento la conversación derivó en el sermón de Vieira. Sor Juana, aunque aceptaba algunos de los planteamientos del portugués, se mostró en desacuerdo con su tesis central, según la cual la fineza de Cristo que él proponía era mayor que la argüida por san Agustín, santo Tomás o san Juan Crisóstomo. La afirmación del jesuita le parecía excesiva y soberbia. Poco a poco la jerónima desmanteló los argumentos del portugués e incluso trajo a colación otras obras del célebre predicador para criticarlo[498]. Entre los *tertulios* probablemente no había presente ningún jesuita, pues hubiese sido demasiado incómodo que sor Juana atacase a Vieira estando un miembro de su orden frente a ella. Al parecer fue una de los discursos más extraordinarios de sor Juana, pues la mayoría de los participantes abandonó el locutorio absolutamente embelesada por la capacidad argumentativa de la monja así como por su brillantez expositiva. Una pequeña parte del auditorio, en cambio, se mostró sorprendida por su atrevimiento de disentir del que era uno de los jesuitas más afamados del mundo. Al terminar la tertulia, o posteriormente a través de un recado, uno de los asistentes, que gozaba de cierta autoridad sobre sor Juana, le hizo una súplica: le solicitó que pusiera sus ideas por escrito en una carta dirigida a él[499]. Añadió una petición más: que la monja explicase cuál era según ella la mayor prueba del amor divino. Seguramente no fue la primera vez que sor Juana recibió la solicitud de poner por escrito las ideas que exponía oralmente, sin embargo, lo sorprendente fue que esta vez accedió.

En efecto, meses más tarde sor Juana cumplió con el encargo. Se desconoce la identidad del destinatario de su carta a quien la monja llama «muy señor mío». Desde un principio la jerónima se disculpa con él por no haber pulido más su texto, debido a las prisas. Pero el escrito, en realidad, está muy bien pensado y su método es el siguiente: ofrece sor Juana siempre primero la opinión de uno de los santos en torno a la mayor fineza que Cristo hizo al final de su vida al género humano, después resume la crítica que hace Vieira a dicho punto de vista y, finalmente, lo rebate postulando una fineza mayor a la que el portugués propone[500]. Sor Juana confiesa que una de sus principales motivaciones para escribir su texto fue mostrarle su equivocación al soberbio predicador, que había afirmado que nadie podría objetar sus argumentos. Y quizá envalentonada por la calidad de su refutación añade un comentario, cuyos alcances no midió y probablemente terminó por enfurecer a más de un miembro de la Compañía de Jesús:

> Que cuando yo no haya conseguido más que el atreverme a hacerlo, fuera bastante mortificación para un varón tan de todas maneras insigne; que no es ligero castigo a quien creyó que no habría hombre que no se atreviese a responderle, ver que se atreve una mujer ignorante, en quien es tan ajeno este género de estudio, y tan distante de su sexo; pero también lo era de Judit el manejo de las armas y de Débora la judicatura[501].

Tras esta desafiante aseveración, sor Juana procede a cumplir el último punto de la petición de su misterioso interlocutor, a saber, explicar cuál es, según ella, la mayor prueba del amor divino, y no solo de Cristo. En su opinión, esta prueba son los «beneficios negativos», es decir, aquellos «que [Dios] nos deja de hacer porque sabe lo mal que los hemos de corresponder»[502]. Dios no hace estos beneficios —sostiene la jerónima—, porque es consciente que los hombres los emplearíamos mal. Explica sor Juana detenidamente su idea: «Cuando Dios no le hace beneficios al hombre porque los ha de convertir el hombre en sus daños [...] más le cuesta [a Dios] el no hacernos beneficios que no el hacérnoslos y, por consiguiente, mayor fineza es el suspenderlos que el ejecutarlos»[503]. Esta epístola, que defiende a guisa de conclusión tan atrevida tesis, es la *Carta atenagórica*.

Dos observaciones más: uno, pese a que le dice a su interlocutor que se trata de un texto absolutamente privado[504], probablemente sor Juana sí tenía la intención de dar a conocer la *Carta atenagórica*, aunque bajo otro título, en el segundo tomo de sus obras que debió aparecer en Sevilla en 1691, pero que con motivo de los acontecimientos que se suscitaron a raíz de la publicación de dicha carta en Puebla se retrasó hasta 1692[505]; dos, si el destinatario hizo copias de la carta o si la misma sor Juana circuló entre sus allegados copias o si sucedieron ambas cosas a la vez, no lo sabemos con exactitud, pero de alguna forma la carta llegó a manos de sor Filotea.

Ahora bien, sor Juana sabía, como todo el mundo, que sor Filotea no existía. Bajo este seudónimo se escondía uno de los eclesiásticos más influyentes de la Nueva España, Manuel Fernández de Santa Cruz, el obispo de Puebla[506]. Él y sor Juana se conocían desde hace muchos años y se habían visto quizá por última vez en 1675 cuando él estuvo en la Ciudad de México[507]. El obispo nació en Palencia en 1637, estudió teología en Salamanca y fue canónigo magistral en Segovia. Cuando tenía treinta y cinco años fue nombrado obispo de Chiapas, pero antes de embarcarse hacia América lo sorprendió el nombramiento para la mitra de Guadalajara (México), de la que tomó posesión en abril de 1674. Solo tres años después, en enero de 1677, se convirtió en obispo de la Puebla de los Ángeles, la ciudad antagonista de la capital. En 1680 Fernández de Santa Cruz rechazó el arzobispado que le ofreció el rey, argumentando que lo hacía «por amor a sus ovejas»[508]. Aguiar y Seijas alcanzó, entonces, la máxima mitra gracias a la renuncia de quien lo había consagrado obispo de Valladolid[509]. Quizá porque sabía que Aguiar y Seijas le debía en cierta medida su cargo, Fernández de Santa Cruz no tuvo empacho en dirigirse públicamente a una monja que no pertenecía a su diócesis y sí a la del arzobispo. Ambos hombres colaboraron entre ellos, aunque no parece que fueran íntimos amigos, pues Fernández de Santa Cruz se opuso en política eclesiástica al núcleo jesuita que era favorecido por Aguiar y Seijas[510].

Don Manuel fue conocido por ser un hombre pragmático e inteligente. En los años ochenta, cuando se suscitó gran escasez de granos, supo almacenar buena parte del producto para sus diocesanos y se negó a compartirlo con la capital. Fue también un activo fundador de conventos no solo en su diócesis, sino en otras. Durante su gobierno se concluyó la fachada de la catedral de Puebla y se edificó la esplendorosa capilla del Ochavo; también llegaron a feliz término la capilla del Rosario y las iglesias de Santa María Tonantzintla, la joya arquitectónica del Barroco de Indias, y la de San Francisco Acatepec. En 1696, un año después de la muerte de sor Juana, declinó convertirse en virrey de la Nueva España. Su verdadera vocación era la fundación de conventos y colegios de niñas. Las monjas del convento de Santa Mó-

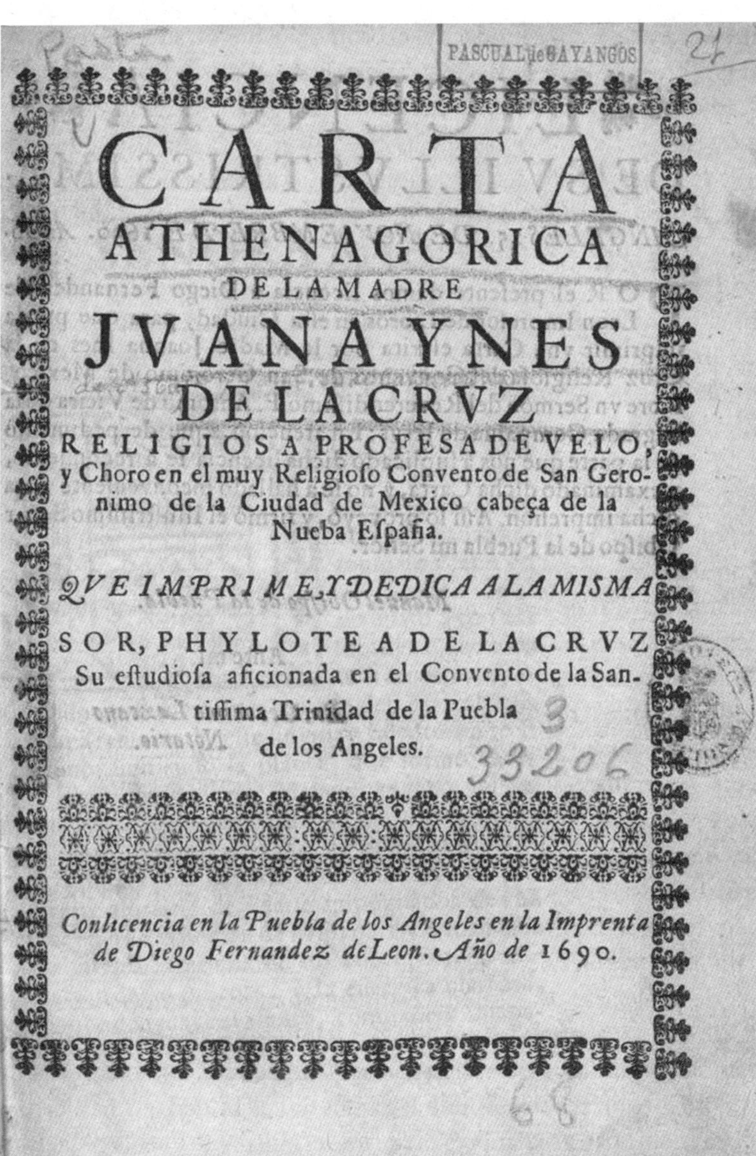

CARTA
ATHENAGORICA
DE LA MADRE
JVANA YNES
DE LA CRVZ

RELIGIOSA PROFESA DE VELO, y Choro en el muy Religioſo Convento de San Geronimo de la Ciudad de Mexico cabeça de la Nueba Eſpaña.

QVE IMPRIME, Y DEDICA A LA MISMA

SOR, PHYLOTEA DE LA CRVZ

Su eſtudioſa aficionada en el Convento de la Santiſſima Trinidad de la Puebla de los Angeles.

Con licencia en la Puebla de los Angeles en la Imprenta de Diego Fernandez de Leon. Año de 1690.

Ilustración 10. *Carta atenagórica*, Puebla, Diego Fernández de León, 1690.

nica en Puebla, cuya fundación él promovió, fueron sus preferidas. Al morir en 1699 les legó su corazón que hasta el día de hoy es expuesto en dicho lugar en una caja de cristal. Dedicó muchas horas de su vida a escribir cartas a monjas, en las que les recuerda su misión de vida: «Padecer por Cristo, buscar desprecios, hacer pedazos la voluntad, es tu camino, enamorada de Cristo crucificado»[511]. Miguel de Torres, hijo de una media hermana de sor Juana, escribió en 1716 su biografía con tintes hagiográficos. Sin embargo, para la posteridad es más conocido por haber sido el hombre que a finales de 1690 bautizó el único texto teológico de sor Juana con el nombre de *Carta atenagórica*, lo publicó sin su autorización en Puebla y le antepuso un prólogo amonestador, conocido como *Carta de sor Filotea de la Cruz*.

Esta *Carta de sor Filotea de la Cruz* revela qué se pensaba de sor Juana en las altas esferas eclesiásticas y cómo se valoraba en algunos círculos su actividad intelectual y creativa. Fernández de Santa Cruz comienza su epístola alabando a sor Juana y justifica su acción de imprimir el texto de la *Atenagórica* sin el consentimiento de su autora arguyendo que deseaba que todo el mundo conociese el extraordinario don de la inteligencia con que contaba la jerónima. No obstante, de inmediato le recuerda a sor Juana que por haber recibido tal privilegio también está obligada a mostrar un mayor agradecimiento para con Dios utilizando mejor sus talentos. Sin pelos en la lengua, el obispo va al grano: «No es mi juicio tan austero censor que esté mal con los versos —en que V. md. se ha visto tan celebrada—, después que santa Teresa, el Nacienceno y otros santos canonizaron con los suyos esta habilidad; pero deseara que les imitara, así como en el metro, también en la elección de los asuntos»[512]. La solicitud es clara: sor Juana debe alejarse de escribir versos mundanos y dedicarse, en todo caso, a hacer poesía a lo divino. Las palabras de don Manuel, empero, también apuntan a otra molestia; casi de pasada, como si fuera un asunto menor, el obispo alude al estatus de celebridad que ha alcanzado la monja. Surge la impresión de que el obispo de Puebla redactó su carta mientras tenía frente a sí un tomo de *Inundación castálida* que en el título aludía a los varios *metros* y *asuntos* (vocablos también usados por él en la cita anterior) de que se servía sor Juana en sus poemas. El obispo incluso la conmina a emplear su tiempo en la filosofía moral y le sugiere un tema: «Y si gustare algunas veces de inteligencias dulces y tiernas, aplique su entendimiento al Monte Calvario, donde viendo finezas del Redentor e ingratitudes del redimido, hallará gran campo para ponderar excesos de un amor infinito y para formar apologías, no sin lágrimas, contra una ingratitud que llega a lo sumo»[513].

Fernández de Santa Cruz continúa señalando que no comparte la opinión de quienes piensan que las mujeres no deben escribir ni estudiar; finalmente, dice él, las letras son buenas «cuando no sacan a la mujer del estado de obediente»[514]. Y si bien aclara que no le pide a sor Juana que renuncie al estudio y a los libros, sí afirma que le gustaría que ella pasase más tiempo leyendo la Biblia. El obispo va incluso más lejos: a sus ojos desperdiciar demasiado tiempo en el estudio de filósofos y poetas en lugar de las letras sagradas podría encaminar a sor Juana a la condena eterna: «Estoy muy cierta y segura que si V. md., con los discursos vivos de su entendimiento, formase y pintase una idea de las perfecciones divinas [...], al mismo tiempo se vería ilustrada de luces su alma y abrasada su voluntad y dulcemente herida de amor de su Dios, para que ese Señor, que ha llovido tan abundantemente beneficios positivos en lo natural sobre V. md., no se vea obligado a concederla beneficios solamente negativos en lo sobrenatural»[515]. Un escalofrío debió de recorrer la espalda de sor Juana: por «beneficios negativos en lo sobrenatural» no podía entenderse otra cosa más que ser enviada al infierno. La advertencia quedaba hecha, sin atenuantes: sor Juana debía abandonar la poesía mundana y no buscar ser celebrada con ella, porque la hacía ver como una monja vanidosa. Ante la lectura de la carta de Fernández de Santa Cruz sor Juana fue consciente de que aquellas voces de principio de los años ochenta que envidiosamente la habían atacado volvían a ceñirse sobre su vida, pero con la diferencia de que en esta ocasión no se trataba de murmuraciones, sino de un disentimiento público que abría la posibilidad de que reprimendas similares se multiplicaran. Seguramente quienes miraban con recelo las actividades de la monja juzgaron la *Carta de sor Filotea* de manera muy similar a como lo hizo Juan Antonio de Oviedo, ayudante del padre Antonio Núñez de Miranda, y se sintieron envalentonados:

> Don Manuel Fernández de Santa Cruz, [...], en la carta que [...] le escribió [...], aunque la aplaude y alaba la honesta habilidad y ocupación de la poesía y lección de libros, le aconseja que trate con empeño de leer el de Jesús Crucificado, y que ya era razón se mejorase el estu-

> dio de los filósofos y poetas, convirtiéndolo en el de la propia perfección; y bastantemente se lastima que un tan grande entendimiento de tal manera se abata a las rateras noticias de la tierra, que no desee penetrar lo que pasa en el Cielo[516].

Ahora bien, sor Juana no era una monja cualquiera y no le gustaba escuchar amenazas en su contra. Ya se lo había dicho en los años ochenta a Núñez: «El exasperarme no es buen modo de reducirme, ni yo tengo tan servil natural que haga por amenazas lo que no me persuade la razón, ni por respectos humanos lo que no hago por Dios»[517].

No hubo hombre culto en la Nueva España que no leyese la carta del obispo y el texto de la jerónima publicado por él. Los dos escritos ofrecían mucha materia para la especulación y la discusión. ¿Qué pretendía sor Juana con la *Carta atenagórica* al atacar las ideas de un miembro destacadísimo de la orden jesuita, que había dedicado además uno de sus libros al arzobispo Aguiar y Seijas, bajo cuya autoridad ella estaba? ¿Por qué reprimía un poderoso obispo a una monja sobre la que no tenía autoridad canónica? ¿Por qué lo hacía públicamente? ¿Cómo habría de reaccionar la superdotada monja a las palabras de Fernández de Santa Cruz? Si, por un lado, algunos jesuitas se sintieron agraviados y no faltó aquel que insultase a sor Juana, por el otro, los amigos de la jerónima salieron en su defensa. Las reacciones que siguieron a la publicación de la *Carta atenagórica* constituyen el capítulo más fascinante de la historia de la recepción de una obra en la Nueva España. Vale la pena detenerse en ella.

Pedro Muñoz de Castro se encontró al regresar a su casa con un enigmático paquete. Era la tarde del martes 9 de enero de 1691, poco después de la seis de la tarde. En el misterioso envoltorio se hallaban una epístola y un ejemplar de la recién publicada *Carta atenagórica*. Se mostró sorprendido de que sor Juana no le hubiera mencionado nada sobre un libro suyo de reciente aparición. Aunque no eran amigos íntimos, se conocían relativamente bien y apenas el 2 de enero se habían reunido en la reja de San Jerónimo. Él había acudido al convento en su calidad de escribano por un pleito legal relacionado con el pago de la dote de una monja. Sor Juana, contadora del convento, había estado también presente en el acuerdo que se firmó.

Cuando leyó el recado que acompañaba la *Carta atenagórica* aumentó su incredulidad. El remitente, cuya identidad se desconoce pero que tenía gran ascendencia sobre Muñoz de Castro, le solicitaba leer el texto de sor Juana y escribir una defensa del padre Vieira en la que destruyera los argumentos de la jerónima. El escribano se mostró reticente a asumir tal tarea: es cierto que era admirador de Vieira, pero también lo era de sor Juana. Empeñado en ser un caballero y sabedor de que solo sor Juana era la única capaz de refutarse a sí misma, Muñoz de Castro se limitó en su *Defensa del Sermón del Mandato del padre Antonio Vieira* a señalar algunos puntos en los que le parecía que el jesuita portugués podría tener razón. Es probable que el incógnito amigo de Muñoz de Castro no quedara muy contento con su *Defensa*, pero para el escribano esta fue la manera más elegante de salir del aprieto en el que lo habían metido.

Muy distinta fue, en cambio, la reacción de un personaje que casi podríamos decir que odiaba a sor Juana, contra quien escribió un difamador libelo por los mismos días, intitulado *Fe de erratas*. El verdadero nombre de este censor parece haber sido desconocido incluso para sor Juana y solo lo conocemos por su seudónimo de «Soldado castellano»; sabemos que era blanco, rubio y que usaba anteojos. Pero lo que mejor lo define es su lengua viperina. Este maledicente individuo acusó a sor Juana de haber interpretado mal a Vieira e intentó refutar una por una sus críticas en contra del portugués. Que sor Juana cuestionara a Vieira significaba a sus ojos un ataque contra toda la Compañía de Jesús. Dedicó asimismo un buen espacio de su texto a rechazar la opinión de la monja según la cual la mayor fineza de Cristo habían sido los beneficios negativos que Dios hace a los hombres. El Soldado concluyó su panfleto solicitando la destrucción del texto de la jerónima. Diego Calleja, indignado por esta petición, lo llamó años después «un Eróstrato», en alusión a aquel pastor que había incendiado una de las siete maravillas del mundo.

A sor Juana, quien amaba la esgrima intelectual, no le hubiera molestado tanto la actitud del impugnador si este no hubiese utilizado un tono agresivo, satírico y grosero. En uno de sus exabruptos se atrevió el Soldado a comparar a la monja con un asno[518]. El irreverente difamador no le perdonaba, en primer lugar, que siendo mujer abordase cuestiones teológicas. Y según él lo peor no era eso, sino que la monja había escrito una obra herética. Sor Juana sabía que esa aseveración iba aún más lejos que una diatriba *ad personam*, ya que podría traerle problemas con la Inquisición, según le confesó a Fernández de Santa Cruz en una carta algunos meses después: «Si es [la *Carta atenagórica*], como dice el censor, herética, ¿por qué no la delata? Y con eso él quedará vengado y yo contenta, que aprecio, como debo, más el nombre de católica y de obediente hija de mi Santa Madre Iglesia que todos los aplausos de docta»[519]. En su sentir el Soldado era una persona que usaba un doble rasero, pues juzgaba gran atrevimiento que ella llevara una opinión contraria a Vieira mas no que el portugués expresara su desacuerdo con tres Padres de la Iglesia. Ella, además, sabía que su intención jamás había sido atacar a la Compañía de Jesús. Por si no bastara con agredir a la jerónima, el Soldado también se lanzó contra Fernández de Santa Cruz, cuestionando su decisión de publicar un texto tan deplorable y de otorgarle tan rimbombante título. El anónimo, finalmente, se dedicó a sacar copias de su diatriba y a hacerlas circular por toda la Ciudad de México. Antes de que concluyera enero, gran parte de la élite religiosa conocía el libelo.

Los amigos de sor Juana entendieron que no podían callar. Francisco Javier Palavicino y Villarrasa, jesuita valenciano, fue uno de los primeros en reaccionar. Inexplicablemente corría el rumor de que él había sido el autor del panfleto contra sor Juana y quería, por supuesto, aclarar que él no era el responsable. La ocasión perfecta se le presentó el 26 de enero, día de santa Paula, cuando, invitado por las monjas, predicó un sermón sobre la fineza mayor de Cristo frente a sor Juana en la capilla de San Jerónimo[520]. Después de comentar las tesis de san Agustín, santo Tomás y san Juan Crisóstomo sobre la cuestión, se detuvo en la del padre Vieira que había afirmado que la mayor fineza de Cristo era haberse quedado el hijo de Dios en la hostia, pero sin el uso de los sentidos. Palavicino arguyó que el tamaño de la hostia era fortuito y que, en consecuencia, lo accidental no podía ser llamado fineza. El valenciano advirtió que si los sacerdotes quisieran serían capaces de hacer una hostia tridimensional, es decir, una especie de muñeco de grandes dimensiones donde cabría Cristo con el uso de los sentidos, y no comprimido, como en una hostia de tamaño normal. A continuación Palavicino abordó la opinión de sor Juana sobre la materia, no sin antes dedicarle un ferviente elogio. Enseguida el predicador dijo que su intención no era hablar a favor de la tesis de sor Juana, pero tampoco impugnarla.

Sobre el tema de las finezas él tenía un juicio propio que desarrollaría en el sermón.

Tras exponer su tesis Palavicino, que defendía que la mayor fineza de Cristo era sacramentarse ocultándose, aludió al ataque del Soldado castellano contra sor Juana, a quien presentó como víctima. El valenciano recurrió a una atrevida analogía para explicar el momento por el que su amiga estaba pasando. Según él, la agresión era comparable a la que había sufrido Cristo en la cruz cuando un soldado cruel e inhumano le había clavado una lanza en el costado. Pero, en este caso, la agresión era hecha con la pluma. Palavicino argumentó que en ese momento en la cruz Cristo estaba hecho un cordero, pero que si él hubiese querido podría haberse convertido en león y vencer a sus enemigos. La alusión al cordero tenía un doble sentido: en latín cordero se dice *agnus* y el nombre de Inés, *Agnes*. De esta manera Palavicino igualaba a sor Juana con Cristo y abría la posibilidad de que se defendiese si así lo deseaba. Para sor Juana, sin embargo, no debió de haber sido grato saberse objeto del sermón de Palavicino, ni mucho menos escuchar su imprudente analogía.

Como era de esperarse, el sermón del valenciano no fue bien recibido por varios religiosos. Medio año después el dominico Alonso Alberto de Velasco, cura del Sagrario de la catedral de México, acusó ante el Santo Oficio a Palavicino de que su idea de una hostia tridimensional del tamaño del cuerpo humano era una herejía. Velasco, quien estaba vinculado al arzobispo Aguiar y Seijas y era amigo de Núñez de Miranda, también se mostró particularmente virulento contra sor Juana, a la que ni siquiera se dignó a llamar por su nombre. En su denuncia señaló que en el sermón de Palavicino «no se trae prueba alguna de Santos Padres ni Doctor de la Iglesia, sino solo de una monja de dicho convento de San Jerónimo, a cuya adulación, aplauso y celebración parece que tira todo el dicho sermón y su dedicatoria, cosa que debe estar muy distante de los predicadores católicos»[521].

Tras la denuncia el doctor Francisco de Deza y Ulloa, fiscal de la Inquisición, solicitó a los calificadores que emprendiesen un examen del sermón. Uno de ellos, fray Agustín Dorantes, discípulo de Núñez de Miranda, formuló su respuesta el 25 de noviembre del mismo año y puntualizó que, en efecto, el sermón era muy cercano a lo herético por su alusión a una hostia tridimensional. Pero añadió también una referencia a sor Juana de la que probablemente la monja nunca se enteró. Para Dorantes, Palavicino estaba fuera de toda ortodoxia al comparar la situación de sor Juana con la de Cristo crucificado, y su tratamiento de la Sagrada Escritura era profano; de manera singular reprobaba el calificador que Palavicino solo hubiera actuado con la intención de lisonjear a la madre Juana, a quien llamó, con absoluto desprecio, «una mujer introducida a teóloga y escriturista»[522]. Afortunadamente para Palavicino, no fue sancionado por el fiscal Deza y Ulloa y el nombre de sor Juana no volvió a ser mencionado en ningún proceso inquisitorial, asunto que a ella le preocupaba sobremanera y siempre le causó un gran pavor[523].

El 1 de febrero de 1691 las aguas se volvieron a mover. Un personaje, cuya identidad se desconoce, escribió ese día bajo el seudónimo de Serafina de Cristo una carta en verso y en prosa dirigida a sor Juana para defenderla de los ataques recibidos a raíz de la publicación de la *Atenagórica*. Serafina, quien dice redactar su escrito desde el mismo convento de San Jerónimo de México, comienza felicitando a sor Juana por haber refutado la tesis de Vieira y, a continuación, le hace frente al Soldado castellano, de quien dice que si no quería dar la cara lo mejor hubiese sido no ponerse de censor del texto de sor Juana. El humor y la burla son parte esencial de la estrategia de Serafina de Cristo, quien increpa al Soldado en sus mismos términos: «Dícenme que ha salido no sé qué Soldado castellano a la demanda del valentísimo portugués; o, por mejor decir, me dicen que no ha salido. Me holgara que saliera a su demanda, que no faltara quien le diera al soldado pobre su bendita limosna, que temo estará pereciendo, pues no parece. (Dios lo saque con bien de donde se ha metido.)»[524]. Serafina cierra su carta con una advertencia al Soldado: así como el tirreno Órnito retó a la amazona Camila y esta lo destruyó, también su muerte será a manos de una mujer, o sea, sor Juana. Todavía hoy no sabemos quién se escondió detrás del seudónimo de Serafina de Cristo. En esa época no había ninguna monja con ese nombre en San Jerónimo. ¿Si no fue una monja del convento de sor Juana pudo haber sido una religiosa solidaria de otro convento o se trató de un amigo varón de la jerónima?[525] El enigma persiste. Lo que sí es seguro es que sor Juana al parecer tenía más amigos que enemigos, aunque quizá los primeros no eran tan poderosos como los últimos.

A lo largo de las dos primeras semanas de febrero de 1691 surgieron más documentos en apoyo de sor Juana y otros cuantos en su contra[526]. El 19 de febrero se escribió el texto que resume mejor toda la polémica, el *Discurso apologético en respuesta a la Fe de erratas que sacó un Soldado sobre la Carta atenagórica.* El autor de este testimonio en defensa de la jerónima afirma llamarse «Trompeta» y no ser un criollo. Sabemos que tenía una sólida formación teológica y que participó a lo largo de los años en las tertulias en el locutorio de San Jerónimo, pero precisamente el día en que se dio el debate sobre las finezas de Cristo no estuvo presente[527]. Sabemos también que vivió algunos años en Puebla y visitó ahí en varias ocasiones el convento de la Trinidad, el mismo donde sor Filotea había dicho que residía. Se ha solido pensar, si es que no quiso despistar con los pocos datos que ofrece, que se trató de un religioso venido de España[528].

Este hombre retomó casi todos los textos que aparecieron a lo largo de los tres meses en torno a la polémica y ofreció cierta cronología de los hechos, pero sin revelar las identidades de los autores de los libelos, romances y cartas en torno al debate. Asegura saber quién es el Soldado, pero prefiere abstenerse de dar a conocer su identidad. Es muy probable que el autor haya hablado con sor Juana previo a la redacción de su texto, pues en él resuenan algunas de las ideas de la jerónima en torno a la defensa de la libertad intelectual. Aclara «Trompeta» desde un principio que sor Juana es «muy hija de la religión jesuita y muy inclinada a la nación portuguesa, y, siendo el padre Vieira portugués y siendo jesuita, no cabía que fuese contradicción [su *Carta atenagórica*]»; dicha obra, añade, «es estudio, es asombro, es admiración, es milagro»[529]. En ese sentido, el texto de sor Juana, asevera, puede ser rebatido, mas no debe ser censurado. Finalmente, es curioso que, como Palavicino, el autor del *Discurso apologético* advierta que decidió salir en defensa de la jerónima para que no se le señale como el autor del difamatorio texto del Soldado castellano.

Durante estos primeros meses del año el ambiente que prevaleció entre los letrados novohispanos fue de chismes, rumores, murmuraciones y una serie de manuscritos anónimos que circularon rápidamente por las calles de la Ciudad de México. Finalmente, el jueves 1 de marzo de 1691, un día después de iniciada la cuaresma, se sumó al coro la voz de sor Juana. El hecho es extraño, porque durante los cuarenta días de la cuaresma en el convento se suspendía todo contacto con el mundo exterior, incluso visitas y correo personal. Pero sor Juana, al parecer, rompió esta regla y la priora se lo permitió, porque veinte días después recibió una respuesta a su escrito. Cuando se trataba de asuntos de gran calado, las autoridades del convento podían hacer la vista gorda. Durante meses sor Juana había estado pensando en los distintos textos que la atacaban y defendían —de estos últimos declaró no estar siempre enterada para no levantar sospechas de un involucramiento de su parte en su defensa—[530], pero, ante todo, le estuvo dando vueltas en su cabeza sobre cuál sería la mejor manera de contestar a sor Filotea. Tras noventa tortuosos días que habían sido difíciles al grado de hacerla enfermar, algo típico de su propensión a somatizar sus conflictos, sor Juana finalmente respondió a Manuel Fernández de Santa Cruz[531].

Y, según relata ella misma, estuvo a punto de no hacerlo. En algún momento estuvo más inclinada a callar y a dejarlo todo al silencio, pero consideró que en ese caso no se entendería bien lo que quería decir callando. Por ello decidió explicar «lo que se pretende que el silencio diga»[532]. La *Respuesta a sor Filotea de la Cruz* es no solo una réplica a la carta que le escribió el obispo de Puebla, sino una carta abierta a Aguiar y Seijas, a Núñez de Miranda y a todos aquellos que la criticaban, el anónimo Soldado castellano incluido. Es cierto que la epístola está dirigida solo al obispo de Puebla, pero es muy probable que su contenido terminara por convertirse del dominio público a través de varias copias antes de su publicación en 1700, cinco años después de muerta la monja. Algo más: cuando sor Juana redactó su *Respuesta a sor Filotea* fue consciente de que no escribía para un estricto ámbito privado; había aprendido la lección de que toda carta suya podía hacerse pública. Teniendo esto en mente redactó uno de los manifiestos más extraordinarios a favor de la libertad intelectual y de la mujer.

El tema central de la *Respuesta* es la defensa de su derecho a escribir versos y a estudiar lo que ella quiera[533]. Sor Juana utiliza una serie de pasajes bíblicos para argüir a favor de las mujeres que deseen hablar de teología y estudiar de manera privada. El mandato de san Pablo según el cual las mujeres deben callar en la Iglesia es la base de su argumentación. Para la monja san Pablo afirma «que el leer públicamente en las cátedras y predicar en los púlpitos no es lícito a las mujeres; pero que el estudiar, escribir y enseñar privadamente, no solo les es lícito, pero muy provechoso y útil»[534]. Y de inmediato se adelanta a cualquier discrepancia que puedan tener con ella:

> Y si no, yo quisiera que estos intérpretes y expositores de san Pablo me explicaran cómo entienden aquel lugar: *Mulieres in Ecclesia taceant*. Porque o lo han de entender de lo material de los púlpitos y cátedras, o de lo formal de la universalidad de los fieles, que es la Iglesia. Si lo entienden de lo primero (que es, en mi sentir, su verdadero sentido, pues vemos que, con efecto, no se permite en la Iglesia que las mujeres lean públicamente ni prediquen), ¿por qué reprenden a las que privadamente estudian? Y si lo entienden de lo segundo y quieren que la prohibición del Apóstol sea trascendentalmente, que ni en lo secreto se permita escribir ni estudiar a las mujeres, ¿cómo vemos que la Iglesia ha permitido que escriba una Gertrudis, una Teresa, una Brígida, la monja de Ágreda y otras muchas?[535].

La prohibición, muestra bien sor Juana, no viene de la Iglesia, sino de los intérpretes del Apóstol. Y todos ellos son del sexo masculino. No lo dijo, pero lo pensó. Hay más: las mujeres, según ella, no solo deben aprender, sino también enseñar. Es difícil imaginar qué habrá pensado Fernández de Santa Cruz y todos aquellos que conocieron la carta en copias sobre la interpretación de sor Juana de las Sagradas Escrituras. Si en la *Carta atenagórica* ponía en evidencia la soberbia de Vieira y propugnaba la audaz tesis de los «beneficios negativos», con el particular sentido que le daba al *Mulieres in Ecclesia taceant* ('Las mujeres callen en la iglesia') de san Pablo reconvenía a demasiados jerarcas de la Iglesia.

La *Respuesta* es también la gran caja de resonancia del debate que se dio a lo largo de tres meses por la publicación de la *Carta atenagórica;* en ella se alude a los textos de los defensores e impugnadores de la poetisa. Solo hace falta aguzar el oído para escuchar cómo sor Juana alude a uno, ironiza con otro y se defiende de uno más. Se sorprende, por ejemplo, de la energía que tuvo el Soldado castellano para andar haciendo copias del libelo y distribuirlo entre tanta gente. Como no le puso nombre a su difamatorio escrito, ironiza la jerónima: «¡Rara demencia: cansarse más en quitarse el crédito que en granjearlo!»[536]. Asimismo, la monja reconoce que esta es su gran oportunidad de explicar su *caso* desde su propia perspectiva. Para ello escribe una pequeña autobiografía en la que destaca, ante todo, dos aspectos: que las ganas de estudiar y aprender son inherentes a ella y que existe una flagrante inequidad entre hombres y mujeres para acceder al conocimiento. Dice: «Desde que me rayó la primera luz de la razón, fue tan vehemente y poderosa la inclinación a las letras, que ni ajenas reprensiones —que he tenido muchas—, ni propias reflejas —que he hecho no pocas—, han bastado a que deje de seguir este natural impulso que Dios puso en mí»[537]. Desde niña se percató de que para los hombres era muy sencillo el camino hacia los centros del saber, pero que estos estaban vedados a las mujeres. Se detiene ultimadamente en explicar las razones que la llevaron al convento y no calla el dilema que significó para ella la vida conventual. Pero si la *Respuesta* dice mucho, también calla muchas más cosas que quizá aún no hemos aprendido a escuchar. Por añadidura, es un texto del cual se debe desconfiar, pues ¿hasta qué punto puede el autobiógrafo valorar su propia vida? Sor Juana nos dejó una pista sobre esta dificultad cuando se preguntó refiriéndose a sí misma: «¿Pues quién duda que es el Fénix, / el que menos de sí sabe?» (núm. 49, vv. 103-104).

Esta apología *pro vita sua* igualmente permite observar que sor Juana tuvo plena conciencia de que las circunstancias que habían hecho posible que fuese una letrada dentro del convento estaban desvaneciéndose a inicio de la década de los noventa; si bien se muestra combativa, no podía ella misma dejar de pensar que la suya era una lucha sin tregua. A inicios de los años ochenta había sido vilipendiada por Núñez y una década después las voces se multiplicaban para conminarla a abandonar la escritura de versos y el estudio sistemático de las humanidades. Es por ello que en la *Respuesta* aparecen varios temas a los que sor Juana ya había aludido en su carta al padre Núñez cuando lo despidió de su lado. Y esto fue así porque sor Juana se percató de que en la voz del obispo de Puebla resonaba la de su antiguo confesor. Con la *Respuesta* alcanzó sor Juana como prosista su mayor madurez: ahí está ella en su cenit como gran ironista y en pleno dominio de sus estrategias retóricas; vista desde la perspectiva actual, su carta la revela como una proto-feminista. Vieira, quien murió en 1698 en Brasil, nunca se enteró de la polémica que había desatado con su Sermón del Mandato en la Nueva España, ni que cambió la vida de una terca y sagaz monja mexicana.

El 15 de marzo de 1691 llegó a México la noticia de la victoria de la Armada de Barlovento sobre piratas franceses en la isla de Santo Domingo. Con motivo de ese triunfo, Sigüenza y Góngora escribió una breve crónica de los conflictos en el Caribe y en el Golfo de México

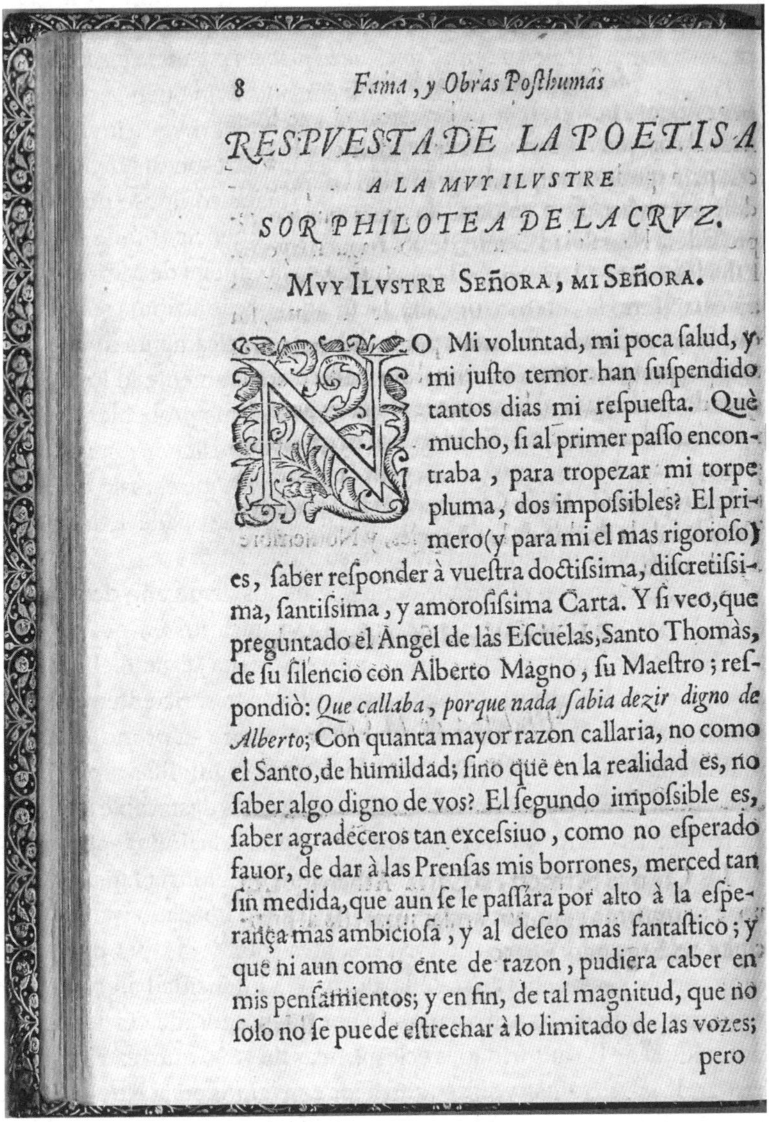

8 *Fama, y Obras Poſthumas*

RESPVESTA DE LA POETISA A LA MVY ILVSTRE SOR PHILOTEA DE LA CRVZ.

MVY ILVSTRE SEÑORA, MI SEÑORA.

NO Mi voluntad, mi poca ſalud, y mi juſto temor han ſuſpendido tantos dias mi reſpueſta. Què mucho, ſi al primer paſſo encontraba, para tropezar mi torpe pluma, dos impoſsibles? El primero(y para mi el mas rigoroſo) es, ſaber reſponder à vueſtra doctiſsima, diſcretiſsima, ſantiſsima, y amoroſiſsima Carta. Y ſi veo, que preguntado el Angel de las Eſcuelas, Santo Thomàs, de ſu ſilencio con Alberto Magno, ſu Maeſtro; reſpondiò: *Que callaba, porque nada ſabia dezir digno de Alberto*; Con quanta mayor razon callaria, no como el Santo, de humildad; ſino què en la realidad es, no ſaber algo digno de vos? El ſegundo impoſsible es, ſaber agradeceros tan exceſsiuo, como no eſperado fauor, de dar à las Prenſas mis borrones, merced tan ſin medida, que aun ſe le paſſàra por alto à la eſperança mas ambicioſa, y al deſeo mas fantaſtico; y que ni aun como ente de razon, pudiera caber en mis penſamientos; y en fin, de tal magnitud, que no ſolo no ſe puede eſtrechar à lo limitado de las vozes; pero

Ilustración 11. *Respuesta de la poetisa a la muy ilustre sor Filotea de la Cruz*. Página facsimilar de *Fama y obras póstumas*, Madrid, Manuel Ruiz de Murga, 1700. Cortesía de The John Carter Brown Library at Brown University.

entre españoles y franceses allende de dedicarle varios capítulos a la batalla misma. Tituló su obra *Trofeo de la justicia española en el castigo de la alevosía francesa*. Para rematarla consideró un buen gesto de su parte incluir una serie de epinicios gratulatorios al virrey e invitó a sor Juana a participar. Así que mientras esperaba la respuesta de Fernández de Santa Cruz a su extensa misiva, sor Juana compuso un homenaje al conde de Galve alabando su valor y prudencia (núm. 215). La revuelta que se suscitó un año más tarde en la Ciudad de México puso al descubierto la carencia de estas facultades que le atribuía sor Juana. La monja se esforzó y escribió un poema sintácticamente muy complejo. Quería impresionar al gobernante y seguramente lo logró. No era el primer poema que dedicaba al virrey, ni fue probablemente el último. Que solo se hayan conservado tres composiciones suyas para el conde de Galve y siete para su mujer se debe a que el resto quizá se perdió. Pero del empeño que puso en estas obras se puede deducir que fueron personas muy importantes en su vida[538].

A la virreina doña Elvira le dedicó a menos de un año de su arribo a México una loa para celebrar su cumpleaños en octubre de 1690; la fecha muestra que muy pronto sor Juana se ganó el aprecio de la nueva soberana y que incluso se sentía ya lo suficientemente en confianza con ella para gastarle una broma sobre su pronunciación madrileña (núm. 384)[539]. También hizo unas seguidillas a partir de una pintura de la virreina (núm. 80), pero lo más destacable son cinco romances (núm. 40-44), que dan fe de una relación respetuosa e incluso amistosa entre ambas. Sor Juana, como a María Luisa, igualmente le envió regalos a doña Elvira: un zapato bordado y chocolate en polvo fueron algunos de los presentes (núm. 44). No obstante, ninguno de sus poemas para ella alcanzó la intensidad afectiva que mostró en aquellos que hizo para su querida y añorada «Lisi». Acaso una cédula de las autoridades eclesiásticas de 1690 que restringía las visitas de las virreinas y su séquito a los conventos en la Nueva España contribuyó a que sor Juana y doña Elvira no llegaran a intimar tanto[540]. Al conde de Galve, allende de la loa que hizo para su cumpleaños en enero de 1689 y el *Epinicio gratulatorio* por la victoria sobre los franceses, le dedicó un «laberinto endecasílabo», es decir, un poema que admite tres lecturas distintas dependiendo de si se leen los versos como endecasílabos, octosílabos o hexasílabos; lo escribió como si hablara la virreina:

Amante, —caro—, dulce esposo mío,
festivo y —pronto— tus felices años,
alegre —canta— solo mi cariño,
dichoso —porque— puede celebrarlos (núm. 63, vv. 1-4).

Un hecho que confirma las buenas relaciones de sor Juana con los Galve son sus diligencias ante el virrey para que este gestionara el regreso de España de uno de sus sobrinos. Francisco Ramírez de Villena, hijo de Josefa María, se había fugado de casa a la edad de diez años, probablemente a finales de la década de los setenta; con el tiempo la familia Ramírez supo que había cruzado el Atlántico y que residía en Barcelona. Por alguna razón sor Juana no buscó el apoyo de los marqueses de la Laguna y no fue hasta el virreinato del conde de Galve cuando movió sus influencias para que su sobrino retornase a su patria[541].

Esta es la única vez que se sepa que sor Juana pidió algo para su familia a las más altas autoridades de la Nueva España. En otras ocasiones había hecho peticiones a nombre de otros. En 1684 le solicitó al marqués de la Laguna el indulto para Antonio de Benavides, *el Tapado* (núm. 25). ¿Qué llevó a una monja hiperculta a pedir que no se ahorcara a un hombre que se había hecho pasar como visitador y que, por encima de todo, tenía vínculos con los piratas que habían tomado Veracruz en 1683? Ella sabía perfectamente que ese hecho había representado una de las mayores afrentas a la autoridad virreinal, pero aun así se atrevió a abogar por el embaucador. Sus razones tendría, pero no fue escuchada y Benavides fue ejecutado. Tampoco se sabe qué la motivó a solicitarle a María Luisa la libertad de un inglés llamado Samuel (núm. 125). En cambio, se entiende mejor su petición a un juez para amparar a una viuda que estaba a punto de perder su casa (núm. 117). La monja escribió, por lo menos, otro billete rimado para un juez solicitando un favor (núm. 116), lo que patentiza su interés en ayudar a conocidos o amigos, pero también el tamaño de sus influencias.

Probablemente la jerónima se encontraba puliendo el *Epinicio gratulatorio* cuando recibió la respuesta de Fernández de Santa Cruz a su carta del 1 de marzo. En esta ocasión el obispo no requería presentarse como sor Filotea y la carta era de índole estrictamente privada y no pública. Sin embargo, el tema era el mismo: la inclinación de sor Juana hacia las letras. Para Fernández de Santa Cruz se trata claramente de una enfermedad a la que describe como «violenta propensión», «vicio», «achaque» o «hidropesía»[542]. El obispo ofrece a continuación una terapia: para sanar sor Juana debe dedicarse a estudiar, pero no en los libros que ella frecuenta, sino en las letras divinas. Como buen médico de almas prescribe dos horas diarias de estudio en la «mística teología»[543]. Por ello, cuando se enteró un año más tarde de que sor Juana prefería invertir esas dos horas en el estudio del griego, más bien que en su recomendación, debió de quedar muy decepcionado. La epístola de Fernández de Santa Cruz, datada el 20 de marzo de 1691, debe entenderse como un diagnóstico de las pasiones de sor Juana y como un esfuerzo del obispo para «curarla» de esa inclinación terrible que eran las letras humanas. Ciertamente, el obispo muestra una preocupación genuina por el alma de la jerónima y así se lo manifiesta: «En una religiosa que aspira a la perfección, un ligero abuso del estudio retarda y resfría el fuego de la devoción»[544]. Pero para alcanzar sus objetivos recurre este erudito hombre a la amenaza de siempre, la de la condena eterna: «Pues, ¿no es lamentable desgracia emplear tan breve vida en muchas dc las ciencias que, aprendidas, conviene olvidarlas, y no dar algo del tiempo a la Sabiduría con que se compra la vida eterna?»[545]. Finalmente, es interesante que Fernández de Santa Cruz no se detenga en comentar un texto que sor Juana le había enviado junto con su carta del 1 de marzo: se trata de un escrito que ella consideraba muy docto y que había sido hecho en su defensa ante los ataques por la publicación de la *Atenagórica*[546]. Su comentario se limita a decirle a sor Juana que está enterado de los escritos que salieron en su defensa y que le recomienda no responderle al Soldado castellano[547].

Sor Juana no reaccionó de inmediato a las palabras del obispo, pero quizá sí pesaron en su ánimo pocos años más tarde cuando empezó un régimen de vida ascético. En cualquier caso, no debió de haber sido sencillo para ella que un alto jerarca de la Iglesia fuera tan insistente en su solicitud de que mudase de forma de vida. ¿Habrá empezado a pensar que estaba cansada de luchar toda la vida contra la gente que se oponía a sus deseos? ¿De verdad tenía ella que elegir entre una cosa y otra para ser una buena religiosa? ¿Cumplir con sus obligaciones en el convento, ser gran limosnera, escribir una cantidad impresionante de poesía sacra y reiterar en varios escritos que tenía vocación religiosa no eran suficientes para ser una buena monja? ¿Por qué se empeñaban en decirle que se deshiciera de sus intereses creativos e intelectuales? La vida de sor Juana en el convento giró en torno a la inhabilidad de influyentes hombres de Iglesia para comprender que se podía ser una buena monja, como ella lo demostró en muchas ocasiones, y también una letrada. Como en la España de los Austrias hubo muchos casos de hombres que conjuntaron ambas personalidades, es inevitable pensar que la razón por la que la criticaron de esa manera tuvo mucho que ver con su condición femenina.

Sor Juana accedió a finales de 1691 a componer versos sacros para la catedral de Oaxaca. Hasta entonces todos sus juegos de villancicos habían sido escuchados en México o en Puebla. El 25 de noviembre de ese año, exactamente doce meses después de que sor Filotea firmase su carta, se escucharon en Oaxaca los *Villancicos de santa Catarina,* que asombraron no solo por su belleza lírica, sino porque en ellos epitomizaba su autora su visión de la mujer docta.

Catarina había sido una hermosa noble de Alejandría, capital helenística de Egipto, que con escasos dieciocho años había ganado celebridad por haber acumulado más conocimientos que los hombres de su tiempo. Al visitar el emperador Maximino la ciudad, la joven se le enfrentó y cuestionó los sacrificios de animales que había ordenado en honor a los dioses. El emperador quedó impresionado por la elocuencia de la joven cristiana, pero creyó que podría hacerla cambiar de opinión si la confrontaba con un grupo de cincuenta filósofos. Lo que sucedió fue todo lo contario: Catarina salió victoriosa y convirtió a los sabios a la religión cristiana. Por supuesto que esto fue interpretado por Maximino como una afrenta y ordenó prenderla y azotarla. Como la joven no apostató, ordenó el emperador su tortura en una rueda de cuchillas. Finalmente, Catarina murió decapitada en las afueras de la ciudad.

Sor Juana sin duda reconocía parte de su biografía en la vida de la mártir. Al igual que ella era muy hermosa y había sido una joven precoz que había sido sometida a un riguroso examen frente a los sabios del reino. Y como Catarina también ella había sido declarada victoriosa. Por otra parte, Catarina había sido desde principio de los años ochenta una de las figuras que había tomado como ejemplo para defenderse de sus detractores[548]. En ese sentido los *Villancicos de santa Catarina* son un autorretrato, pero también un texto donde resuenan todas las polémicas de aquel año y, en particular, su interpretación del «Callen las mujeres en la Iglesia» de la *Respuesta a sor Filotea:*

¡Víctor, víctor Catarina,
que con su ciencia divina
los sabios ha convencido,
y victoriosa ha salido
—con su ciencia soberana—
de la arrogancia profana
que a convencerla ha venido!
¡Víctor, víctor, víctor!

De una mujer se convencen
todos los sabios de Egipto,
para prueba de que el sexo
no es esencia en lo entendido (núm. 317, vv. 1-12).

Y en reminiscencia de aquellas palabras que escribió en su *Respuesta* sobre el natural impulso hacia las letras que Dios puso en ella[549], remata el villancico:

Estudia, arguye y enseña,
y es de la Iglesia servicio,
que no la quiere ignorante
El que racional la hizo (núm. 313, vv. 34-37).

El patrocinador de estas letras fue el chantre de la catedral de Oaxaca, Jacinto Lahedesa Verástegui, pero quien debió de haber estado detrás de la invitación a sor Juana fue el obispo de Oaxaca, Isidro Sariñana. Sor Juana y él se conocían desde hacía mucho tiempo; él había sido quien a principios de la década de los ochenta había llevado a Puebla regalos de la jerónima para sor Agustina de San Diego, quien la imitó mientras pudo en su afán por el conocimiento y terminó por perder la razón tras la penitencia a la que fue sometida para que se alejara de sus estudios. Los *Villancicos de santa Catarina*, sin embargo, no se imprimieron en Oaxaca, sino en Puebla, precisamente en la misma imprenta de donde salió la *Carta atenagórica*.

¿Acaso Fernández de Santa Cruz quería de alguna manera congraciarse con la jerónima por los disgustos que le había ocasionado su imprudencia de publicar la *Atenagórica*? Es probable. Además, Sariñana y él colaboraban juntos en las fundaciones de conventos. Lo que es más difícil de entender es que siendo Sariñana antiguo discípulo de

Antonio Núñez de Miranda se mantuviese en buenos términos con la jerónima después de que ella había echado de su lado a su confesor. Por eso resulta sospechoso el extenso elogio que hace Lahedesa Verástegui de las cualidades intelectuales de sor Juana en la dedicatoria de los villancicos. De tan extenso parece incluso exagerado. Resumiendo: Sariñana, uno de los preferidos del hombre con quien ella rompió, la invitó a escribir para la catedral que él presidía; el obispo que la reprimió meses antes autorizó en su ciudad la impresión de una obra muy feminista de la monja; un chantre elogió precisamente las cualidades de la jerónima que Fernández de Santa Cruz criticó públicamente. ¿Cómo entender estos hechos? ¿Acaso no había conflicto alguno entre la monja y Fernández de Santa Cruz o algunos miembros de la Compañía de Jesús? ¿Por qué aceptó ella escribir para la catedral de Oaxaca sabiendo que ahí estaba Sariñana, gran amigo de Núñez? ¿Rechazar semejante oferta habría sido visto como una nueva afrenta de la jerónima? ¿O necesitaba urgentemente el dinero? Exactamente dos meses después compró una segunda celda en San Jerónimo. Sea como fuere, se desprende de estos hechos una actitud ambivalente de los eclesiásticos hacia sor Juana. Y es quizá ella quien nos da la clave para entender el comportamiento de estos tres individuos cuando confiesa que, si bien teme las calumnias de quienes la persiguen, más desconfía de sus aplausos:

> ¿Quién no creerá, viendo tan generales aplausos, que he navegado viento en popa y mar en leche, sobre las palmas de las aclamaciones comunes? Pues Dios sabe que no ha sido muy así, porque entre las flores de esas mismas aclamaciones se han levantado y despertado tales áspides de emulaciones y persecuciones, cuantas no podré contar, y los que más nocivos y sensibles para mí han sido, no son aquellos que con declarado odio y malevolencia me han perseguido, sino los que amándome y deseando mi bien [...] me han mortificado y atormentado más que los otros[550].

Y concluye: «Las calumnias algunas veces me han mortificado, pero nunca me han hecho daño [...], tengo por mayor el riesgo de los aplausos en la flaqueza humana».[551] Así como fue compleja en su proceder sor Juana también lo fueron Núñez, Fernández de Santa Cruz y otros en su actitud hacia ella. A veces la apoyaban, a veces la criticaban. A veces se dedicaban públicamente a hablar mal de ella, a veces preferían conminarla en misivas a abandonar el estudio y la poesía. A veces se sentía ella acosada y otras favorecida; a veces aceptada y otras rechazada. En términos poéticos se diría que la Iglesia tuvo una actitud de «encontradas correspondencias» hacia ella. Seguramente este comportamiento ambiguo le fue causando cada día mayor conflicto hasta que, quizá, terminó por agobiarla al grado que decidió hacer lo necesario para que sus detractores dejaran de importunarla: ser una digna esposa de Cristo.

En septiembre de 1691 murió María, hermana de sor Juana[552]; en noviembre, solo cuatro días después de los *Villancicos de santa Catarina*, falleció Ignacio Hoyos Santillana, antiguo tesorero del cabildo catedralicio que tanto le había insistido a la monja para que aceptara la invitación de diseñar el arco para la entrada de los virreyes de Laguna[553]. Perdió así a un aliado en las más altas esferas. Y en los últimos días de diciembre se acrecentó en la Ciudad de México la carestía de pan, provocada por una plaga en las raíces del trigo. De haber sido sor Juana supersticiosa, habría pensado que estas noticias no auguraban un buen Año Nuevo. Pero 1692 fue todo lo contrario: fue el año que cimentó su fama de Fénix.

VII
LA RESISTENCIA DEL DESEO
1692-1695

Sor Juana comenzó el año 1692 con malestares físicos. Nuevamente se encontraba enferma. Pese a ello no quiso interrumpir sus estudios de griego, que había iniciado uno o dos años antes. Era un nuevo reto para ella: sabía latín y entendía náhuatl, pero el dominio del griego, además de ser la verdadera marca del humanista, le permitiría una interpretación más filológica de los libros sagrados: «No hay duda —había dicho apenas el año anterior— de que para inteligencia de muchos lugares es menester mucha historia, costumbres, ceremonias, proverbios y aun maneras de hablar de aquellos tiempos en que se escribieron [...] las divinas letras.»[554]. De ahí que se identifique en reiteradas ocasiones con santa Eustoquio, discípula de san Jerónimo, quien hablaba latín y griego y leía hebreo[555]. Sor Juana adicionalmente vio en la filología una poderosa herramienta en la defensa de su derecho a escribir poesía. A quienes condenaban su inclinación por este arte les recordó que muchos libros sagrados habían sido escritos en verso en la lengua original y apuntó que si bien la traducción latina de dichas obras se había hecho en prosa había sido para preservar mejor el sentido del texto, pero que aun así los salmos retenían la división en verso. Así que les preguntó desafiante: «¿cuál es el daño que pueden tener [los versos] en sí?»[556].

Los achaques físicos de inicio de año no evitaron que siguiera con su muy activa correspondencia. Escribió una breve carta a Fernández de Santa Cruz y se la hizo llegar a través del presbítero y notario Jerónimo

Lazcano, que solía ser el recadero entre ambos[557]. El obispo le respondió el 31 de enero. Se lamentaba de las pocas líneas que le mandaba la monja y pensaba que la brevedad de la misiva se debía a la dedicación por el griego de la monja. Fernández de Santa Cruz no le veía mucho sentido a su empeño, pues consideraba que las obras griegas más relevantes ya habían sido traducidas al latín. En su despacho se debió de preguntar por qué, si sor Juana le había asegurado hacía un año que seguiría su recomendación de abandonar el estudio de las humanidades en favor de las letras divinas, no cumplía su palabra. Aquella vez sor Juana se había mostrado condescendiente: «Digo que recibo en mi alma vuestra santísima amonestación de aplicar el estudio a Libros Sagrados, que aunque viene en traje de consejo, tendrá para mí sustancia de precepto»[558]. Pero no cumplió; por lo menos no en ese momento.

Ante estas circunstancias Fernández de Santa Cruz le volvió a insistir en utilizar su tiempo de otra forma, pero a diferencia de la misiva de 1691, conocida como la *Carta de sor Filotea*, esta vez el obispo se mostró impaciente: «¿Hasta cuándo —la cuestionó con vehemencia— hemos de ver solamente flores? Ya es tiempo de que V. md. dé maduros y sazonados frutos; y pues está en estado de poder enseñar, no dé pasos ociosos al aprender. Cíñase con constancia a un asumpto, donde mezcle V. md. algo afectivo de la voluntad, y a que pueda reducir las más espaciosas noticias de cuanto ha leído»[559]. El mitrado tenía en esta ocasión un consejo muy preciso: para inaugurar su etapa de monja estudiosa exclusivamente de las letras divinas debía sor Juana elaborar un escrito sobre la historia de Saúl[560].

¿Qué habrá pensado sor Juana de los nuevos reproches y de la proposición de Fernández de Santa Cruz? Por una parte, el obispo perseveraba en su actitud de querer ejercer control sobre su actividad intelectual y, por otro, desdeñaba todo lo que había escrito. Que pensara que *Primero sueño* o *El divino Narciso* solo eran «flores» y no «maduros y sazonados frutos» se entiende desde su mentalidad, pero juzgar con la misma vara la *Carta atenagórica*, o la carta que le había escrito el año anterior *(Respuesta a sor Filotea)*, donde se cansaba de citar la Biblia y a los Padres de la Iglesia, o los *Ofrecimientos del Santo Rosario* y los *Ejercicios de la Encarnación* que le había regalado, debió a sor Juana parecerle un acto de injusticia. De hecho, los *Ejercicios* eran una obra que por sí sola le debía garantizar ser vista como una monja ejemplar, ya que daban fe de su vocación piadosa:

> Yo, pues, viendo esto, [...] para sanear en algo el torpe olvido con que tratamos tan sagrados misterios y tan inestimables finezas, dispuse los siguientes [devotos ejercicios], por dar alguna norma de que se una la oración de muchos, para que a la sombra y patrocinio de los buenos y justos, sean oídos y tolerados de la divina clemencia los malos pecadores como yo [...]. Solo pido a los que en esto se ejercitaren, me paguen este pequeño trabajo con acordarse de mí en sus oraciones, deuda a que desde luego me constituyo acreedora delante del Señor[561].

¿En verdad se le podía recriminar no haber escrito obras de devoción? La respuesta es no, pero aun así lo hicieron. Tampoco debió de comprender la motivación que había detrás de la petición del obispo de reflexionar por escrito sobre la historia de Saúl. ¿Por qué le hacía dicha solicitud, aunque conocía perfectamente la polémica que se había desatado por la publicación de la *Atenagórica*? ¿Deseaba en verdad que sor Juana se metiera otra vez en asuntos teológicos de los que finalmente terminaría hablando, aunque partiese de la historia sacra? Es probable que la monja dejara escapar una sonrisa. En el fondo lo que Fernández de Santa Cruz deseaba era que sor Juana explicara su vida en clave mística y no en clave humanística como lo había hecho en la *Respuesta*. A todas las monjas con las que se carteaba el obispo de Puebla les recomendaba que cultivasen el ejercicio de la aniquilación y que fijasen su pensamiento siempre en Cristo[562]. También les pedía informes sobre sus vidas y las alentaba a dedicarse a la escritura mística[563]. No se conoce la réplica de sor Juana a las nuevas amonestaciones del prelado, pero, sin duda, no las echó en saco roto. Eran las palabras del segundo hombre más poderoso de la Iglesia novohispana.

Precisamente por los días en que sor Juana recibió esta nueva carta del obispo se gestó un fenómeno meteorológico insólito en el valle de México. La temperatura descendió abruptamente y el invierno se recrudeció. Del tres al seis de febrero de 1692 llovió sin parar en la capital y estuvo a punto de nevar. Por hipotermia murieron muchas personas sin hogar; en el campo la población de reses y mulas quedó diezmada. Durante más de medio año la ciudad había venido padeciendo una carestía de maíz y trigo debido a las inundaciones del verano anterior y a la plaga de chahuistle —un hongo que atacaba las raíces de las plantas—, pero ahora las circunstancias se tornaban críticas: no había maíz, no había trigo, no había carne, ni tampoco recuas para transportar los productos de otras provincias como se había estado haciendo para solventar los problemas de abastecimiento.

No obstante las medidas que tomó el virrey contra los acaparadores de granos, la situación solo mejoró a cuentagotas. La población empezó a desesperarse. El 7 de abril el franciscano Antonio de Escaray dio voz a los inconformes cuando pronunció frente al conde de Galve y la élite civil un sermón en el que reprobó la carestía. Durante su prédica el auditorio empezó a aplaudir y a murmurar en contra del virrey. A partir de ese día la crítica hacia don Gaspar y su gestión administrativa se tornó virulenta. Para principios de junio la situación seguía sin normalizarse. El sábado 7 de ese mes se presentó un primer conato de violencia en la alhóndiga entre compradores y vendedores de maíz. Los indignados habitantes de la ciudad se fueron a quejar con el arzobispo, pero este no los recibió, ni tampoco lo hizo el virrey.

A la mañana siguiente, domingo 8 de junio, día de la fiesta del Corpus Christi, don Gaspar asistió muy temprano a misa en el convento de Santo Domingo. Dentro de la iglesia un grupo de mujeres lo insultó y lo maldijo. De regreso en palacio el virrey no quiso probar bocado; algunos testigos refieren que tuvo un presentimiento de lo que iba a suceder. A las cuatro de la tarde abandonó la sede de gobierno; primero fue a la iglesia de San Agustín para el culto del Santísimo Sacramento y de allí se dirigió al convento de San Francisco, donde se encerró a piedra y lodo. La virreina, quien había visitado por la mañana las huertas de San Cosme, se le unió a la brevedad. Poco tiempo después las reservas de maíz en la alhóndiga se agotaron, lo que dio inicio a una revuelta en la que participaron diez mil personas —la gran mayoría indios— que culminó con el saqueo e incendio del palacio virreinal.

Para entender estos violentos acontecimientos hay que remontarse al verano de 1691, cuando se desataron unas lluvias torrenciales sobre la Ciudad de México y sus alrededores. Las acequias se saturaron y hubo decenas de ahogados, y las calles se transformaron en arroyos por los que transitaban chalupas y pequeñas embarcaciones en lugar de carruajes. El convento de sor Juana, que estaba al lado de un canal y se encontraba un metro debajo del nivel de la calle, debió de resultar muy afectado[564]. La población más vulnerable, que sobrevivía precariamente en casas de adobe, vio cómo estas se derrumbaron. En las regiones aledañas a la capital los campos de cultivo quedaron devastados primero por las lluvias y después por la plaga de chahuistle. Los precios de los granos empezaron a subir sin control. Don Gaspar intentó aliviar la situación con algunas medidas de emergencia, pero todo fue en vano[565]. Cuando el 23 de agosto de 1691 se registró un eclipse, los novohispanos creyeron ver confirmados sus peores presentimientos: Dios los castigaba por sus pecados. Ante la emergencia el arzobispo Aguiar y Seijas no se sentó de brazos cruzados e hizo lo que mejor sabía hacer: distribuyó afanosamente comida entre los indígenas y los más pobres y lanzó un edicto contra los especuladores de trigo y maíz. La coyuntura política, aunque compleja, estaba bajo control, pero las heladas de febrero de 1692 fueron el golpe de gracia. Meses después, en junio, ocurrió la gran revuelta que conmocionó al virreinato.

Cuando don Gaspar se atrevió a salir del convento de San Francisco donde se había atrincherado y retornó a palacio, se percató de la gravedad de los destrozos. Había contado con suerte al huir de ahí a tiempo, pues la turba lo habría asesinado. Todos los comercios aledaños habían sido saqueados y estaban reducidos a cenizas. Las fuerzas del orden tardaron tres días en sofocar los incendios dispersos por toda la ciudad. A los indios, casta a la que se le responsabilizó por la rebelión, se les obligó a abandonar la capital. Hubo un hecho heroico que fue comentado durante semanas: Sigüenza y Góngora se enteró durante el levantamiento de que el palacio virreinal ardía en llamas y acudió a él para salvar, con la asistencia de dos estudiantes, los archivos, rescatando así algunos de los documentos más valiosos para la historia de México. Solo gracias a una fuerte represión se volvió a hacer el gobierno con el control de la capital, aun cuando el conde de Galve fue consciente de que nunca más volvería a tener las riendas del reino como las había tenido antes del motín. Su figura había sido cuestionada no solo por la población, sino también por el alto clero.

La revuelta tuvo un costo considerable de vidas humanas; muchos cadáveres, que quedaron tendidos en la plaza principal, fueron enterrados improvisadamente en una fosa común en el cementerio de la catedral. Además de los Galve, otros amigos de sor Juana se vieron afectados por estos hechos. Pedro Velázquez de la Cadena, quien había pagado la dote que le garantizó su ingreso en San Jerónimo, se vio obligado a renunciar en 1694 a la secretaría de gobernación. Sin duda, durante más de dos décadas había tenido sor Juana gracias a él un acceso privilegiado a los poderosos, pero con su dimisión uno de sus canales de comunicación con la corte quedó interrumpido[566].

El éxito de *Inundación castálida* fue enorme. En Madrid apareció en 1690 una reedición con nuevo material bajo el título de *Poemas*; le siguieron dos reediciones más: una en Barcelona en 1691, que incluye tres nuevos juegos de villancicos y *El divino Narciso*, y otra en Zaragoza de 1692. Pero ni *Inundación castálida* ni los nuevos textos incluidos en las reediciones prepararon a los lectores para la clase de obras que sor Juana presentó al mundo en 1692. Desde 1690 la monja había estado reuniendo, ordenando y retocando el material para el segundo tomo de sus *Obras*. A principios de 1691 debió de enviar el cartapacio con los originales a María Luisa y en los últimos días de julio el libro, intitulado *Segundo volumen*, estaba listo para imprimirse en Sevilla[567]. Pero antes de que las prensas empezaran a trabajar la condesa de Paredes y sus allegados recibieron noticias de la controversia que se había desatado en México por la *Carta atenagórica* y conocieron los detalles de los ataques cobardes en contra de su amiga. Tomaron una osada decisión: convertir los preliminares del *Segundo volumen*, editado por el vasco Juan de Orbe y Arbieto, en un contrataque. Como ellos ya habían escrito los paratextos de *Inundación castálida*, decidieron que en esta ocasión otros salieran a la palestra. Circularon los manuscritos de la monja entre destacadas personalidades sevillanas a quienes les pidieron su opinión. El resultado fue una reivindicación abrumadora de las habilidades intelectuales y poéticas de sor Juana.

Estos 18 textos, escritos por teólogos y poetas sevillanos, son el inicio de la mitología crítica en torno a sor Juana. El carmelita Franco de Ulloa manifestó: «Sabe más durmiendo esta virgen prudente que muchos doctores despiertos»[568]. Pedro del Santísimo Sacramento, predicador del Colegio del Ángel de la Guarda de Sevilla, opinó que «para alabar dignamente la elocuente sabiduría y dorada elocuencia de esta doctora mujer Juana Inés de la Cruz, otra Juana Inés de la Cruz era necesario que hubiese, que fuese ella misma»[569]. Juan Bautista Sandi de Uribe se mostró convencido de que sor Juana era más valiosa que la plata extraída de las minas novohispanas[570]. Pedro Ignacio de Arce, caballero de la Orden de Santiago y regidor de la villa de Madrid, hizo una pionera semblanza biográfica[571]. Finalmente, algunos panegiristas se detuvieron en la *Carta atenagórica*, que en el *Segundo volumen* aparece bajo el título de *Crisis sobre un sermón*, elegido con seguridad por sor Juana. Para ellos esa obra era no solo encomiable, sino una de las dos obras maestras de la monja. La otra era *Primero sueño*. Ninguno de los sevillanos, entre quienes se contaban varios eclesiásticos de alto rango, compartió la visión de Fernández de Santa Cruz de que una monja, si quería escribir, debería dedicarse a las letras divinas. No es un asunto menor en la historia de la recepción de nuestras letras que hombres españoles emprendieran la defensa de una mujer novohispana y se convirtieran en sus aliados. Sin embargo, tanto elogio le pareció a sor Juana exagerado e incómodo y poco tiempo después cuestionó a los sevillanos sobre la imagen que se habían creado de ella en uno de sus mejores poemas (núm. 51).

Con un año de retraso, finalmente, en el verano de 1692 salió de las prensas el *Segundo volumen* que se convirtió en un *bestseller*. Solo en 1693 aparecieron en Barcelona tres ediciones. El libro consta de 552 páginas y se inicia con la *Crisis sobre un sermón*. La siguen versos devotos: siete juegos de letras sacras, entre los que destacan las *Letras de San Bernardo*, una loa a la Concepción, tres autos sacramentales con sus respectivas loas (*El mártir del Sacramento, san Hermengildo*, *El cetro de José* y *El divino Narciso*). A continuación viene la sección de poesía lírica: a *Primero sueño* lo acompañan dieciséis sonetos, dos liras, cinco glosas, doce décimas, diez redondillas, veintiséis romances y seis endechas. Para concluir, varias loas más y las comedias *Amor es más laberinto* y *Los empeños de una casa* (esta última con su loa, los sainetes intercalados, tres letras para cantar y el «sarao» final). El libro es un verdadero *tour de force*. Exactamente en el corazón del libro, en las páginas 280 y 282, colocaron los editores dos excepcionales sonetos, de los más emotivos de la jerónima. Son poemas de amor. ¿De amor para quién?

En que satisface un recelo con la retórica del llanto.

Esta tarde, mi bien, cuando te hablaba,
como en tu rostro y tus acciones vía
que con palabras no te persuadía,
que el corazón me vieses deseaba;

y Amor, que mis intentos ayudaba,
venció lo que imposible parecía:
pues entre el llanto que el dolor vertía,
el corazón deshecho destilaba.
Baste ya de rigores, mi bien, baste;
no te atormenten más celos tiranos,
ni el vil recelo tu quietud contraste
con sombras necias, con indicios vanos,
pues ya en líquido humor viste y tocaste
mi corazón deshecho entre tus manos (núm. 164).

Que contiene una fantasía contenta con amor decente.

Detente, sombra de mi bien esquivo,
imagen del hechizo que más quiero,
bella ilusión por quien alegre muero,
dulce ficción por quien penosa vivo.
Si al imán de tus gracias, atractivo,
sirve mi pecho de obediente acero,
¿para qué me enamoras lisonjero
si has de burlarme luego fugitivo?
Mas blasonar no puedes, satisfecho,
de que triunfa de mí tu tiranía,
que aunque dejas burlado el lazo estrecho
que tu forma fantástica ceñía,
poco importa burlar brazos y pecho
si te labra prisión mi fantasía (núm. 165).

En el primer soneto hay versos inquietantemente similares a unos que escribió para María Luisa después de un pequeño malentendido: «Baste ya de rigores, / hermoso dueño, baste» (núm. 83, vv. 29-30), le había dicho después de que la virreina se molestó, porque sor Juana se retiró del locutorio antes de que ella llegara. Y en el segundo la nostalgia invade la voz lírica, para quien la persona amada se ha convertido en un fantasma. ¿Añoraba sor Juana con ambos sonetos la presencia de la condesa de Paredes[572] o los sonetos son un muestrario de cómo escribir para una panoplia de situaciones galantes, se hayan experimentado o no? Sea como fuere, a más tardar a finales del otoño de 1692 recibió sor Juana varios ejemplares del *Segundo volumen*. Con los dos tomos de sus *Obras* la monja mexicana alcanzó su máxima celebridad. Era ella en ese momento *el* poeta de la lengua castellana. Sus relaciones y su fama alcanzaban los centros culturales más importantes del imperio español. De todos los rincones del mundo hispánico recibía cartas de admiradores y peticiones de obras suyas. Calleja estimó que era tanta la correspondencia que recibía su amiga que si hubiese querido responder a todos tendría que haber trabajado como un amanuense noche y día[573]. Una de estas cartas le informó que el marqués de la Laguna, para cuya entrada a la Ciudad de México había escrito el *Neptuno alegórico*, había muerto en España el 22 de abril de ese año.

Entre los más fervientes entusiastas de sor Juana se encontraba el bogotano Francisco Álvarez de Velasco Zorrilla, capitán general de Neiva y la Plata, quien tras leer *Inundación castálida* y el *Segundo volumen* le escribió una carta en prosa, dos en verso y diez poesías en las que la llamó su «paisanita querida». De sus composiciones se deduce que los libros de sor Juana llegaron al Nuevo Reino de Granada a más tardar en 1694. Y también se deduce que Álvarez de Velasco, quien tenía casi la misma edad que la monja —había nacido en 1647—, padecía un enamoramiento febril por ella y por sus escritos. Sor Juana, sin embargo, jamás supo de él, ni él se enteró del fallecimiento prematuro de ella. En carta del 6 de octubre de 1698 Álvarez de Velasco confiesa su deseo de hacer un viaje desde Santa Fe de Bogotá a México y conocer personalmente a la monja, que para esa fecha llevaba ya tres años de muerta:

> Muchas ansias [...] he tenido siempre de ver esa gran corte [...], pero hoy con tanta más razón cuanto es más noble el objeto de estos deseos, reconociendo que con usted hay hoy en México una cosa mucho mayor y más admirable que el mismo México. [...] Y, a la verdad, o habían de vivir sin deseos los amantes tan puros como yo, o no habían de encontrar en ellos dificultades aquellos en quienes, concibiéndose el amor en la razón, es, más que de la voluntad, hijo del entendimiento. Con ella, y con el limitado mío, amo y venero a usted[574].

Su anhelo no se concretó y jamás pisó suelo mexicano. En 1702 se desplazó a España con la esperanza de imprimir sus obras. Murió en 1704.

En aquella época era poco común que poetas que residían en los virreinatos americanos tuviesen contacto entre sí. Por lo regular, el intercambio cultural se daba, tanto por el sistema de comunicaciones como por cuestiones de prestigio, con la metrópolis y no, por ejemplo, entre Lima y México. Pero sor Juana sí recibió cartas de residentes del Perú, lo que convierte a esta correspondencia en uno de los pocos registros que se preservan de intercambios epistolares entre poetas de los dos virreinatos más importantes. Uno de ellos fue el español Luis Antonio de Oviedo, conde de la Granja, que residía en Lima desde hacía muchos años[575]. Este individuo era casualmente tío del asistente de Núñez de Miranda, el padre Juan Antonio de Oviedo. En 1693 el conde de la Granja le envió a sor Juana un romance en el que se declaró su más sincero admirador (núm. 49 bis); había leído —le confesó— los dos tomos de sus *Obras* no una, sino por lo menos tres veces y estaba convencido de que el *Sueño* era comparable con las *Soledades* de Góngora, de que la agudeza de sor Juana rivalizaba con la de Quevedo y de que ella era una digna competidora de Calderón de la Barca.

Estos elogios no eran exageraciones sin sustento. A juzgar por el número de ediciones que se hicieron de los libros de sor Juana en España la mayoría de los lectores compartió la opinión del conde de la Granja. La mexicana fue uno de los mayores fenómenos editoriales de las letras hispánicas. Para 1725 se habían impreso casi 22.000 ejemplares de sus obras, una impresionante cantidad solo superada por el *Lazarillo* y *La Celestina*. Visto desde una perspectiva económica, la monja-escritora fue un gran negocio. No es casualidad que sus libros hayan salido de las prensas de algunos de los mejores impresores españoles como Juan García Infanzón, Tomás López de Haro, Manuel Ruiz de Murga o Rafael Figueró. Incluso el influyente, Francisco Laso, presidente de la Asociación de Mercaderes de Libros de Madrid, promovió en 1714 la primera reedición de sus obras póstumas, publicadas originalmente en 1700. Lo hizo motivado porque el patrono de su asociación era san Jerónimo, pero también porque era un hombre de buen gusto. En 1724 costeó las *Obras* de Quevedo[576].

A finales de 1692 o a más tardar a principios de 1693 sor Juana recibió una petición extraordinaria: un grupo de monjas portuguesas le solicitó, a través de la duquesa de Aveiro o de la condesa de Paredes[577], una contribución para su academia literaria, llamada *Casa do Prazer* (Casa del Placer). Pertenecientes a ocho conventos de Portugal, este grupo de religiosas, que se comunicaban entre sí a través de cartas, estaba relacionado con otro conocido como *Casa do Respeito* (Casa del Respeto), conformado por mujeres aristocráticas, donde probablemente participaba la duquesa de Aveiro. Sor Juana aceptó encantada la invitación de las portuguesas y les mandó veinte redondillas en forma de enigmas, allende de un prólogo y una dedicatoria.

Estas monjas de la Casa del Placer, con quienes sor Juana se identificó plenamente, compartían su afición por la poesía, la música y la polémica intelectual. Una de ellas, sor Feliciana de Milão, tenía fama de ser buena improvisadora de versos y es probable que haya sido la autora en 1668 de una crítica al sermón de la *Sementeira* del jesuita Antonio Vieira, lo que quizá explique su interés por entrar en contacto con la monja mexicana[578]. A sor Juana debió de parecerle maravilloso que en Portugal hubiese monjas dispuestas a invertir su tiempo libre en un esparcimiento poético tan mundano[579]. Ella vivía en un contexto cultural que censuraba esa clase de diversión, pero en Lisboa, donde muchísimas religiosas provenían de familias nobles, las líneas divisorias entre corte y convento se habían difuminado. A diferencia de México, donde las monjas-escritoras redactaban casi solo hagiografías de otras religiosas, la literatura conventual portuguesa dio frutos en géneros literarios cortesanos[580]. Esto solo fue posible por las relajadas costumbres que prevalecieron. Una monja dominica, que vivió en el convento de la Rosa en Lisboa, el mismo que habitó una de las religiosas que invitaron a sor Juana a participar en su academia, hizo alarde de que ella y sus compañeras tenían permiso para recibir devotos y que gozaban de mayor libertad que las mujeres casadas[581].

Los *Enigmas ofrecidos a la Casa del Placer* son unas de las últimas composiciones de sor Juana. No hay nada en ellos que haga sospechar un cambio de vida radical como el que experimentó su autora poco tiempo después de su redacción. Son versos hechos para estimular el pensamiento, pero también para entretener: «Divertiros solo un rato / es cuanto aspirar podrá, / que fuera mucho emprender / atrevérselo a ocupar»[582], les dice sor Juana a sus amigas portuguesas. Los veinte enigmas son un reto al ingenio. El primero pregunta:

> ¿Cuál es aquella homicida
> que, piadosamente ingrata,
> siempre en cuanto vive mata
> y muere cuando da vida?[583].

Algunos piensan que es la esperanza[584]. Otro enigma cuestiona:

¿Cuál es la sirena atroz
que en dulces ecos veloces
muestra el seguro en sus voces,
guarda el peligro en su voz?[585].

A este se podría responder que es la fama[586].

Sor Juana debió de escribir su obrita en algún momento de 1693. Cuando las portuguesas recibieron el cartapacio, le añadieron cuatro composiciones en español en elogio de la autora, redactaron licencias y censuras en portugués —la fecha de una de estas es del 28 de enero de 1695, tres meses antes de la muerte de la jerónima— y diseñaron una portada con el supuesto nombre del editor y de la imprenta para darle al manuscrito, del que hicieron varias copias, la apariencia de una obra impresa. El título seleccionado fue *Enigmas ofrecidos a la discreta inteligencia de la soberana Asamblea de la Casa del Placer, por su más rendida aficionada, sóror Juana Inés de la Cruz, Décima Musa.* Con absoluta seguridad jamás recibió sor Juana una copia de las que hicieron las lisboetas para difundir su obra en los conventos de Portugal, lo que es muy lamentable, porque uno de los poemas de los preliminares salió de la pluma de la condesa de Paredes, su querida y amada «Lisi»; en este poema, María Luisa da respuesta al soneto-dedicatoria que le regaló sor Juana para *Inundación castálida*:

Amiga, este libro tuyo
es tan hijo de tu ingenio
que correspondió, leído,
a la esperanza el efecto.
Hijo de tu ingenio, digo:
que en él solo se está viendo,
con ser tal la expectación,
excederla el desempeño. […]
Solo tu Musa hacer pudo,
con misterioso desvelo,
de claridades obscuras,
lo no entendido, discreto.
Ambición tienes de gloria,
pues, *Enigmas* componiendo,
quieres que hasta la ignorancia
conozca tu entendimiento[587].

La condesa de Paredes no parece haber tenido noticias, al momento de la redacción de su romance, de que su amiga estuviese preparándose para iniciar una vida ascética, o incluso ya estuviese inmersa en ella; de hecho, se dirige a la poetisa, y no a la monja, de quien destaca su ingenio, su arte y su ambición de gloria.

Estando en la cumbre de su fama, mientras recibía cartas de Lima, invitaciones de Portugal y escribía versos tan jocosos como en los que responde a sus elogiadores sevillanos o al conde de la Granja, algo muy grave sucedió en la vida de sor Juana, que en febrero de 1693 tomó la resolución de volver a pasar por el año de noviciado[588] y suspender sus contactos con el mundo exterior. Al concluir dicho período, la monja reafirmó entre febrero y marzo de 1694 sus votos en varias *Protestas de la fe* y reiteró, por escrito, su devoción a la Inmaculada Concepción. En total redactó entre el 8 de febrero de 1693 y el 5 de marzo de 1694 cinco textos del fuero eclesiástico, que son sus últimos escritos datados[589]. Después silencio absoluto por doce meses. Falleció el domingo 17 de abril de 1695. Tenía cuarenta y tres o cuarenta y seis años.

¿Qué es lo que sucedió que explique su drástico cambio de comportamiento? Los primeros en intentar dilucidar la cuestión fueron los jesuitas Juan Ignacio de Castorena y Ursúa, Diego Calleja y Juan Antonio de Oviedo. Castorena tenía veintisiete años cuando murió la monja, la había conocido personalmente y en varias oportunidades la había escuchado en el locutorio del convento. Sor Juana le dedicó en una ocasión una décima en agradecimiento por un favor que Castorena le hizo. ¿Qué tipo de ayuda podía alguien tan joven y, en ese momento sin mayores influencias, haberle prestado a sor Juana?[590] Según el epígrafe del poema se debió a «un papel que discurrió [Castorena] en elogio y defensa de la poetisa» (núm. 112). En 1700 publicó la *Fama y obras póstumas* de sor Juana. Calleja, en cambio, jamás vio a la jerónima. Fue su amigo epistolar desde más o menos 1681 hasta que dejó de recibir sus cartas a partir de 1693. Oviedo, bogotano de nacimiento, era casi de la misma edad que Castorena y fue asistente personal del padre Antonio Núñez de Miranda hasta la muerte de este en 1695[591].

Tanto Castorena como Calleja escribieron breves biografías de sor Juana, pero el primero destruyó la suya tras leer la de Calleja argumentando que la del español era mucho mejor; dejó, sin embargo, algunas observaciones sobre el período final de la vida de sor Juana al editar sus obras póstumas. Calleja tomó los datos para su biografía de la *Respuesta a sor Filotea*, que leyó antes de su publicación, y de las cartas privadas que recibió de sor Juana; adicionalmente se entrevistó con varias personas que conocieron a la monja como el virrey de Mancera, la condesa de Paredes y otros informantes[592]. En cambio, Castorena y Oviedo, como ya he dicho, sí conversaron personalmente con sor Juana y se encontraban en México el año de su muerte. Estos tres testimonios, escritos por eclesiásticos ligados a la Compañía de Jesús, pretenden crear una versión oficial de lo acaecido en aquellos años. Los textos de Calleja y Castorena datan de 1700; el testimonio de Oviedo se imprimió en 1702.

A decir de Calleja,

> [En] el año de mil seiscientos noventa y tres la divina gracia de Dios [hizo] en el corazón de la madre Juana su morada de asiento. Entró ella en cuentas consigo, y halló que la paga solo puntual en la observancia de la ley, que había buenamente procurado hasta entonces hacerle a Dios, no era generosa satisfacción a tantas mercedes divinas de que se reconocía adeudada, conque trató de no errar para en adelante los motivos de buena, de excusar lo lícito y empezar las obras de supererogación con tal cuidado como si fueran de precepto[593].

El cambio de vida de sor Juana se habría originado por un examen de conciencia que la jerónima hizo de manera voluntaria y tras el cual concluyó que, si bien había sido una buena monja, solo había cumplido con sus mínimas obligaciones religiosas, lo que no era suficiente para mostrarse agradecida por todos los dones que había recibido del Cielo.

Calleja describe las distintas fases de este proceso. Primero sor Juana realizó una confesión general que se alargó varios días. Se sobreentiende que dicha confesión la hizo frente al padre Núñez, de quien Calleja no parece darse por enterado de que durante casi una década había dejado de ser su confesor. Por consiguiente, no detalla los términos de su reconciliación. Tras la confesión general la monja redactó una *Petición causídica* dirigida al Tribunal Divino en la que pide perdón por sus pecados. El jesuita no se detiene en el segundo noviciado. A continuación aborda el biógrafo uno de los sucesos que más atribularon el ánimo de la jerónima: «La amargura que más sin estremecer el semblante pasó la madre Juana fue deshacerse de sus amados libros [...]. Dejó algunos para el uso de sus hermanas, y remitió copiosa cantidad al señor arzobispo de México para que, vendidos, hiciese limosna a los pobres»[594]. Allende de despojarse de su biblioteca sor Juana también puso a la venta sus instrumentos musicales y científicos, sus alhajas y todo lo valioso que se hallaba en su celda, donde solo quedaron tres libros de devoción, cilicios y otros instrumentos para la penitencia.

A partir de ese momento la monja se entregó a diversos actos de mortificación como ayunos y rigurosas flagelaciones. Núñez, alarmado por el excesivo celo, compartió con otros jesuitas su temor por la salud de su hija espiritual: «Es menester mortificarla para que no se mortifique mucho, yéndola a la mano en sus penitencias por que no pierda la salud y se inhabilite, porque Juana Inés no corre en la virtud sino vuela»[595]. Pero la madre Juana hizo oídos sordos a las palabras de su confesor y prosiguió «en esta ferviente intimidad con Dios»[596] hasta morir ejemplarmente a causa de una enfermedad que mató a varias monjas de su convento. Hasta aquí la versión de Calleja.

Castorena aprovechó el prólogo de *Fama y obras póstumas* para hacer algunas precisiones a la semblanza hecha por Calleja. También él reconoce en los últimos años de sor Juana una mudanza de vida, pero considera que las exhortaciones contenidas en la *Carta de sor Filotea* son la verdadera causa de las «obediencias de Juana, luz total para su desengaño, y anhelo a mayor perfección»[597]. Sin explicitarlo, Castorena fecha el inicio de la transformación en 1691. Otro dato en el que difiere de Calleja es el efecto de la venta de la biblioteca en el ánimo de la monja. Mientras que el peninsular cuenta que ese acto le provocó a la jerónima una enorme aflicción, Castorena lo juzga un corolario connatural de su mudanza de vida y una muestra de su amor hacia Dios: «Con tales avisos [de don Manuel Fernández de Santa Cruz], luego luego, por enajenarse evangélicamente de sí misma, dio de limosna hasta su entendimiento en la venta de sus libros»[598]. Y, antes de concluir, aporta una noticia extraordinaria: a imitación de la jerónima, el arzobispo Francisco Aguiar y Seijas decidió desprenderse también de sus libros y donó las ganancias de la venta a los más pobres. En la versión de Castorena sor Juana terminó sus días como un modelo a seguir para el hombre más caritativo, y también el más exhibicionista de dicha virtud, de la Nueva España.

Dos años después de conocerse los testimonios de Calleja y Castorena, Juan Antonio de Oviedo retomó, en su biografía del padre Núñez, el caso de sor Juana y sus años postreros. Con Calleja sitúa la mudanza de vida de la monja en 1693, pero no la atribuye a sor Juana, ni a la gracia divina, ni a Fernández de Santa Cruz, sino a las constantes misas y a los continuos rezos de Antonio Núñez de Miranda. Oviedo es el único de los tres que menciona la separación de sor Juana de su confesor, aunque sin especificar la fecha. Sin embargo, el bogotano tergiversa los hechos y asevera que fue Núñez quien se retiró, aunque, como se sabe, fue ella quien lo suspendió de sus funciones de guía espiritual[599]:

> Viendo, pues, el padre Antonio que no podía conseguir lo que deseaba [a saber: contener la inclinación a las letras de sor Juana en un marco moderado], se retiró totalmente de [su] asistencia [...], llorando, si no malogradas, por lo menos, no tan bien logradas como quisiera aquellas singularísimas prendas; mas nunca dejó de encomendar a Dios a su espiritual hija[600].

Oviedo narra a continuación la reconciliación de ambos personajes. Sor Juana, «avergonzada de sí misma por no haber correspondido a la fidelidad que debiera a las mercedes divinas»[601], mandó a llamar a Núñez, a quien veneraba como a un padre. El joven jesuita da a entender que la jerónima envió una serie de recados a su antiguo confesor en los que le explicó su cambio de vida y le rogó que retornase a su lado. Núñez, no obstante, dudó de su conversión y se resistió[602], pero tras reiteradas insistencias el anciano dio su brazo a torcer, se reunió con sor Juana y «habiendo escuchado con grande regocijo sus nuevas determinaciones, alabó y engrandeció a Dios por sus misericordias»[603].

Núñez no tuvo reparos en solicitar de su arrepentida hija espiritual la máxima obediencia en aras de la salvación de su alma, y ella, según Oviedo, «se sujetaba a todo cuanto el padre Núñez le decía»[604]. El bogotano también hace referencia a la venta de la biblioteca y de las alhajas para socorro de los pobres, pero jamás menciona que Aguiar y Seijas haya estado involucrado en dicho acontecimiento. El joven sacerdote no dejó, finalmente, escapar la oportunidad para defender a Núñez de quienes lo habían calificado «de demasiado severo [hacia sor Juana] y aun pagado de su propio juicio y dictamen» y justifica su proceder arguyendo que hizo «lo que cualquier prudente y acertado padre de espíritu debía hacer»[605]. Termina su bosquejo de los años finales de la monja corroborando que el rigor de la penitencia a la que se sometía sor Juana era tan severo e inclemente que incluso Núñez temía que «acabase a manos de su fervor la vida»[606].

Los tres testimonios coinciden en que sor Juana hizo una confesión general, se retiró de toda actividad relacionada con la literatura, dejó de recibir visitas en el locutorio, no respondió ni escribió más cartas, entregó su biblioteca y alhajas para su venta, hizo obras de caridad y comenzó un régimen de penitencias y ayunos. Sin embargo, disienten en la fecha de inicio del cambio de vida y en las razones que motivaron dicha transformación. Para Calleja y Oviedo la mudanza comenzó en la primavera de 1693, pero para Castorena fue en 1691. Calleja ubica el origen de la transformación en sor Juana misma, Castorena ve en Fernández de Santa Cruz al responsable, y Oviedo declara que fue Núñez quien le impuso el camino de la perfección. Se educe entre los jesuitas una disputa por asignar a distintos personajes la paternidad de la conversión de la monja. De esto se colige que los tres contaban con información parcial sobre sus años finales o que manipularon la que tuvieron para sus propios fines.

Se entiende, pues, que, si en aquella época corrieron varias versiones sobre los últimos años de sor Juana, los biógrafos modernos tampoco concuerden. Por un lado se encuentran quienes toman al pie de la letra los testimonios antiguos y están convencidos de que sor Juana sufrió una crisis religiosa, decidió cambiar de vida y murió ejemplarmente camino a la santidad. Esta visión prevaleció hasta la primera mitad del siglo XX[607]. Por otro lado se hallan quienes ponen en tela de juicio las palabras de los jesuitas y la de los últimos textos del fuero eclesiástico de sor Juana y arguyen que, en realidad, el alto clero novohispano se lanzó contra ella y terminó por silenciarla[608]. Un tercer grupo ha intentado conciliar, sin mucho éxito, ambas posturas[609].

Se han difundido diversas hipótesis sobre cómo pudo ser el ataque concertado de influyentes eclesiásticos en contra de sor Juana. Algunos aducen un conflicto entre ella y el arzobispo Aguiar y Seijas, quien, ante el debilitamiento de su protector el conde de Galve por el motín de 1692, vio una oportunidad de oro para meterla en cintura, pues odiaba a las mujeres, a las comedias y era amigo de los jesuitas a quienes ella habría atacado con su *Carta atenagórica*[610]. Su primer golpe en contra de la monja fue la confiscación de toda su biblioteca. Y a la muerte de sor Juana mandó a sus representantes a San Jerónimo para que inspeccionasen su celda y se apoderasen del dinero, las alhajas, las escrituras y otros documentos[611]. Es cierto que Aguiar y Seijas dio órdenes para hacerse de los bienes más valiosos que sor Juana dejó en su celda, pero un expolio de sus libros antes de que ella muriera no está absolutamente comprobado, aunque sí hay indicios, según mostraré más adelante, de que sor Juana no se deshizo de ellos voluntariamente. Por lo pronto, gracias al testamento del presbítero José de Lombeida sabemos que, en efecto, sor Juana le entregó a él, un experto recaudador de recursos para la edificación de templos, una cantidad no especificada de libros para su venta. Hay, sin embargo, que subrayar que la cláusula del testamento de Lombeida concerniente a dicho acuerdo jamás señala que la biblioteca de sor Juana le haya sido entregada en su totalidad. De hecho, del escueto listado, que desgraciadamente no especifica los títulos, podemos deducir que fueron alrededor de 380[612]. El documento tampoco precisa la fecha de la entrega de los libros (aunque presumiblemente debió de ser entre 1691 y 1694) ni se entra en detalles para explicar los motivos de sor Juana para deshacerse de ellos. Señala Lombeida haber recibido también alhajas y preseas. Si bien estas se vendieron con celeridad, los libros no corrieron con la misma suerte. Cuando la monja falleció en 1695, el presbítero aún no había podido colocar todo el material entre los posibles compradores. En consecuencia, el arzobispo Aguiar y Seijas le ordenó que apresurase la liquidación de estos. Lombeida, no obstante, murió el 17 de julio de 1695 sin cumplir el mandato del arzobispo, por lo que el resto de los libros pasó a manos de Aguiar y Seijas, quien no los restituyó al convento ni a los deudos de sor Juana y finiquitó la venta[613].

Otra hipótesis de este grupo, que defiende un sometimiento de sor Juana al alto clero, es que la monja se vio involucrada en un pleito entre Fernández de Santa Cruz y Aguiar y Seijas, pues entre ambos prelados habría existido una rivalidad debido a que el segundo alcanzó el arzobispado a costa del primero. Para vengarse de Aguiar y Seijas, quien era amigo de Antonio Vieira, Fernández de Santa Cruz persuadió a sor Juana para que escribiera la *Carta atenagórica*. Sor Juana aceptó el encargo porque deseaba demostrarle al misógino arzobispo que hombres y mujeres tenían la misma capacidad intelectual. Una vez publicada la *Carta atenagórica*, Fernández de Santa Cruz abandonó a sor Juana a su suerte y el vengativo Aguiar y Seijas actuó contra ella. Pero no hay huellas de una enemistad entre ambos prelados y en cambio sí hay noticias que confirman que colaboraron, aunque no fueron amigos. Igualmente se sabe que a Fernández de Santa Cruz se le ofreció primero el arzobispado, pero lo rechazó.

Ahora bien, contamos con algunos datos que, dependiendo de la interpretación que se les dé, matizan o incluso refutan tanto los testimonios de los hombres de Iglesia contemporáneos de sor Juana como también las tesis modernas que he resumido apretadamente. Estos documentos son los contratos de varias transacciones financieras hechas por sor Juana durante sus años finales y el inventario de su celda al morir. Aunque Calleja, Castorena y Oviedo aseguran que sor Juana llevó un régimen de vida ascético a partir de 1691 o 1693 y que seguía con máximo rigor los votos de obediencia, clausura, castidad y pobreza, resulta contradictorio que ella jamás haya cesado de realizar transacciones financieras en beneficio propio ni haya abandonado el cargo de contadora. A principios de 1692 compró una segunda celda valorada en 200 pesos. Adujo que la necesitaba «por ser de conveniencia al oficio que ejerzo, y por otros motivos»[614]. ¿La celda era para la contadora sor Juana o para la monja que pronto empezaría a penitenciarse con cilicios? ¿Y qué otros motivos podía tener que no quiso especificar? En julio del mismo año depositó 1500 pesos con un mercader de plata, el vasco Domingo de la Rea, quien le prometió un 5 % de interés sobre el capital. En marzo de 1693, a solo unas cuantas semanas de haber redactado su *Petición causídica*, o sea ya inmersa en su segundo noviciado, envió a De la Rea 500 pesos más y en noviembre le entregó otros 1600 pesos, sin que sepamos de dónde los sacó, porque no se conocen obras de encargo por las que haya cobrado en estas fechas. Las primeras dos operaciones las hizo con la ayuda de María de Cuadro, una viuda que vivía en San Jerónimo. Sor Juana pidió que los réditos fuesen para ella y para su sobrina, sor Isabel María de San José, que vivía con ella y declaró que una vez muertas ambas se utilizaran para cubrir las necesidades de las monjas el día de la Santísima[615].

La operación concerniente a los 1600 pesos merece comentario aparte, ya que fue realizada sin la autorización del arzobispo y de la superiora del convento. Solo cuando se revisaron en 1698 por orden de la Real Audiencia los libros de caja de Domingo de la Rea se enteraron las religiosas de San Jerónimo del contrato secreto de su antigua compañera. Las razones de sor Juana para mantener ciertos bienes suyos fuera del alcance del convento o de alguna instancia eclesiástica no son claras, pero debieron de ser muy poderosas. Los riesgos no eran pocos: ella y su cómplice el mayordomo Mateo Ortiz de Torres, quien debió haber sido el encargado de entregar el dinero a De la Rea, contravenían las constituciones del convento y la legislación eclesiástica novohispana[616]. Ya en una ocasión las monjas le habían advertido a sor Juana que sus bienes no eran de ella, sino del convento «sin que ella pudiese tener arbitrio ni disposición para lo contrario, ni menos dar a entender que el convento le debía por haber manejado el dinero para las obras y reparos dentro del convento, pues cuando hubiese suplido algo de su peculio era del mismo convento»[617].

Lo que estas operaciones muestran es que sor Juana no hizo mucho caso del voto de pobreza durante los años en que los testimonios edificantes afirman que vivía entregada a mortificaciones tan severas que Núñez temía por su vida; es cierto que las monjas tenían derecho a hacerse de recursos para sus gastos personales, pero lo que sor Juana hizo en estos años fue franca especulación financiera. También evidencian estas transacciones que ella fue una hábil inversionista que supo diversificar su capital. Además de los depósitos con De la Rea guardó dinero dentro del convento. Sin participárselo a la priora le entregó a sor María de San Francisco 871 pesos de su propio patrimonio para que los resguardase en su celda y 800 pesos más para gastos del convento[618]. ¿Por qué no mantuvo ese dinero sor Juana en sus propios aposentos y para qué lo pensaba utilizar? Su conducta financiera sugiere que tuvo otras cantidades escondidas con banqueros o dentro del mismo convento con otras monjas.

El documento que de manera más contundente desmiente que sor Juana haya renunciado a sus bienes es el inventario de su celda, hecho inmediatamente después de su fallecimiento. Leemos que había

> un pupitre de bálsamo, un catre de tijera, una mesa de madera blanca, un aguamanil, un estante grande blanco, otro chico, un niño Dios (el esposo) muy alhajado, un cuadro de la Santísima Trinidad, un estante con ciento ochenta volúmenes de obras selectas, una virgen bizan-

> tina que representa a la de Belén con el niño y san Juan Bautista, toda incrusta en concha, quince legajos de escritos, versos místicos y mundanos[619].

No es la celda de una monja rica, pero tampoco la de una religiosa que se dedica solo a rezar y a flagelarse. Más allá del costoso niño Dios y de la muy ornamentada virgen bizantina da la impresión de ser el espacio de una monja aficionada a la lectura. Calleja, como se recordará, sostiene que sor Juana se había quedado solo con tres libros de devoción tras entregar su biblioteca, pero el inventario registra 180 volúmenes. También es la habitación de una prolífica escritora de literatura religiosa y profana. ¡Quince carpetas llenas de versos! Destaca que no se haga mención de ningún cilicio ni de ningún otro instrumento para la penitencia. Tampoco se alude a su otra celda adquirida tres años antes.

¿Qué fue lo que pasó entonces en los años finales de sor Juana? ¿Tuvo una conversión? ¿Fue presionada para que se alejara de la literatura? ¿Existieron otros factores que aún no conocemos? A favor de la tesis de la conversión se puede argüir que si bien sor Juana aclaró no ser tan mortificada como otras monjas, sí dejó en 1684 un resquicio abierto a la penitencia si esta era voluntaria y no obligada: «El privarme yo de todo aquello que me puede dar gusto, aunque sea muy lícito, es bueno que yo lo haga por mortificarme cuando yo quiera hacer penitencia, pero no para que [se] quiera conseguir a fuerza de reprehensiones»[620]. Y añadió: «Ojalá y la santidad fuera cosa que se pudiera mandar, que con eso la tuviera yo segura [...], pero santos, solo la gracia y auxilios de Dios saben hacerlos»[621]. Y precisamente Calleja refiere que la gracia divina hizo en su corazón asiento en 1693 y sobrevino el cambio de vida.

Por otro lado, la presunción de que le impusieron de alguna manera el silencio no carece de sustento. En la *Carta al P. Núñez* y en la *Respuesta a sor Filotea* se escuchan suficientes quejas suyas que confirman una situación de hostigamiento en su contra. Pero ¿quiénes movieron los hilos? ¿Fue uno de ellos el arzobispo Aguiar y Seijas, como conjeturan algunos? Regresemos al asunto de la venta de los libros, pues es altamente sospechoso el momento en que esta se realiza. Los biógrafos modernos que defienden su conversión sostienen que sor Juana vendió su biblioteca porque deseaba aliviar a los más afectados por la carestía que prevalecía desde 1691. Sin embargo, conviene recordar que ni Calleja ni Castorena relacionan la venta de los libros con una crisis económica del virreinato[622]. Si ella lo hizo voluntariamente, cabe preguntarse por qué, si en años previos existieron también períodos de crisis, no vendió entonces sus libros para hacer obras de caridad. No lo hizo tampoco cuando su propio convento estaba en la ruina financiera y las monjas no tenían para comer y para salvarse la convirtieron en su contadora en la década de los ochenta. Por añadidura, es interesante que Núñez, gran amigo de Aguiar y Seijas, no optase por vender sus libros durante esta crisis de los noventa. Cuando el jesuita murió en febrero de 1695, tras complicaciones por un resfriado, legó su biblioteca al Colegio de San Pablo y San Pedro. ¿Por qué no se solidarizó con el limosnero arzobispo? Todo esto me hace sospechar que debió de existir una razón de mucho peso para que sor Juana entregara una buena cantidad de sus libros a Lombeida, quien, se supone, respondía a las órdenes de Aguiar y Seijas[623]. Pero, ¿cuál fue esta razón? ¿Se los pidió el arzobispo para sus obras de caridad y ella accedió o simplemente fue despojada de lo que más amaba? No lo sabemos aún.

Es cierto que sor Juana fue beneficiada y apoyada en algunos momentos de su vida por los mismos hombres que la conminaron a olvidarse de la poesía, pero ya he explicado que en ellos prevaleció una actitud ambivalente hacia ella que no siempre respondió a elogios o a apoyos sinceros. En todo caso, Eguiara y Eguren, quien redactó a mediados del siglo XVIII una breve biografía de sor Juana y quien debió de entrevistarse con personas que de jóvenes conocieron el ambiente alrededor de la monja, confirma «las injurias de quienes al exterior del claustro molestaban a sor Juana, ora porque creían impropias de las mujeres las aficiones literarias, las cuales debían alejar de sus costumbres; ora porque decían que los poemas que ella acostumbraba componer, aunque pensados para asuntos no indecorosos, eran inadecuados para una doncella en religión»[624]. En definitiva, el debate no es si sor Juana fue acosada o no —claramente lo fue—, sino conocer o corroborar la identidad de sus enemigos y precisar qué medios utilizaron para coartar su libertad intelectual. Debatible, en todo caso, es si fue una conjura prelaticia y cuán exitosos fueron sus detractores en el objetivo que se habían propuesto.

En vista de lo anterior sugiero una probable secuencia de hechos que explique sus decisiones finales. Sor Juana revivió a principios de la década de los noventa un dilema que la había acompañado desde el momento mismo en que ingresó al convento. Su vida había estado llena de paradojas: hija de madre analfabeta, se encerraba durante horas en una biblioteca durante su infancia; aunque no fue reconocida por su padre, gozó de fama y publicidad en la corte virreinal; fue una exégeta de la Biblia, si bien en su tiempo la teología estaba reservada al sexo masculino; inclinada a las letras humanas, los hombres de Iglesia más prominentes de su tiempo le recordaron con insistencia que su obligación era obedecer y vivir como buena esposa de Cristo. En San Jerónimo, sor Juana intentó, con mayor o menor éxito, reconciliar sus dos personalidades, la de letrada y la de monja. Pero lo cierto es que desde un principio la situación no auguraba un desenlace feliz.

Cuando sor Juana tenía aún muchas dudas sobre hacerse monja (Calleja incluso habla de miedo)[625], Núñez se le acercó, la presionó, terminó por convencerla y le advirtió que debía «esconder [sus] talentos»[626]. La joven aceptó, quizá por la confianza que le tenía al admirado jesuita, y resolvió «dejar en su mundo su inclinación a la sabiduría humana y, en cada libro, degollarle a Dios un Isaac»[627], es decir, se comprometió a dejar de estudiar en cuanto cruzase la puerta del convento. Sin embargo, después de profesar, fue incapaz de cumplir su promesa; retomó los estudios y, con el tiempo, convirtió el locutorio en una academia y su celda en una biblioteca. Sor Juana reveló las razones de su fracaso con elocuentes palabras; convencida, en un inicio, de que podía dejar a la letrada fuera del convento, terminó por aceptar la imposibilidad de su propósito: «Pensé yo que huía de mí misma, pero ¡miserable de mí! trájeme a mí conmigo y traje mi mayor enemigo en esta inclinación [a estudiar]»[628]. En 1691, tras leer y releer la carta de Fernández de Santa Cruz, se vio obligada a admitir que su conflicto de 1669 seguía aún vigente. La monja no se había podido deshacer de la letrada.

Hay muchos poemas donde sor Juana simbólicamente expresa esta disyuntiva que la atormentó. Así, por ejemplo, en los sonetos de «encontradas correspondencias», a los que ya me he referido, el esquivo Fabio (casi homófono de *sabio)* bien podría ejemplificar su deseo de dedicarse a las letras humanas, mientras que el aborrecido Silvio representaría su rechazo a las cosas del estado religioso repugnantes a su forma de ser, que enumeró detalladamente para Fernández de Santa Cruz[629]. Pero, y esto es muy importante, la afirmación es intercambiable: tras las constantes amonestaciones de Núñez y otros (y también de sí misma contra ella, pues anhelaba cierta paz interior), el aborrecido Silvio también podría representar su gusto por las humanidades y el estudio: «Le he pedido [a Dios] —confesó— que apague la luz de mi entendimiento dejando solo lo que baste para guardar su ley, pues lo demás sobra, según algunos, en una mujer»[630]. Igualmente en uno de sus romances más famosos (núm. 56) sor Juana parece confundir intencionalmente el amor divino con el amor a las letras y viceversa:

Traigo conmigo un cuidado,
y tan esquivo, que creo
que, aunque sé sentirlo tanto,
aun yo misma no lo siento.
Es amor; pero es amor
que faltándole lo ciego,
los ojos que tiene son
para darle más tormento. [...]
Si es lícito, y aun debido
este cariño que tengo,
¿por qué me han de dar castigo
porque pago lo que debo? [...]
Tan precisa es la apetencia
que a ser amados tenemos,
que, aun sabiendo que no sirve,
nunca dejarla sabemos.
Que corresponda a mi amor,
nada añade; mas no puedo,
por más que lo solicito,
dejar yo de apetecerlo. [...]
Bien ha visto quien penetra
lo interior de mis secretos
que yo misma estoy formando
los dolores que padezco;
bien sabe que soy yo misma
verdugo de mis deseos,
pues, muertos entre mis ansias,
tienen sepulcro en mi pecho.

Muero (¿quién lo creerá?) a manos
de la cosa que más quiero,
y el motivo de matarme
es el amor que le tengo.
Así alimentando, triste,
la vida con el veneno,
la misma suerte que vivo,
es la vida con que muero (vv. 1-9, 13-16, 45-52, 57-72).

En la *Respuesta a sor Filotea* había recurrido a la misma imagen para explicar su irreprimible dedicación al estudio y al pensamiento crítico: «No sé determinar si por prenda o castigo me dio el Cielo [esta inclinación], pues de apagarse o embarazarse con tanto ejercicio que la religión tiene, reventaba como pólvora, y se verificaba en mí el *privatio est causa appetitus*»[631]. Aunque quiera y sepa que debe alejarse, no puede, igual que en el poema anterior, donde su mayor deseo es su verdugo. Y en otros poemas (por ejemplo, núm. 99) admite hallarse en un estado de confusión y sentir que su alma está dividida entre la razón (letras) y la pasión (religión)[632]. En una de las cartas que le mandó a Calleja debió de detallarle este irresoluble conflicto, y el jesuita, por la exactitud con que describe los sentimientos de sor Juana, debió de parafrasearla cuando narró su indecisión de meterse religiosa:

> Tomó este acuerdo [de ingresar al convento] la madre Juana Inés a pesar de la contradicción que la hizo el conocer tan entrañada en sí la inclinación vehemente al estudio. Temía que un coro indispensable ni la podía dejar tiempo, ni quitar el ansia, de emplearse toda en los libros; y meter en la religión un deseo estorbado sería llevar por alivio un continuo arrepentimiento, torcedor que a las más vigorosas almas no las deja en toda la vida respirar sino ayes, en especial cuando el deseo reprimido no se aprende por especie de culpa, pues entonces, con lo anchuroso de la permisión, hallan los grandes juicios muy a trasmano la resistencia del deseo[633].

Durante los veintisiete años que vivió sor Juana enclaustrada hubo temporadas en que su paradoja existencial, si no desapareció, por lo menos, estuvo bajo control sin generarle mayores crisis disruptivas. Los años en que gobernaron los virreyes de la Laguna fue un período de relativa calma después de la tormenta por la ruptura con Núñez. Hay que precisar que su conflicto no se derivaba de si era creyente o no; es evidente que fue una católica convencida y una monja que cumplió cabalmente con todas sus obligaciones: acudía al coro, rezaba, ayudaba en la administración del convento y compuso obras religiosas y devotas (en estas últimas, como en los *Ejercicios*, invitó a practicar la disciplina, besar la tierra y usar cilicios). Su incomodidad con el estado de monja estaba relacionada con su incapacidad de adaptarse a la vida comunitaria, a sus compañeras chismosas e ignorantes, a su aislamiento intelectual dentro del convento y al hecho terrible de que todo el tiempo cuestionara gente como Núñez o Fernandéz de Santa Cruz o la priora, que una vez le prohibió estudiar, una parte esencial de su naturaleza, es decir, su deseo por aprender todo lo relacionado al saber humanístico y científico de su época y gozar con la lectura y escritura de versos profanos. Quizá actividades mundanas a los ojos de muchos, pero finalmente, según su sentir, dadas a ella por Dios para su beneficio y salvación. Una mente como la suya no aceptó jamás que otros pensaran por ella. Con la aparición de la *Atenagórica* muchas voces le recordaron que no podía servir a dos amos. La *Respuesta a sor Filotea* fue su tentativa, malograda, según sabemos ahora, para explicar eruditamente a quienes cuestionaban su estilo de vida su paradoja existencial; en dicha carta ella los invitó a aceptar su doble personalidad de letrada y monja. Fue en vano.

Pero si toda su vida ella había sabido defenderse de las mismas reconvenciones, ¿qué fue lo que hizo que tomara una resolución tan radical como la de iniciar un segundo noviciado y retirarse de las letras? Si no fue una conversión por la gracia divina o una censura de parte de algún influyente prelado o una serie de acciones en su contra hasta ahora desconocidas, pienso que su insospechado y rotundo éxito de autora fue lo que en última instancia le provocó una crisis en su identidad de poeta y la orilló a tomar la decisión de cambiar su vida. Me explico. A finales de 1692 sor Juana leyó las muchísimas páginas de elogios a su persona en los preliminares del *Segundo volumen*. Primero debió de asustarse, ya que sabía que tanta celebridad podía aumentar la inquina de gente como Aguiar y Seijas u otros individuos que desde la publicación de la *Atenagórica* podrían tener cuentas pendientes con ella. Segundo, no se reconoció en la persona que esos textos encomiásticos describían. Y, tercero, se sintió abrumada por las expectativas que los panegiristas habían creado; después de semejantes elogios, ¿qué obra tendría que producir para superarse a sí misma?

El primer punto es bastante inteligible conociendo la personalidad de Aguiar y Seijas o del obispo de Puebla, así que no hace falta mayor comentario. Detengámonos en las repercusiones que tuvo para ella percatarse de que sus entusiastas lectores hablaban de una persona que no era ella. Esto seguramente le afectó, pues que sus detractores no entendieran su personalidad era una cosa, pero que tampoco lo hicieran quienes se deleitaban con sus versos era acaso aún más grave. A Núñez en los años ochenta y a Fernández de Santa Cruz en los noventa les había pacientemente aclarado que ella no era una malagradecida para con Dios por consagrarse a las letras humanas y no solo a las divinas; también les había dicho a ambos que solo podría ser sor Juana Inés de la Cruz dedicándose a ambas cosas: los versos no dañan, sino que salvan, fue su divisa. Ni su director espiritual ni el obispo dieron sus argumentos por válidos.

Cuando en 1693 sor Juana leyó el poema del conde de la Granja, quien la alababa y la ponía sobre los cuernos de la luna, se empezó a alarmar[634]:

> Vi vuestro romance, y
> una vez y otras mil visto,
> por mi fe jurada, que
> juzgo que no habla conmigo:
> porque yo bien me conozco,
> y no soy por quien se dijo
> aquello de haber juntado
> milagros y basiliscos. [...]
> Ya os he dicho lo que soy,
> ya he contado lo que he sido;
> no hay más que lo dicho, si
> en algo vale mi dicho.
> Conque se sigue que no
> puedo ser objeto digno
> de los tan mal empleados
> versos, cuanto bien escritos (núm. 50, vv. 45-52 y 133-140).

Como en la *Respuesta a sor Filotea*, sor Juana se convierte en este poema epistolar en el objeto de su propio discurso. A su interlocutor, quien afirma que ella hace del convento un Parnaso (núm. 49 bis, v. 3) y que vive no en San Jerónimo sino en el Buen Retiro (v. 166), le señala, desprovista de falsa modestia, que ella no es esa maravilla que él describe y a quien llama la «archipoetisa» (v. 173), sino algo mucho más complejo. Es cierto que lo hace en un tono jocoso —el mismo que utilizó el conde de la Granja con ella—, pero aun así se percibe su malestar por reducirla a ciertos estereotipos. Aunque sor Juana en ocasiones anteriores ya había reflexionado sobre la forma en que era percibida por los demás, es a partir de este poema que reconoció, como nunca antes, los peligros de la fama y de la pérdida de control sobre la imagen que proyectaba hacia los otros.

La composición, donde culmina su meditación sobre su persona y donde la imagen que ella tiene de sí misma difiere más de la que otros se han formado de ella, es el romance a los elogiadores sevillanos del *Segundo volumen*. Según Castorena, este fue su último poema. Con el romance «¿Cuándo, númenes divinos…?» (núm. 51) la poetisa hace un esfuerzo final por tener voz en el debate en torno a la interpretación de su vida y de su obra. Igual que en su célebre carta al obispo de Puebla recuerda en esta poesía a la pequeña Juana que creció en un medio rural donde no podía satisfacer sus ganas de aprender:

> ¿A una ignorante mujer,
> cuyo estudio no ha pasado
> de ratos, a la precisa
> ocupación mal hurtados;
> a un casi rústico aborto
> de unos estériles campos
> que el nacer en ellos yo
> los hace más agostados;
> a una educación inculta,
> en cuya infancia ocuparon
> las mismas cogitaciones
> el oficio de los ayos,
> se dirigen los elogios
> de los ingenios más claros
> que en púlpitos y en escuelas
> el mundo venera sabios? (vv. 33-48).

La imagen de la niña que nace en una zona marginada del virreinato importa porque en muchas páginas de los elogios del *Segundo volumen* nadie habló, salvo quizá Pedro Ignacio de Arce, de su disciplina y del sacrificio que le costó salir adelante. Lo que la mayoría de esos elogios pretende reflejar es una vida llena de oportunidades. Pero no fue así, les recuerda sor Juana. Para ser lo que ella es tuvo que trabajar y mucho. De ahí que inicie su romance cuestionándolos:

> ¿De dónde a mí tanto elogio?
> ¿De dónde a mí encomio tanto?
> ¿Tanto pudo la distancia
> añadir a mi retrato?
> ¿De qué estatura me hacéis?
> ¿Qué coloso habéis labrado,
> que desconoce la altura
> del original lo bajo?
> No soy yo lo que pensáis,
> si no es que allá me habéis dado
> otro ser en vuestras plumas
> y otro aliento en vuestros labios,
> y diversa de mí misma
> entre vuestras plumas ando,
> no como soy, sino como
> quisisteis imaginarlo (núm. 51, vv. 5-20).

A sus ojos los encarecimientos han distorsionado su retrato y neutralizado su lucha por adquirir conocimiento y por ser, además de una buena monja, poeta de versos profanos, mujer hiperculta en un mundo de hombres y defensora del derecho de la mujer a leer, pensar y escribir. En lugar de encomios ella hubiese preferido una valoración objetiva de su persona y de sus elecciones vitales y de los sacrificios que tuvo que hacer para transformar una situación de marginalidad en una más ventajosa. Poco sabe el mundo a cuánto tuvo que renunciar para alcanzar sus metas y lo que tiene que hacer ahora para preservar el estado de cosas que le permite dar cauce a sus inquietudes intelectuales. Las palabras de los panegiristas hacen ver sus logros como si fuesen solo el resultado del talento. Pero por más que ella cuestiona reiteradamente a las plumas de la Europa —así llama el epígrafe del poema a los 18 eclesiásticos y poetas sevillanos— no halla manera para modificar la imagen que se han formado de ella. Tampoco le debió de agradar el hecho de que su ingenio fuese definido como «varonil», ya que a ojos de sus contemporáneos solo un hombre podía gozar de tanta inteligencia. A más tardar en ese instante sor Juana se dio cuenta de que había dejado de ser para sus lectores una mujer de carne y hueso, con deseos, dudas y defectos, y se había convertido en un mito. Y ese mito era el de la artista perfecta, que sabía todo, que rivalizaba con las plumas de mayor calado de su época y que no cometía ningún error ni tenía incertidumbres ni miedos; en una palabra, que era divina. ¿No había ella hecho todo lo posible en sus escritos para destruir los mitos que se creaban alrededor de su persona? ¿O era ella la culpable de esta situación? En todo caso, lo que confirmó sor Juana a finales de 1692 y principios de 1693 es que la sor Juana *real* había desaparecido para el mundo.

Faltaba lo más grave: si lo que los elogiadores decían era verdad, se hacía imposible volver a tomar la pluma. No había disciplina ni talento humano suficiente para superar las obras publicadas en *Inundación castálida* y el *Segundo volumen*. Esto fue lo que finalmente desató una «crisis poética». Ante ello declara que los elogios son un cenotafio para su poesía y, en consecuencia, para ella, a quien de por sí ya habían enterrado como persona al convertirla en mito:

> Honoríficos sepulcros
> de cadáveres helados,
> a mis conceptos sin alma
> son vuestros encomios altos:
> elegantes panteones,
> en quienes el jaspe y mármol
> regia superflua custodia
> son de polvo inanimado (vv. 93-104).

No sé si sor Juana concibió este poema como su canto de cisne. Pero los datos que conocemos me sugieren que se vio obligada a interrumpir su carrera poética hasta no saber cómo salir avante de los múltiples problemas en que su propio éxito la había metido: los ataques a su persona, la transformación de la niña de Nepantla en mito y la imposibilidad de superar lo escrito hasta ese momento[635].

En resumen, la fama adquirida hizo que sor Juana se hiciera las últimas preguntas sobre su vida y sobre sus deseos más íntimos. Abrumada por su gloria y sin saber exactamente hacia dónde ir como *creadora* entró en crisis su identidad de letrada. Y si a esto se añade que dicha identidad le estaba acarreando demasiados problemas, quizá prefirió tomar distancia de ella y quedarse solo con la de religiosa. Se retiró a su celda, miró dentro sí, dialogó consigo misma y, perfeccionista como era, quiso ser la mejor monja. Una de sus primeras acciones fue llamar a Núñez de regreso. Esto se entiende bien por varias razones: san Jerónimo juzgaba la vida humana como una peligrosa travesía que no debía hacerse sin guía[636] y qué mejor guía que el primer hombre al que ella había confesado el gran dilema de su vida y que en su juventud en el noviciado de Tepozotlán había vencido a sus propios demonios con la ayuda de una exacerbada penitencia[637]. Inició un segundo noviciado, se flageló brutalmente y redactó una serie de textos del fuero eclesiástico que coinciden con lo que siempre se había esperado de ella para ser una monja ejemplar. El último de estos documentos lo firmó en marzo de 1694. No existe ningún testimonio ni documento para iluminar lo que pasó en su fuero interno a partir de esa fecha hasta abril de 1695 cuando falleció. Pero quizá sí se pueda vislumbrar lo sucedido en esos doce meses finales: el inventario de su celda al morir habla de 180 libros y de un cartapacio con quince legajos de versos. De ello deduzco que en algún momento después de marzo de 1694 volvió a tocar a su puerta la otra, aquella que ella creyó dejar fuera del convento, y la dejó entrar. Desconocemos cuál fue el desenlace de este reencuentro consigo misma, con la letrada, su «mayor enemigo», porque la muerte la sorprendió.

Para los habitantes de la Ciudad de México de fines del siglo XVII la muerte de sor Juana se debió a una peste dentro de San Jerónimo. Calleja se hizo eco de esta información: «Entró en el convento una epidemia tan pestilencial, que de diez religiosas que enfermasen, apenas convalecía una»[638]. Los datos sugieren que exageró, aunque es cierto que a principios de 1695 murieron en San Jerónimo siete monjas en solo cuatro meses: el 10 de enero falleció sor María Antonia de San Jacinto; el 18 y el 19 de febrero se registraron los decesos de sor Agustina Juana del Santísimo Sacramento y de sor María Teresa de San Bernardo; un mes después, el 20 de marzo, expiró Ángela del Santísimo Sacramento y el 1 de abril lo hizo Josefa María de San Juan. Ese día sor Juana, aun a salvo de la epidemia, registró de su puño y letra la muerte de su compañera religiosa. Pero pronto se contagió y en un par de semanas sucumbió a la peste. El sacristán de San Jerónimo murió el 26 de abril y sor María Teresa de la Purificación el 30 del mismo mes[639].

Se desconoce la clase de enfermedad que mató a las religiosas, pero se ha especulado que fue o una fiebre pestilencial, a saber, tifus exantemático o tabardillo[640], o cólera[641]. El convento era un lugar propicio para este tipo de contagios por la estrecha convivencia entre las mujeres. Pero en el caso de San Jerónimo diversos factores agravaron la situación. Al lado del convento pasaba una acequia, donde los habitantes de la ciudad vaciaban sus letrinas, y en tiempo de lluvias el agua del canal solía meterse al edificio e inundarlo, creando condiciones insalubres: muchas habitaciones, pero particularmente los sótanos, se tornaban en lugares húmedos, pestilentes y llenos de hongos, provocando en las religiosas constantes enfermedades respiratorias. No ayudaba tampoco el hecho de que las monjas fuesen enterradas intramuros, lo que facilitaba aún más la propagación de las pestes.

Otro factor es un aspecto en el que ya he insistido: sor Juana había tenido desde adolescente una salud sumamente frágil. Abandonó, entre otras cosas, a las carmelitas por una enfermedad, y en 1672 padeció tabardillo del que en aquella ocasión se recuperó. Pero, contrariamente a lo que se pueda pensar, si uno sobrevivía al tabardillo, era más propenso a volverlo a contraer, pues el sistema inmunológico quedaba muy afectado[642]. En ese sentido ella fue mucho más vulnerable que el resto de sus compañeras a la peste. Aunado a ello, está el hecho de que el invierno solía debilitarla bastante. Tanto en los primeros meses de 1691 como de 1692 había estado indispuesta. Y las primeras muertes en el convento por la epidemia ocurrieron en enero y febrero de 1695, cuando precisamente ella solía tener las defensas muy bajas. Otra circunstancia que debió de influir fueron las penitencias y los ayunos a los que se sometió, por lo menos, en los dos últimos años de su vida.

Si, en efecto, ella murió de tabardillo, sus últimos días fueron terribles entre altas fiebres, escalofríos, ardor en el vientre, fuertes dolores en las articulaciones y, en la última fase, incontrolables hemorragias nasales y delirios. El tratamiento consistía en aplicar fomentos con una mezcla de vinagre, nitro, alcanfor y suministrar jarabes. Para mitigar los dolores en las articulaciones los médicos recurrían a trozos de víbora y azafrán en polvo. Y contra los delirios se prescribía agua de cerezas negras o de canela y jarabe de diacodión[643]. La terapia no era muy eficaz. En promedio, después de que los síntomas se manifestaban, los enfermos fallecían a los diez días. De las monjas muertas se incineraban tanto sus prendas personales como su ropa de cama.

Durante la peste, el médico del convento fue asistido por un cirujano, un boticario y las monjas enfermeras. Como San Jerónimo no contaba con una botica propia, las criadas o las esclavas eran las encargadas de salir del convento para comprar los medicamentos. Siempre que una monja se enfermaba la priora asignaba a otra para que la cuidara[644]. Las contagiadas eran atendidas en la enfermería, situada en la parte superior del edificio a resguardo de las inundaciones que asolaban las partes bajas. Pero a algunas religiosas se les autorizaba a permanecer en sus celdas y ahí eran cuidadas por sus compañeras y sus criadas.

Además de asistencia médica, sor Juana recibió la espiritual. Llamó a su confesor que para entonces ya no era el padre Núñez, pues había muerto dos meses antes. Recibió la absolución y los santos óleos. No se sabe si murió en su celda o en la enfermería. La descripción más detallada de sus momentos finales, hecha en 1700, pertenece a Calleja:

> Enfermó, al fin; y al punto que se reconoció su peligro, se llenó convento y ciudad de plegarias y víctimas por su salud. Solo ella estaba conforme con la esperanza de su muerte, que todos temían; las medicinas fueron muy continuadas y penosas, conque las sufría la madre Juana como elegidas, y que no innovaban el estilo, por penosas y continuadas, a sus penitencias. Recibió muy a punto los sacramentos con su celo catolicísimo, y en el de la Eucaristía mostró confianza de gran ternura, despidiéndose de su Esposo a más ver y presto. El rigor de la enfermedad, que bastó a quitarla la vida, no la pudo causar la turbación más leve en el entendimiento y, como amigo fiel, la hizo compañía hasta los últimos suspiros, que, recibida la extremaunción, arrojaba ya fríos y tardos, menos en las jaculatorias a Cristo y su bendita Madre, que no los apartaba ni de su mano ni de su boca[645].

El jesuita pintó una muerte ejemplar. También lo hicieron Oviedo en 1702 y Miguel de Torres, biógrafo de Fernández de Santa Cruz, en 1716[646]. Aguiar y Seijas, no obstante, fue el primero en consolidar la imagen devota de la monja cuando mandó a imprimir a pocos días de su muerte una segunda *Protesta de la fe* de sor Juana[647].

Sin embargo, otros personajes de la época no vinculados a la Iglesia destacaron en la muerte de sor Juana su calidad de poeta y no mencionaron siquiera una mudanza de vida por motivos religiosos. El cronista mejor informado de aquellos años, Antonio Robles, apuntó:

> Domingo 17, murió a las tres de la mañana en el convento de San Jerónimo, la madre Juana Inés de la Cruz, insigne mujer en todas facultades y admirable poeta. De una peste han muerto hasta seis religiosas. Imprimiéronse en España dos tomos de sus obras y en esta ciudad muchos villancicos. Asistió todo el cabildo en la iglesia, y la enterró el canónigo doctor don Francisco de Aguilar[648].

Rivera, otro atento testigo de su tiempo, subrayó aún más su personalidad de creadora de la lengua: «Murió [...] la madre sor Juana Inés de la Cruz, conocida por "la poetisa de México" y altamente celebrada en la Europa por sus composiciones métricas»[649]. No es un detalle menor que Rivera señale que sor Juana fue muy celebrada en el extranjero, pero no en su propia patria. Y la misma condesa de Paredes, María Luisa, hizo en 1700 unas décimas acrósticas en las que celebró a la poetisa e intelectual *Juana Inés* con su nombre seglar y jamás aludió a cambio de vida alguno[650].

En el folio 174 del *Libro de profesiones* del convento de San Jerónimo escribió sor Juana de su puño y letra su epitafio:

> Aquí arriba se ha de anotar el día de mi muerte, mes y año. Suplico, por amor de Dios y de su Purísima Madre, a mis amadas hermanas las religiosas que son y en lo de adelante fueren, me encomienden a Dios, que he sido y soy la peor que ha habido. A todas pido perdón por amor de Dios y de su Madre. Yo, la peor del mundo. JUANA INÉS DE LA CRUZ[651].

El Siglo de Oro español llegaba a su fin y por un momento pareció que la literatura hispánica también.

En su «Testamento y renuncia de bienes» sor Juana manifestó su deseo de «ser sepultada en la parte y lugar que se acostumbra sepultar a las religiosas profesas que lo han sido de este [...] convento»[652]. Ese lugar era el coro bajo del templo de San Jerónimo. Han existido varios intentos por reconstruir el ritual funerario a partir de ceremoniales de la época[653]. Aunque es difícil saber cuál fue el que se utilizó, sí es posible obtener una idea general de cómo ocurrió la ceremonia luctuosa. Su cadáver fue velado en su celda o en la capilla doméstica. Posteriormente, lo llevaron en procesión al coro bajo de la iglesia, donde ya lo aguardaba el cabildo eclesiástico para la misa de réquiem a cargo del canónigo Francisco de Aguilar. Durante esta misa debió de decir Carlos de Sigüenza y Góngora una oración fúnebre, hoy perdida. Los presentes imploraron por el perdón de los pecados de la monja y a continuación entonaron la letanía. Después de rociar con agua bendita e incensar tres veces el cadáver y la tumba, el ataúd fue colocado en el sepulcro. Finalmente el canónigo, según el manual, debió de decir: «A ti, Señor, encomendamos el alma de tu sierva Juana Inés de la Cruz, que ya ha muerto para el siglo, pero que [es] viva para ti; ya que por la fragilidad humana cometió pecado, límpiala por tu misericordiosísima piedad. Por Cristo Señor Nuestro. Así sea». Para concluir, el sacerdote dijo: «Descanse en paz» y los cantores respondieron: «Así sea». El cabildo eclesiástico y las monjas se retiraron y Francisco de Aguilar recitó en voz baja el salmo *De profundis*.

En 1978 se halló en el coro bajo de la iglesia de San Jerónimo un ataúd con características distintas a los otros veintiséis que allí se habían encontrado. Era de ébano, con filetes dorados y adornos con tachones metálicos. El cadáver dentro del féretro no había sido amortajado ni coronado de flores, sino inhumado con hábito de gala. Además contaba con un rosario y un medallón de carey con la imagen de la Anunciación muy parecido al que se observa en los retratos de Cabrera y Miranda. Esto, y varios estudios antropofísicos, llevó a los arqueólogos a declarar que se habían hallado los restos de la célebre monja. Los estudios de la osamenta —casi completa, solo sin algunos huesos en pies, manos y vértebras— arrojaron que se trataba de una mujer que falleció entre treinta y ocho y cuarenta y ocho años y que midió entre 1,53 y 1,58 centímetros. Recientemente se intentó cotejar el ADN de la osamenta con el material genético de los descendientes de la familia Ramírez, pero la autenticidad no pudo ser corroborada. Pese a estas dudas, los restos hallados en 1978 volvieron a ser colocados en abril de 2015, en el 320 aniversario luctuoso de sor Juana, en el mismo sitio donde ella pidió ser enterrada. Atrás de una vitrina se observa hoy el ataúd sobre el que se colocó el holgado rosario de 2,80 metros de largo y 280 cuentas[654].

A la muerte de sor Juana el bachiller Lorenzo González de la Sancha compiló una serie de textos en su honor que agrupó bajo el hiperbólico título de *Exequias mitológicas, llantos piérides, coronación apolínea en la fama póstuma de la singular poetisa*. Entre los distintos colaboradores se hallaron el bachiller Martín de Olivas, el antiguo maestro de latín de sor Juana, José Miguel de Torres, esposo de Inés Ruiz Lozano, media hermana de la monja, y probablemente Juan Antonio de Oviedo. El plan de González de la Sancha consistía en publicar el homenaje junto con la oración fúnebre de Carlos de Sigüenza y Góngora, pero este anhelo no se materializó por falta de recursos. En cambio, una selección de estos poemas apareció en la sección final de *Fama y obras póstumas* (1700) bajo el título de *Elogios y llantos de los ingenios de la imperial Ciudad de México a la poetisa en su muerte*.

La historia de la *Fama* había comenzado cinco años antes con la muerte de la monja. Juan Ignacio de Castorena y Ursúa se había dedicado de 1695 a 1697 a solicitar a amigos y conocidos que tuviesen manuscritos inéditos o desconocidos de la monja que se los entregasen. Por qué Castorena se sintió con derecho de ser el editor de la obra póstuma de la monja, es incierto. Se conocían y sor Juana estaba agradecida con él por el escrito que él había redactado en su defensa muy probablemente durante la polémica en torno a la *Atenagórica* (núm. 112), pero no hay otros datos que los vinculen. Por otra parte, Castorena no parece haber estado bien informado de las actividades de la poetisa en sus últimos años, pues nunca se enteró de que sor Juana había enviado a Portugal sus *Enigmas*.

Cuando Castorena se marchó en 1697 a España con veintinueve años, dedicó un año a doctorarse en Teología en la Universidad de Ávila y después se trasladó a Madrid para hallar un impresor para la obra. Consideró prudente que junto con los manuscritos que había reunido pacientemente aparecieran las opiniones de varios peninsulares en torno a la vida y obra de sor Juana. Reclutó para ello a un número importante de poetas, nobles y eclesiásticos, entre quienes destacaban Diego Calleja y la antigua virreina María Luisa[655]. Los escritos de sor Juana incluidos en la *Fama* son la *Respuesta a sor Filotea*, los *Ejercicios devotos* y los *Ofrecimientos* —escritos en los años ochenta—, una *Protesta de la Fe*, su *Docta explicación del misterio y voto que hizo de defender la Purísima Concepción de Nuestra Señora* y su *Petición causídica*; también se incorporaron al libro tres romances místicos (núms. 56-58), los poemas en que responde a Sebastián de Navarrete y al conde de la Granja, el romance gratulatorio a las plumas de Europa en gratitud por los elogios aparecidos en el *Segundo volumen*, dos sonetos religiosos (núms. 208 y 210) y unas décimas para Castorena.

El editor, no obstante, fue incapaz de conseguir otras obras inéditas de la monja que sabía que existían: unas décimas en honor a Carlos II, unas *Súmulas*, el *Equilibrio moral*, otro escrito sobre las finezas de Cristo y una comedia, que estaba en manos de Francisco de las Heras, secretario de los virreyes de la Laguna[656]. La razón fue que quienes poseían dichos textos llanamente se negaron a entregárselos. Fue el caso de Sigüenza y Góngora que no le dio ni las *Súmulas*, cuyo manuscrito él celosamente guardaba, ni su *Oración fúnebre*. El motivo de este desaire hacia Castorena no ha sido elucidado en su totalidad, pero bien pudo ser que varios novohispanos no lo consideraban la persona más adecuada para esta empresa. Esto disgustó bastante a Castorena y es probable que por eso no incluyera todos los textos elegiacos con los que contaba en la sección mexicana de la *Fama* y se limitase solo a una selección[657]. Fue su pequeña venganza. Con seguridad se perdieron muchas otras composiciones de sor Juana, de creer a las monjas que mandaron a hacer su retrato en 1713[658].

Los dos textos más valiosos de los preliminares son obra de Calleja. A guisa de «Aprobación» escribió una breve biografía de sor Juana que ha sido el punto de partida de todos los interesados en su vida. Además hizo una conmovedora elegía. En un libro donde hay 18 poemas fúnebres de mexicanos parece que el que sintió más aquella pérdida fue el español Calleja que nunca vio a sor Juana en persona. Los paisanos de la monja se limitaron a admirarla y a hablar de la sabia mujer, pero es Calleja quien llora a la amiga:

> Mas ¡ay!, pródiga suerte, de mezquina,
> que das un bien y al doble te le llevas,
> y solo en falsedades eres fina;
> villana, que a ti misma te repruebas,
> ¿qué te dieron por no esperar mi muerte,
> para venir con tan amargas nuevas?
> ¡Que murió Juana Inés! ¡Oh golpe fuerte!
> No te entiendo, no sé, no determino
> cómo te siento. ¿Si llegué a creerte?
> Mas no lo creo, porque ¿qué destino
> se quitó la vergüenza de la cara
> para intentar un hecho tan maligno? (vv. 145-156).

En recuerdo del deseo que ambos tuvieron de conocerse personalmente algún día, Calleja, aturdido por la muerte de su amiga, solo halla un vano consuelo en la esperanza de reunirse con ella lo más pronto posible en el más allá.[659]. Su muerte, sin embargo, tardó en llegar. En 1725, año en que se publicaron por primera y única vez juntos los tres tomos de las *Obras* de sor Juana, Calleja residía aún en el convento de Navalcarnero, cerca de Madrid. Tenía ochenta y siete años[660].

Figura sin duda paradójica, única entre todas las religiosas y letrados del virreinato, sor Juana encarnó en su siglo la libertad intelectual y una forma extraordinaria de ser mujer. Quizá cuando aparezca su epistolario o cuando se ubiquen los originales de sus manuscritos, que según Castorena yacían depositados en El Escorial[661], se entienda a cabalidad lo que sucedió en sus años finales. Por lo pronto, lo más conveniente es ceñirse a sus propias palabras, pues nadie mejor que ella supo lo que significó ser sor Juana Inés de la Cruz: «[a] estudiar [...] Dios me inclinó [...], y no me pareció que era contra su ley santísima ni contra su obligación de mi estado. Yo tengo este genio. Si es malo, yo me hice. Nací con él y con él he de morir»[662].

NOTAS

[1] Ramírez España (1947: xvi) y Méndez Plancarte (1951: xxvii) afirman que el apellido de la familia materna fue Çantillana y lo transcriben como *Santillana*. Sin embargo, Calleja («Aprobación», pág. 240) sostiene que el segundo apellido de la madre de Juana Inés fue *Cantillana* y existe un documento que lo corrobora (Ramírez España, 1947: 83-84). Para una discusión del tema, ver Alatorre (2006: 104).

[2] Sus fechas de nacimiento se desconocen. Los datos más recientes sobre los abuelos maternos de sor Juana son aportados por Schmidhuber de la Mora y Peña Doria (2016: 64-69) y Poot Herrera (2016). Estos investigadores han dado a conocer varios documentos que complementan la genealogía de sor Juana, aunque en algunos puntos la información que brindan no coincide una con otra. Schmidhuber de la Mora y Peña Doria (2016: 64) refieren una probanza de limpieza de sangre de Joseph Cornejo Ramírez, primo de sor Juana, fechada el 20 de noviembre de 1676: «Inés Ramírez, mi madre, fue hija legítima de Pedro Ramírez, natural de la ciudad de Sanlúcar de Barrameda de los Reinos de Castilla, y de Beatriz Ramírez, su legítima mujer, natural así mismo de la susodicha ciudad de Sanlúcar, y que el dicho Pedro Ramírez, mi abuelo materno, fue hijo legítimo de Diego Ramírez y de Inés de Brenes, su legítima mujer, naturales ambos de dicha ciudad de Sanlúcar. Y de que la otra Beatriz Ramírez, mi abuela materna, fue hija legítima de Melchor de los Reyes y de Isabel Ramírez». Poot Herrera (2016) refiere la solicitud de Juan de Caballero, esposo de una prima de sor Juana, para cumplir con el oficio de barbero de la Inquisición: «María Ramírez, mujer de Juan de Mata, madre de dicha Isabel Ramírez de Mata, vecina de la Ciudad de México, fue hija legítima de Pedro Ramírez y de Beatriz Ramírez, su legítima mujer, vecinos que fueron de la provincia de Chalco, del arzobispado de México, donde se casaron y velaron y tuvieron por su hija legítima a dicha María Ramírez. Fueron naturales de los reinos de España. Pedro Ramírez, natural de San Lúcar de Barrameda, y Beatriz Ramírez, su mujer, natural de Urgel [Véjer], junto a Cádiz, hija legítima de Pedro Sánchez y de Isabel Ramírez, su mujer legítima. El bisabuelo por parte de abuelo de Isabel Ramírez de Mata se llamó Diego Ramírez, que fue casado y velado en dicho lugar de San Lúcar de Barrameda. No se acuerda cómo se llamó su bisabuela. Y dicha genealogía y noticias es cierta y verdadera, según que las he tenido y que yo y la dicha mi mujer y mis padres y abuelos ni demás ascendientes hayan sido expósitos ni de padres inciertos. Y así lo juro a Dios y a la Cruz. México y abril treinta de mil y seiscientos y sesenta y nueve años. Mro Juan Caballero [firma]».

[3] La antigua ermita ha desaparecido; sobre el terreno que ocupó, se edificó la parroquia de Nuestra Señora de los Ángeles y San Sebastián en 1961 (Schmidhuber de la Mora y Peña Doria, 2016: 66).

[4] Ver nota 2 para los documentos en que el padre de doña Beatriz es citado con dos nombres distintos. Por cierto, un Melchor de los Reyes aparece como testigo en el testamento de don Pedro Ramírez Cantillana (Ramírez España, 1947: 10). De ser este el padre de doña Beatriz, entonces se podría afirmar que Juana Inés conoció a su bisabuelo.

[5] En la carta de dote entre doña Beatriz y don Pedro se vuelve a afirmar que ella es hija de Melchor de los Reyes y de Isabel Ramírez; asimismo se desprende de la misma que Melchor de los Reyes entregó la dote a don Pedro personalmente (Schmidhuber de la Mora y Peña Doria, 2016: 68). Que los padres de doña Beatriz estuvieran también en México y que tuvieran una holgada posición económica abre la posibilidad de que, tal vez, la familia de doña Beatriz hubiese emigrado unos años antes y que don Pedro haya conocido a Beatriz tras su arribo al Nuevo Mundo y no en España. Sobre este último punto, ver nota 7.

[6] Para una relación jocosa de las condiciones insalubres que prevalecían en estos barcos, ver la *Carta al licenciado Miranda de Ron* del madrileño Eugenio de Salazar, que cruzó el Atlántico en los años setenta del siglo XVI.

[7] Mena García, 1998: 409-417.

[8] Todos los estudiosos de la vida de sor Juana han sostenido que los abuelos maternos llegaron juntos de España y me he sumado a esta versión, pero sin estar absolutamente convencido. En primer lugar, parece extraño que hayan decidido embarcarse a una aventura tan grande como lo era cruzar el Atlántico sin contraer matrimonio antes. Paz (1994: 100) sostiene que doña Beatriz y don Pedro se embarcaron en Sanlúcar de Barrameda y afirma que ello se deduce de sus testamentos, pero lo cierto es que apenas en el 2017 se localizó el testamento de ella y en él no se menciona el puerto de dónde partió hacia América (Schmidhuber de la Mora y Peña Doria, en prensa).

[9] La advertencia reza a la letra: «Y para que en dicho tiempo conste el derecho de mi dote y de los bienes que al presente tiene y posee y adelante tuviere el susodicho mi marido está expuesto a la paga y satisfacción de susodicha dote, y el susodicho mi marido no los pueda disipar» (Schmidhuber de la Mora y Peña Doria, 2016: 66). Entre los bienes de la dote destaca «una cama de madera con colgadura de China» con valor de 300 pesos, «una saya y ropa de azabache de Castilla guarnecida de bobos de terciopelo» valuada en 200 pesos y «una alfombra de Alcaraz con cuatro cojines» de 150 pesos. De menos valor son «cuatro sillas de espaldar» (20 pesos) o «cuatro sortijas de oro con diferentes piedras» (40 pesos) (Schmidhuber de la Mora y Peña Doria, 2016: 67-69). Los esclavos eran originarios del Congo y Angola; había también, entre ellos, una mulata. Juana Inés conoció a varios de sus descendientes, lo que muestra que entre amos y esclavos se formaban vínculos a través de varias generaciones.

[10] Para todos los datos biográficos de don Pedro me remito a su testamento (Ramírez España, 1947: 3-11).

[11] En su testamento menciona, por ejemplo, al principal del pueblo de Amecameca y al alguacil mayor de la provincia donde vivió; con ambos estaba en tratos comerciales (Ramírez España, 1947: 4-5).

[12] En las apostillas marginales del único libro que se conserva de su biblioteca comenta haber estado en Tlaxcala (Abreu Gómez, 1934: 338).

[13] Soriano Vallès (2010: 61) apunta además que el conde de Peñalva tenía un ingenio cerca de las haciendas de don Pedro. Fue alcalde de Puebla en 1649 y gobernador de Yucatán al año siguiente.

[14] En julio de 1648 aún vivía Inés, pues bautizó a su hijo Marcos. Sin embargo, para 1652 Alonso Cornejo, su viudo, ya se encontraba casado con Francisca Rodríguez, con quien ese mismo año tuvo una hija, Micaela (Schmidhuber de la Mora y Peña Doria, 2016: 71-72).

[15] En 1636 visitaron a su hija María en la Ciudad de México para fungir como padrinos en el bautismo de su primogénito (Schmidhuber de la Mora y Peña Doria, 2016: 74). Y seguramente fueron padrinos de más nietos suyos, pero aún no se han hallado todas las actas de bautismo para demostrarlo.

[16] Schmidhuber de la Mora y Peña Doria, 2016: 58 y 72. María Ramírez, la tía con quien vivió sor Juana en la Ciudad de México, fue madrina en 1652 de Micaela Cornejo, cuya madre fue Francisca Rodríguez.

[17] Quienes ya se habían casado eran Inés (fallecida años antes), María, Beatriz, Blas y Diego.

[18] De todos los hijos del matrimonio solo de Beatriz se conoce su fecha precisa de nacimiento: 1633, casi veinte años después del matrimonio de sus padres (Schmidhuber de la Mora y Peña Doria, 2016: 57). María nació en los años en que sus padres habitaron en Huichapan (entre 1614 y tal vez finales de esa década). Del resto no se pueden precisar sus fechas de nacimiento.

[19] En su testamento afirma don Pedro Ramírez que en su casa hay «un bufete de caoba y dos cajas grandes de La Habana y cuatro cuadros y cuatro sillas de espaldar y dos petacas de vaqueta, herradas, con sus llaves» que legó el padrino de Isabel a ella (Ramírez España, 1947: 8). Se desconoce el nombre del padrino.

[20] En su testamento leemos que «no firmó porque dijo no saber escribir» (Ramírez España, 1947: 19). Hay otro documento, donde también declara ser analfabeta (Cervantes, 1949: 19).

[21] Schmidhuber de la Mora y Peña Doria, 2016: 36: «Cabe puntualizar que de los hermanos y hermanas de doña Isabel, todos estaban casados eclesiásticamente, así que parece ser la única que tuvo hijos naturales».

[22] En su testamento Isabel Ramírez afirma que las tres fueron hijas del mismo padre, Pedro de Asuaje, pero hay datos para sospechar que Josefa María fue procreada con otro hombre. En el acta de matrimonio de esta con José Sánchez de Paredes del año 1664 se menciona como padre de la novia a Cristóbal de Vargas. Para Schmidhuber de la Mora y Peña Doria (2016: 60) se trata de una distracción del escribano, pero en las amonestaciones matrimoniales, hechas en 1662, también se registra la misma información. El dato fue dado a conocer por Vallejo (Terrazas, 1995).

[23] Hasta hace poco no se contaba con ningún dato biográfico relacionado con Pedro de Asuaje; Schmidhuber de la Mora y Peña Doria (2016: 17-27) han descubierto nueva información sobre él y su familia que parece fiable, pero que aún debe ser valorada en su totalidad para despejar algunas dudas. Por ejemplo, ¿el Pedro de Asuaje del que hablan no sería tal vez el abuelo paterno y no el padre de Juana Inés, dada la edad en que se supone conoció a doña Isabel?

[24] Gonzalbo Aizpuru, 1998a: 155-183.

[25] Ramírez España, 1947: 16.

[26] Ramírez España, 1947: 22.
[27] La fecha de nacimiento de las niñas se deduce de una solicitud de ambas, presentada en 1672 para ingresar al convento de San Jerónimo, en la que se indica que ese año Antonia tenía catorce e Inés trece años (Cervantes, 1949: 20). Schmidhuber de la Mora y Peña Doria (en prensa) piensan haber hallado las actas de bautismo de Antonia y de Diego, pero los datos aún deben ser corroborados. La fe de bautismo de la primera sería del 28 de julio de 1657 y del segundo del 15 de noviembre de 1660, lo que convertiría a Diego en el menor.
[28] Ramírez España, 1947: 28.
[29] No se puede precisar la fecha del préstamo. Don Pedro, por lo demás, parece haber confiado en las parejas de sus hijas: a su yerno Juan González, esposo de Beatriz, lo nombró su albacea junto a su esposa, doña Beatriz.
[30] Ramírez España, 1947: 26.
[31] Cervantes, 1949: 20.
[32] Cuando murió Isabel, le debía aún a Ruiz Lozano 33 pesos (Ramírez España, 1947: 15).
[33] Isabel murió el 3 de enero de 1688 en la Ciudad de México (Ramírez España, 1947: 57). La madre de Juana Inés venía mostrado una merma de su salud desde principios de 1687 cuando enfermó gravemente y decidió testar; por esos días aún residía en Panoayan. Aunque se recuperó en esa ocasión, un año más tarde falleció. La fecha exacta de la muerte de Ruiz Lozano no se conoce, pero su viuda hizo carta de testamento por él el 3 de enero de 1688 (Ramírez España, 1947: 22-25).
[34] Ramírez España, 1947: 13.
[35] Calleja («Aprobación», pág. 139) afirma que nació en «una bien capaz alquería, muy conocida con el título de San Miguel de Nepantla». En su testamento la jerónima sostiene ser «natural de la provincia de Chalco» (Cervantes, 1949: 16) y Nepantla pertenecía en aquella época a dicha provincia, pero también pertenecía Amecameca, donde se encontraba la hacienda de Panoayan. Para ella este último sitio fue como su verdadero hogar, pues en una ocasión afirmó ser «de *Meca*» (núm. 159, v. 14). Tal vez dicha declaración es lo que provocó que en un mapa de 1770, donde aparece la hacienda de Panoayan, se diga que ahí nació sor Juana (Abreu Gómez, 1938a: 8), pero esto solo muestra los pocos datos fiables que había de la monja a menos de ochenta años de muerta.
[36] Según Calleja (Aprobación», pág. 239), «nació la madre Juana Inés el año de mil seiscientos cincuenta y uno, el día doce de noviembre, viernes, a las once de la noche», pero el 12 de noviembre de aquel año fue jueves. Asimismo, erró Calleja cuando dijo que sor Juana tenía cuarenta y cuatro años al morir, pues si, en efecto, había nacido en 1651, como él sostiene, debía de tener cuarenta y tres. Estas inconsistencias han generado dudas en torno a la información de Calleja. En *Fama y obras póstumas* (1700), mismo libro en que Calleja publica su biografía de sor Juana, Jacinto Muñoz afirma que sor Juana murió de cuarenta y cinco años (Alatorre, 2007: 71), lo que deja ver la confusión que había ya en aquellos años sobre su edad. Por su parte, la fe de bautismo, hallada en 1948, dice a la letra: «En dos de diciembre de 648 años baptizé a Inés, hija de la Iglesia. Fueron sus padrinos Miguel Ramírez y Beatriz Ramírez. —*Fr. P° de Monasterio*» (Salceda, 1952a: 7). A favor de que esta sea el acta de bautismo de nuestra Juana Inés se arguye que se habla de una hija ilegítima (Isabel confirma en su testamento que todos sus hijos con Pedro de Asuaje fueron concebidos fuera del matrimo-

nio) y que, además, los padrinos son hermanos de Isabel (en los casos de hijos ilegítimos no se anotaban los nombres de los padres, sino solo los de los padrinos). Schmidhuber de la Mora y Peña Doria (2016: 35-39) creen haber localizado dos actas de bautismo correspondientes a las hermanas de Juana Inés que probarían que esta nació en 1648, pero los investigadores presentan con cautela esta información y subrayan que es a título de hipótesis de investigación. Sin embargo, nadie ha explicado satisfactoriamente por qué en dicha acta solo aparece el nombre de *Inés* y no el de *Juana* o el compuesto *Juana Inés*; ella solía nombrarse *Juana* y su madre también la llamaba así (Ramírez España, 1947: 20). A favor de la fecha de 1651 han argüido Sabat de Rivers (2001) y Soriano Vallès (2010: 51-56), entre otros. Y tal vez no les falte razón, pues María Luisa, condesa de Paredes y amiga íntima de sor Juana, declaró que Juana Inés llegó a la corte de 14 años (Calvo y Colombi, 2015: 178); su arribo a la corte de los Mancera se dio a finales de 1665 o, más probablemente, a principios de 1666, lo que corroboraría 1651 como su fecha de nacimiento. Sabat de Rivers (2001: 134) incluso piensa que adoptó el nombre de *Inés* hasta ingresar al convento. En cambio, otros estudiosos consideran que el acta de bautismo hallada en 1948 aporta un dato definitivo (Salceda, 1952a; Alatorre, 2006: 104, n. 3; Paz, 1994: 98). Como es de suponer, optar por una fecha u otra tiene repercusiones importantes para la atormentada cronología de las primeras décadas de Juana Inés.

37 En su testamento dice Isabel que tuvo por «hijos naturales a doña Josefa María y a doña María de Asuaje y a la madre Juana de la Cruz» (Ramírez España, 1947: 17).

38 Para el primer documento, ver Schmidhuber de la Mora (2008: 92); para el segundo, Schmidhuber de la Mora (2013: 199).

39 Ramírez España, 1947: xxii; Schmidhuber de la Mora, 2013: 28.

40 Aunque debe considerarse que Isabel en 1669, al donarle una mulata a sor Juana un día después de su profesión, la llamó «mi hija legítima» (Cervantes, 1949: 18).

41 Para la declaración de 1667 donde lo llama solo «Pedro de Asuaje», ver Schmidhuber de la Mora (2008: 92). En 1669 se refiere dos veces en días consecutivos a su padre. En su «Testamento y renuncia de bienes» lo nombra «Pedro de Asuaje y Vargas» y lo declara difunto (Cervantes, 1949: 16). Un día después, al escribir su profesión en el *Libro de profesiones* del convento de San Jerónimo, afirma que su progenitor se llamó «Pedro de Asuaje Vargas y Machuca» (Schmidhuber de la Mora, 2013: 199). Obsérvese cómo sor Juana cada vez ofreció mayores detalles en lo que respecta a los apellidos de su padre, tal vez con la finalidad de mostrar algún vínculo con la nobleza. Para el documento en que Isabel Ramírez se declara viuda de Pedro de Asuaje y Vargas (ella nunca utiliza el *Machuca),* ver Cervantes (1949: 16). En una declaración de 1719 de José Diego de Torres, hijo de Inés Ruiz y sobrino de sor Juana, se lee otra variante del nombre del padre: Pedro Manuel de Asuaje (Ramírez España, 1947: 72). También se refirió a él con este nombre Calleja («Aprobación», pág. 239), aunque él escribe *Asbaje.*

42 Para Paz (1994: 110), quien subraya que no hay ningún documento que pruebe la muerte de Asuaje por esas fechas, podría tratarse de una muerte simbólica, que le permitió a la familia dejar atrás sus vínculos con este personaje.

43 En su protobiografía, el padre Calleja («Aprobación», pág. 239) señala que Asuaje era «natural de la villa de Vergara, en la provincia de Guipúzcoa». La información solo podía habérsela dado sor Juana.

[44] Para Paz (1994: 98) y Soriano Vallès (2010: 50) las declaraciones de sor Juana son una muestra de que, sin duda alguna, su padre fue vizcaíno. Sin embargo, ya Schons (2006: 153) había advertido desde 1934, tras su visita a Vergara, lo siguiente: «Hice buscar en los registros parroquiales el nombre de Asbaje. Nada. Los naturales del pueblo me dijeron que aquel nombre no parecía vasco, que nunca lo habían oído, y que el padre Calleja seguramente se había equivocado»; Ricard (1960), quien estaba convencido por las palabras de sor Juana de que Asuaje era vizcaíno, halló, no obstante, vínculos entre el apellido *Asuaje* y las Islas Canarias.

[45] Bénassy-Berling, 2010a: 178.

[46] Sabat de Rivers, 2001: 133; Schmidhuber de la Mora y Peña Doria, 2016: 39.

[47] Independientemente de si el acta de 1648 corresponde a sor Juana o no, el folio completo donde se encuentra brinda sugerentes datos sobre la población de la región: hay muy pocos nacimientos de infantes registrados como criollos o españoles y una gran cantidad registrados como indígenas; asimismo se hallan algunas partidas de bautismo escritas en náhuatl (Schmidhuber de la Mora y Peña Doria, 2016: 37).

[48] Cuando falleció don Pedro, Francisca tenía dos hijas y dos hijos: María (ocho años), Beatriz (seis años), Matías (cuatro años) y José (un año) (Ramírez España, 1947: 8).

[49] En la loa de *El divino Narciso* hace sor Juana una atrevida reflexión sobre los sacrificios humanos de los aztecas y el misterio de la Eucaristía. Incipiente reflexión sobre el náhuatl en la obra de sor Juana en Díaz Cíntora (2005); aborda el asunto con mayor profundidad Baudot (1992), quien recuerda que el náhuatl no solo fue el idioma de la infancia de sor Juana, sino también la lengua más hablada en las calles de la Ciudad de México.

[50] Por ejemplo, los *Villancicos de san Pedro Nolasco* (1677), donde se hallan onomatopeyas de la música negra y una mezcla del náhuatl con el castellano.

[51] Cervantes, 1949: 18-19.

[52] Doña Isabel define a sor Juana, un día después de profesar en 1669, como una «hija humilde, virtuosa y muy obediente» (Cervantes, 1949: 18).

[53] Cuenta sor Juana que calló ante su madre todo este suceso hasta después de saber leer «creyendo que me azotarían por haberlo hecho sin orden» (Sor Juana Inés de la Cruz, *Respuesta a sor Filotea*, pág. 445), indicio claro de que ya anteriormente había sido golpeada y sabía lo que le esperaba.

[54] Sor Juana Inés de la Cruz, *Carta al P. Núñez*, pág. 624.

[55] Sor Juana Inés de la Cruz, *Respuesta a sor Filotea*, pág. 445.

[56] La noticia nos llegó a través de Calleja («Aprobación», pág. 240). La loa bilingüe, en español y en náhuatl, descubierta por Vallejo de Villa (2001a y 2001b) no es atribuible a sor Juana como han demostrado Poot Herrera (2005) y Soriano Vallès (2010: 65-82).

[57] Sor Juana Inés de la Cruz, *Respuesta a sor Filotea*, pág. 446. Considerando el contexto en que se generaron estas palabras, podría argüirse que sor Juana le dice a Manuel Fernández de Santa Cruz (sor Filotea) que, si desde niña nadie pudo contener su deseo de aprender, menos se lo podían impedir en edad adulta. Calleja («Aprobación», pág. 241), que al parecer no estuvo bien informado sobre la identidad y personalidad del abuelo de sor Juana, presenta un cuadro distinto, a saber, el de un hombre sin mayor interés en la lectura, pues dice que la niña Juana vivió «con un abuelo suyo, donde cebó su ansia de saber en unos pocos libros que halló en su casa sin más desti-

no que embarazar adornando un bufete, penuria que muchos años padeció, estudiar a merced de los libros que hallaba, fuera de su deseo».

58 Por ejemplo, en una anotación marginal, don Pedro señala que a un verso le costó «buscarle mucha diligencia por una duda en Tlaxcala con el alguacil» y añade, casi eruditamente, la procedencia del verso: Ovidio, *Remedios de amor,* libro segundo (Abreu Gómez, 1934: 338). En el libro de Mirándola aparece de forma manuscrita dos veces el nombre *Ramírez* y una vez la firma autógrafa de sor Juana, lo que sugiere que antes de pertenecer a ella fue de su abuelo. Se observan diversas apostillas marginales de, por lo menos, dos manos. Algunas, por las fechas que mencionan —1646, 1652 y 1654— y por los lugares —Tlaxcala—, apuntan a que fueron del abuelo. También se deduce que no todas las citas referentes a autores clásicos fueron de sor Juana y que varias tuvieron que ser de su abuelo. Hay una nota particularmente íntima: «Así se lo escribí a un compañero mío, convidando a mi mujer a una comedia donde no quiso ir» (Abreu Gómez, 1934: 338). El libro se encuentra en la Biblioteca Nacional de México bajo la signatura E. XXXI 6-10.

59 La nota reza: «A mí me pasa esto hoy puntualmente como por los [*sic*] cuidar y aflicción de ánimo» (Abreu Gómez, 1934: 338).

60 Don Pedro hizo testamento el 15 de enero de 1655 y falleció antes del 31 de ese mismo mes, fecha en que ya se decían misas por su alma. En su testamento indica haber traspasado las tierras a un tal Juan Suárez.

61 Doña Beatriz hizo testamento el 10 de noviembre de 1661. De él se desprende que tenía deudas con Juan de Mata, su yerno rico en cuya casa vivía probablemente por esas fechas Juana Inés, y con Diego Ruiz Lozano, el amante de Isabel (Schmidhuber de la Mora y Peña Doria, en prensa).

62 Cuando doña Isabel dejó la hacienda en manos de su hija María, tenía menos deudas de las que tuvo su padre cuando se la entregó a ella. Don Pedro murió debiendo casi 1.000 pesos, mientras que la deuda de Isabel apenas sobrepasó los 400 pesos, según los testamentos de ambos (Ramírez España, 1949: 3-11 y 12-20). Pero también había en la hacienda menos cabezas de ganado y la producción de grano era mucho menor a la de décadas anteriores.

63 Ramírez España, 1949: 14-16. Es imposible que ella guardara todos esos datos en la memoria, así que alguien la asistió para hacer dichos registros y se los leía cuando venía al caso.

64 Paz, 1994: 123-125. Discrepo de la opinión de Paz, quien sostiene que Juana Inés era un testigo indiscreto de la vida de su madre y una onerosa carga económica.

65 Sor Juana *(Respuesta sor Filotea,* pág. 446) y Calleja («Aprobación», pág. 241) hablan de parientes suyos que vivían en la Ciudad de México, pero jamás mencionan nombres ni apellidos. Sin embargo, los únicos familiares de los que al día de hoy se tiene conocimiento que por esas fechas vivían en la capital y que estaban en condiciones económicas de acoger a otro miembro dentro de su familia eran los Mata. Además, hubo entre los Mata y los Ramírez gran confianza, pues los primeros dieron en varias ocasiones apoyo económico a los segundos. A don Pedro le hizo su yerno Juan de Mata un préstamo de 300 pesos para el avío de la hacienda (Ramírez España, 1949: 5) y José de Mata le prestó dinero a su tía Isabel (Ramírez España, 1949: 15). Sabat de Rivers (1993: 3) ha sugerido que es posible que el abuelo haya arreglado antes de su muerte la invitación de la tía a la capital.

[66] Señala Ramírez España (1947: xxix) que hay «una declaración rendida por [María Ramírez] en 1664 en que dice ser de cincuenta años poco más o menos».

[67] María Ramírez y Juan de Mata contrajeron nupcias el 23 de enero; su primogénito fue bautizado el 17 de julio. Si se considera que los hijos eran bautizados dos o tres semanas después del parto, su primer hijo debió de nacer a principios de julio, lo que hace imposible que se tratase de un sietemesino y confirma que ella estaba embarazada antes de la boda (Schmidhuber de la Mora y Peña Doria, 2016: 73-74).

[68] Schmidhuber de la Mora y Peña Doria, 2016: 74-80.

[69] En 1664 Pedro de Aguilar declara que los Mata, fundadores de una capellanía, poseen varias casas y «que tienen mucho caudal» (Ramírez España, 1949: 74).

[70] Poot Herrera, 2016. Ya que en la época muchos cirujanos eran de ascendencia conversa, existe la posibilidad de que por las venas de Caballero corriese sangre semítica.

[71] Schmidhuber de la Mora y Peña Doria, 2016: 78-79.

[72] Cuando Isabel hace testamento en 1687, dice que ya ha muerto su sobrino. Así que su deceso acaeció entre 1684 y 1686.

[73] Ramírez España (1947: xix-xx) fue el primero en advertir la gran religiosidad de doña Isabel en base a su testamento, donde, entre otras cosas manda a decir doscientas misas (cien por su alma y otras cien por sus padres y parientes). En cambio, en el acta de defunción de su hermana María se lee que «no dejó mandas ni misas» (Ramírez España, 1947: 59).

[74] Para algunos (Paz, 1994: 123; Pérez Martínez, 2012: 55) dicho sigilo es un indicio de que la joven debió de vivir como arrimada y que fueron años infelices. Pero que en años posteriores sor Juana no haya dicho nada sobre esta etapa, ¿debe necesariamente interpretarse como un silencio que pretende acallar una época de amarguras? Precisa notar que sor Juana en su principal escrito autobiográfico (la *Respuesta a sor Filotea*) sí se refirió a varios momentos de tensión y crisis, así que estaba abierta a ventilar situaciones complejas de su vida a otros, pero, repito, jamás ubica ninguno de estos difíciles momentos con sus parientes en México.

[75] A diferencia de casi todos los biógrafos modernos que ven en el abuelo la mayor influencia, considero que es importante destacar el papel de los tíos, aunque contemos con escasos datos sobre este período.

[76] Soriano Vallès, 2010: 60.

[77] Ramírez España, 1947: xxxvi-xxxvii.

[78] Ver *Libro de profesiones* (Schmidhuber de la Mora, 2013: 222-223). Sin embargo, Poot Herrera (2016) piensa que esta sobrina pudo tener el mismo nombre de otra monja de San Jerónimo con quien suele ser confundida y a la que, en realidad, sor Juana habría apoyado.

[79] En los documentos oficiales con que se cuenta se les nombra solo con el apellido *Ramírez* de la madre (Ramírez España, 1947: 44).

[80] Sor Isabel afirmó en su «Testamento y renuncia de bienes» haberse creado bajo el amparo de sor Juana a quien su padre la entregó; añade que de su progenitor fue «poco asistida [...] y sin más noticia de naturaleza o madre» (Cervantes, 1949: 34). No parece tampoco haber recibido mucho apoyo de su madre, pues no la menciona en su «Testamento» y prefiere nombrar como albacea al hombre que pagó la dote para su ingreso al convento.

[81] Cervantes, 1939: 35.

[82] Del testamento de doña Isabel: «Y luego dijo la dicha otorgante que es deudora al señor doctor don Juan de Narváez y Saavedra, prebendado de la Santa Iglesia de dicha ciudad, de cinco canoas de maíz a sesenta fanegas cada canoa, las cuales cogí para valerme de su valor y procedido y aviarme en dicha mi hacienda» (Ramírez España, 1947: 19).

[83] El poema empieza: «Suspende, Cloto atrevida». Se puede leer en Alatorre (2007: 336-337).

[84] Schmidhuber de la Mora, 2013: 251.

[85] Schmidhuber de la Mora y Peña Doria, 2016: 93.

[86] Schmidhuber de la Mora y Peña Doria, 2016: 96.

[87] Ramírez España, 1947: 49.

[88] Quizá también lo hizo en su *Loa para el auto intitulado «El mártir del Sacramento, san Hermenegildo»,* donde habla de los descubrimientos ultramarinos de España.

[89] Sor Juana Inés de la Cruz, *Respuesta a sor Filotea*, pág. 469: «Pues si vuelvo los ojos a la tan perseguida habilidad de hacer versos —que en mí es tan natural, que aun me violento para que esta carta no lo sean, y pudiera decir aquello de *Quidquid conabar dicere versus erat*— [...]». Y en el romance 33, vv. 22-24: «sé que nací tan poeta, / que azotada, como Ovidio, / suenan en metro mis quejas».

[90] Soriano Vallès (2010: 98) conjetura que quizá Juan Sentís de Chavarría, quien regaló a Juana Inés 240 pesos de oro antes de su ingreso con las jerónimas, pudo haber sido el hombre que la introdujo en la corte virreinal. Chavarría fue un hombre con grandes influencias políticas. Desgraciadamente no se ha podido dilucidar cuál fue el tipo de relación que tuvo con Juana Inés, ni por qué le regaló la cantidad de marras.

[91] Calleja y Oviedo se detienen en las razones de su mudanza a palacio. El primero («Aprobación», pág. 241) advierte: «Luego que conocieron sus parientes el riesgo que podía correr de desgraciada por discreta y, con desgracia no menor, de perseguida por hermosa, aseguraron ambos extremos de una vez y la introdujeron en el palacio»; el segundo *(Vida ejemplar,* pág. 374) señala: «Estando la dicha madre [Juana], siendo de poca edad, en el palacio de los excelentísimos señores marqueses de Mancera [...], adonde la había conducido la fama de sus singulares prendas de raro ingenio, y grandes noticias superiores a la esfera de sus pocos años [...]».

[92] Guijo, *Diario*, II, pág. 214.

[93] Torre Villar, 1991: 590.

[94] Los testimonios contemporáneos así parecen confirmarlo. Calleja («Aprobación», pág. 241) sostiene que entró «con título de muy querida de la señora virreina» y Eguiara y Eguren («Ioanna», pág. 523) afirma que Juana Inés era «contada entre las más nobles acompañantes de la marquesa». Sin embargo, algunos críticos han puesto en duda estas aseveraciones. Para Alatorre (2006: 105), sus tíos le habrían conseguido a Juana Inés un puesto entre la servidumbre. Bénassy-Berling (2010a: 103), a su vez, considera que su lugar dentro de la corte debió de ser al principio muy modesto y que fue llamada por los virreyes para presentarla como un fenómeno.

[95] El estilo palaciego del Antiguo Régimen funcionaba a través de la economía de mercedes. Para las instrucciones que recibían los virreyes, las relaciones que redactaban tras su gobierno y la sentencia de los jueces en tiempos de sor Juana, ver Hanke (1978).

[96] Durante el virreinato del marqués de Mancera se escenificaron por lo menos siete obras dramáticas, siendo este uno de los períodos más fecundos de representaciones teatrales de la segunda mitad del siglo XVII (Schmidhuber de la Mora, 2005: 192-197).

[97] Ribera, 1666.

[98] Generalmente se acepta que sor Juana sí tuvo una injerencia editorial en el *Segundo volumen* de 1692 a diferencia de su primer libro, *Inundación castálida* (1689), donde la disposición fue decidida por sus amigos españoles que editaron la obra.

[99] Calleja, «Aprobación», pág. 241.

[100] Escribió el marqués de Mancera en su Instrucción: «Los mercaderes y tratantes, de que se compone en las Indias buena parte de la nación española, se acercan mucho a la nobleza, afectando mucho su porte y tratamiento, con que no es fácil distinguir y segregar estas dos categorías [...]. De que no percibo que resulte grave inconveniente, sino más presto utilidad política [...]» (en Torre Villar, 1991: 583). Para desvanecer las disputas entre peninsulares y criollos, el virrey propuso «moderar la arrogancia de algunos recién llegados de Europa; [y] admitir en la familia caballeros naturales del reino» (en Torre Villar, 1991: 584).

[101] Para el papel de las damas de compañía de la virreina en la Nueva España, ver Escamilla González (2005: 381-382).

[102] Castiglione, *El cortesano*, pág. 231: «No puede haber corte ninguna, por grande y maravillosa que sea, que alcance valor ni lustre ni alegría sin damas, ni cortesano que tenga gracia, o sea hombre de gusto o esforzado, o haga jamás buen hecho, sino movido y levantado con la conversación y amor de ellas».

[103] En 1684 sor Juana define a Núñez como «una persona que con tanta veneración amo y con tanto amor reverencio y estimo» *(Carta al P. Núñez*, pág. 625).

[104] En la *Respuesta a sor Filotea*, pág. 446, dice sor Juana que aprendió latín («gramática»), pero no menciona a su maestro. Calleja («Aprobación», pág. 241), en cambio, precisa: «Solas veinte lecciones de la lengua latina testifica el bachiller Martín de Olivas que la dio, y la supo con eminencia». A principios de la década de los ochenta sor Juana le reiteró a Núñez su agradecimiento por el favor recibido *(Carta al P. Núñez*, pág. 624). La fecha de su aprendizaje del latín no puede determinarse con exactitud. En mi opinión, no pudo haber deslumbrado a los cuarenta sabios que la examinaron sin contar con el latín y, en consecuencia, sitúo el aprendizaje de esa lengua previo a dicho suceso; sin embargo, para Alatorre (1987: 614, n. 46) debió de ser poco antes de ingresar con las carmelitas.

[105] Sor Juana Inés de la Cruz, *Respuesta a sor Filotea*, pág. 467.

[106] «Justísimo dolor que en la muerte de la poetisa expresa, mudo, el bachiller don Martín de Olivas, presbítero, maestro que mereció empezar a ser de la poetisa (y no fue menester proseguir) en la lengua latina» (en Alatorre, 2007: 334).

[107] Sor Juana Inés de la Cruz, *Respuesta a sor Filotea*, págs. 464-465.

[108] En su carta a la duquesa de Aveiro, María Luisa Manrique de Lara y Gonzaga, virreina de México (1680-1686), refiere que «el señor don Payo decía que en su entender era ciencia sobrenatural [el saber de Juana Inés]» (en Calvo y Colombi, 2015: 178).

[109] Ver Calleja, «Aprobación», págs. 241-242. Brinda más detalles de este evento Eguiara y Eguren («Ioanna», págs. 523-524).

[110] Aunque los versos son dichos por doña Leonor en un contexto específico en la comedia *Los empeños de una casa* (en *Comedias, Sainetes y Prosas*, págs. 37-38, vv. 307-332), sabido es que sor Juana se autorretrató en este personaje (Paz, 1994: 124).

111 Calleja, «Aprobación», pág. 242: «Yo solo puedo afirmar que de tanto triunfo quedó Juana Inés (así me lo escribió, preguntada) con la poca satisfacción de sí que si en la maestra ['escuela'] hubiera labrado con más curiosidad el filete de una vainica».
112 A guisa de ejemplo, véanse los elogios de los poetas y teólogos en los preliminares del *Segundo volumen* (1692).
113 Calleja, «Aprobación», pág. 242.
114 Sor Juana Inés de la Cruz, *Respuesta a sor Filotea,* pág. 451. El tema del esfuerzo por sobresalir permea toda la obra de sor Juana, una mujer sin linaje; aunque los siguientes versos los escribió para un mecenas suyo, tal vez sor Juana pensó en sí misma: «[...] naciendo plebeyo, / lo que os negaba la sangre / consiguiese vuestro esfuerzo» (núm. 45, vv. 14-16).
115 Una de las citas preferidas de sor Juana de san Jerónimo es aquella donde el padre de la Iglesia habla sobre su ahínco por aprender: «De cuánto trabajo me tomé, cuánta dificultad hube de sufrir, cuántas veces desesperé, y cuántas otras veces desistí y empecé de nuevo, por el empeño de aprender, testigo es mi conciencia, que lo he padecido, y la de los que conmigo han vivido». La cita proviene de la *Carta al monje Rústico* y sor Juana la recuerda en su *Respuesta a sor Filotea,* pág. 451; también la usó en la «Dedicatoria del *Segundo volumen*» (en *Comedias, Sainetes y Prosa,* pág. 411). Ambos textos fueron escritos en 1691.
116 En su carta de ruptura con Núñez habla sor Juana de esta virtud muy poco destacada de su carácter: «juzgando que mi silencio sería el medio más suave para que V. R. se desapasionase, hasta que con el tiempo he reconocido que antes parece que le irrita mi paciencia» *(Carta al P. Núñez,* pág. 618).
117 Mi «estudio no ha pasado / de ratos, a la precisa /ocupación mal hurtados» (vv. 34-36).
118 Sor Juana Inés de la Cruz, *Respuesta a sor Filotea,* pág. 446.
119 La condesa de Galve, última virreina con quien trató sor Juana, gustaba mucho de las vasijas de barro a juzgar por su correspondencia privada (Dodge y Hendricks, 1993: 202 y 221).
120 Por ejemplo, en los preliminares del *Segundo volumen* Ambrosio de la Cuesta y Saavedra la define como «una sabia y constante virgen consagrada en la religión a Dios, un varonil ingenio, que [descubre] el tesoro de las más principales ciencias» (en Alatorre, 2007: 126).
121 Alatorre, 1984: 5-6.
122 Sor Juana Inés de la Cruz, *Respuesta a sor Filotea,* pág. 446.
123 Paz (1994: 133-134) considera que en la corte nunca podría haberse casado Juana Inés, porque no tenía linaje ni una dote para hacerlo. Pero hay que advertir que los posibles pretendientes no solo se hallaban en la corte. Verbigracia, su tía María se casó con un acaudalado hombre, Juan de Mata, y su padre, don Pedro, le dio solo mil pesos de dote (Ramírez España, 1947: 9). Por otra parte, cuando Josefa María, hermana completa de Juana Inés, se casó, recibió de su madre una esclava como dote (Ramírez España, 1947: 17). Bien podría haber sido el mismo caso para Juana Inés si ella hubiese optado por el matrimonio; en todo caso, recursos había para entregarle una dote, aunque modesta.
124 Señalan las frecuentes visitas de la virreina a las carmelitas Atamoros de Pérez Martínez (1975: 53) y Bénassy-Berling (2010b: 190). También el virrey fue un asiduo

visitante de acuerdo a sor Juana: «el Excelentísimo señor marqués de Mancera entraba cuantas veces quería en unos conventos tan santos como capuchinas y teresas» *(Carta al P. Núñez,* pág. 621).

[125] Rubial García, 2014: 25.

[126] Estas fueron los *Ejercicios devotos para los nueve días antes del de la Purísima Encarnación* y los *Ofrecimientos para el Santo Rosario de quince misterios que se ha de rezar el día de los Dolores.*

[127] Ubico este episodio hacia principios de 1667. Como ya he dicho, debió de suceder después de sus clases de latín con el bachiller Olivas, pues solo gracias a ese idioma pudo adquirir el conocimiento que deslumbró a tantos. Alatorre y Tenorio (2014: 17), en cambio, piensan que el examen público fue alrededor de 1665, lo que significaría que se realizó muy cercano a su fecha de ingreso a palacio.

[128] Oviedo *(Vida ejemplar,* pág. 133), biógrafo de Núñez, resume los atributos de Juana Inés: «lo elevado de su entendimiento y lo singular de su erudición junto con no pequeña hermosura».

[129] Calleja («Aprobación», pág. 242) señala que Juana Inés vivía en ese tiempo entre «lisonjas de esta no popular aura» y advierte que el acecho de varios hombres se debió a que «la buena cara de una mujer pobre es una pared blanca, donde no hay necio que no quiera echar su borrón».

[130] Sor Juana Inés de la Cruz, *Respuesta a sor Filotea*, pág. 446.

[131] Sor Juana Inés de la Cruz, *Respuesta a sor Filotea*, pág. 451. Y en su «Testamento y renuncia de bienes» dice haber sido siempre «inclinada al estado de religiosa» (Cervantes, 1949: 16), afirmación que, por supuesto, se esperaba de toda novicia antes de hacer sus votos.

[132] Tanto Calleja («Aprobación», pág. 243) como Oviedo *(Vida ejemplar,* pág. 133) utilizan el vocablo «vocación» para referirse a la decisión de Juana Inés de hacerse monja.

[133] Ver Fernández de Santa Cruz, *Carta de Puebla,* págs. 191-202.

[134] Calleja, «Aprobación», pág. 243.

[135] La cita pertenece a Raymundo Lumbier; se halla en su *Destierro de ignorancias. Fragmento áureo de la juiciosa erudición moral del doctísimo religiosísimo P. Fr. Raymundo Lumbier* (1694) (citado en Gonzalbo Aizpuru, 1998b: 65).

[136] Calleja («Aprobación», pág. 243) es diáfano y habla de «los recelos de su vocación». Conocidas son las dudas que tuvo santa Teresa *(Libro de la vida,* cap. 3, págs. 111-112) para hacerse monja y la lucha interna que libró hasta tomar la decisión de profesar. El caso de sor Juana no fue distinto en cuanto al período de duda; sí lo fue en tanto que su conflicto no se resolvió antes de profesar como el de la santa de Ávila.

[137] Oviedo *(Vida ejemplar,* pág. 133) anota que Juana Inés temía «abandonar los libros y estudios en que desde sus primeros años tenía colocados todos sus cariños».

[138] Ver Oviedo, *Vida ejemplar*, pág. 133.

[139] Calleja («Aprobación», pág. 243) apunta: «Comunicó los recelos de su vocación Juana Inés con varón tan ilustre»; Oviedo *(Vida ejemplar,* pág. 133) reitera: «Consultó su vocación y temores con el venerable padre Antonio Núñez». Sor Juana en la *Respuesta*, al referirse a este momento, no especifica que ella haya buscado al jesuita y se concentra solo en sus conversaciones: «Esto me hizo vacilar algo en la determinación, hasta que alumbrándome personas doctas de que era tentación, la vencí con el favor

divino, y tomé el estado que tan indignamente tengo» *(Respuesta a sor Filotea,* págs. 446-447).

[140] Zambrano, 1970: 519-20.

[141] Ver Oviedo, *Vida ejemplar*, pág. 114.

[142] Guijo, *Diario*, II, pág. 225, cuenta cómo el virrey alteró incluso el rumbo de la procesión de Corpus Christi durante su mandato, modificando así una costumbre de décadas.

[143] Zambrano, 1970: 520.

[144] Ver Calleja, «Aprobación», pág. 243.

[145] En un intento por justificar el proceder de Núñez, su biógrafo Oviedo, *Vida ejemplar*, pág. 135, comenta: «No pelean las letras con la santidad, ni el estudio de las ciencias con la perfección religiosa, aun en el sexo de las mujeres; pero ¿quién podrá dudar que, cuando el estudio y las letras son de estorbo para caminar y llegar a la cumbre de la perfección a que deben de precepto aspirar todos los religiosos y religiosas, se debe mortificar aun la natural inclinación? Y nadie negará que son estorbo, y grande, en las religiosas, cuando ocasionan distracciones y necesitan al trato y conversación, aunque decente, de que se huyó al entrar en la religión».

[146] Oviedo, *Vida ejemplar*, pág. 133, narra que el jesuita «se ofreció de ayudarle en cuanto pudiese».

[147] Sor Juana Inés de la Cruz, *Carta al P. Núñez*, pág. 623.

[148] Sobre la presión ejercida por Núñez comenta Oviedo, *Vida ejemplar*, pág. 133: «Maduró y abrevió cuanto pudo el padre Antonio aquesta entrada [en el monasterio de carmelitas descalzas]». Pero en su *Carta al P. Núñez* sor Juana subraya que el jesuita nunca tuvo control absoluto sobre sus decisiones: «Pues, padre amantísimo [...], ¿cuál era el dominio directo que tenía V. R. de mi persona y del albedrío [...] que Dios me dio?» *(Carta al P. Núñez,* pág. 623).

[149] El visitador general fue fray Tomás de San Vicente (citado por Muriel, 1946: 358).

[150] Ver Alemán, *Sucesos de don fray García Guerra y Oración fúnebre* (1613).

[151] La misma santa Teresa no restringió sus lecturas a libros devotos, sino también leyó obras de carácter científico, particularmente libros de medicina, donde abrevó para comprender mejor el fenómeno de la melancolía.

[152] Oviedo *(Vida ejemplar,* pág. 375) señala inequívocamente al jesuita como el responsable de que haya escogido Juana Inés el convento de las carmelitas: «por dirección del mismo padre [Núñez] escogió entre todos el ejemplarísimo y observantísimo monasterio de carmelitas descalzas de esta ciudad». De su predilección por santa Teresa dio Núñez diversas muestras en años futuros. El 23 de enero de 1678 pronunció un sermón precisamente en el convento de San José sobre la santa de Ávila en el que declaró que «debemos todos leer mucho, y con la debida atención sus obras» (citado por Bénassy-Berling, 1983: 112). Analiza dicho sermón Tenorio, 2001: 48-60. Y en dos obras suyas posteriores, al tratar el tema de la oración mental, se muestra Núñez particularmente afín al pensamiento de santa Teresa de Jesús: *Ejercicios espirituales de san Ignacio acomodados al estado y profesión religiosa de las señoras vírgenes, esposas de Cristo, instruido con un Diario breve, pero suficiente, de todos los ejercicios cotidianos, para que se empiecen a ejercitar* (1695) y *Distribución de las obras ordinaras y extraordinarias para hacerlas perfectamente conforme al estado de las señoras religiosas* (1712); en la *Distribución* recomienda leer la *Mística teología y discreción de espíritus*

(1629) de Fernando Caldera Freyle, las obras de san Juan de la Cruz, pero «sobre todos santa Teresa de Jesús» (*Distribución de las obras ordinarias*, pág. 150).

153 Lavrin, 2008: 151.

154 Sugirió, por primera vez, esta hipótesis Leonard (1974: 251).

155 Soriano Vallès (2010: 138) afirma que fue el 28 de noviembre.

156 Se ha especulado que pudo ser tabardillo, o sea tifus exantemático (Bénassy-Berling, 1968: 16). Sin embargo, Méndez Plancarte piensa que el tabardillo mencionado en el romance «Ilustrísimo don Payo...» (núm. 11) no puede ser lo que la obligó a salir del Carmelo y que este lo contrajo ya en San Jerónimo (en su sor Juana Inés de la Cruz, *Lírica personal*, págs. 372-373). No considera la posibilidad de que el tabardillo del romance núm. 11 fuese una recaída de aquella enfermedad de 1667.

157 En el soneto núm. 186 le dice a la virreina: «la Parca fiera, que en seguirme da» (v. 3).

158 En la dedicatoria de los *Villancicos a san Pedro*: «Señor mío: ofrézcole a V. S. los villancicos que [...] hice como pude a violencia de mi estéril vena, poca cultura, corta salud, y menos lugar por las indispensables ocupaciones de mi estado» (en sor Juana Inés de la Cruz, *Villancicos y Letras Sacras*, pág. 43).

159 Sor Juana Inés de la Cruz, *Respuesta a sor Filotea*, pág. 460: «y en una ocasión que, por un grave accidente de estómago, me prohibieron los médicos el estudio, pasé así algunos días, y luego les propuse que era menos dañoso el concedérmelos».

160 Ladrón de Guevara, *Manifiesto*, pág. 86.

161 Paz, 1994: 175; Alatorre, 1987: 660. Méndez Plancarte, sin embargo, opina que en el soneto «En la vida que siempre tuya fue» (núm. 186) Juana Inés se refiere a la enfermedad que la hizo salir del claustro de las carmelitas y que, por lo tanto, dicha composición fue escrita entre noviembre de 1667 y febrero de 1668 (en su sor Juana Inés de la Cruz, *Lírica personal*, págs. 539-540).

162 Muriel, 1946: 396.

163 Lavrin, 1972: 375, n. 22.

164 Hubo otros dos conventos de jerónimas en aquella época: San Lorenzo Mártir, fundado en 1598, también en la Ciudad de México, y otro en Puebla, establecido en el año 1600.

165 Un documento clave para la cronología de estos meses es el *Memorial y licencia para llevar a cabo el orden del hábito de bendición* (en Soriano Vallès, 2010: 433-438). En su transcripción Soriano Vallès indica la fecha del 6 de febrero, sin embargo, Schmidhuber de la Mora (2013: 20), quien también manejó el original, señala que se trata del 8 de febrero. Según Schmidhuber de la Mora, Juana Inés habría escogido esta fecha para su ingreso porque el ocho de cada mes está dedicado a la Inmaculada Concepción, advocación mariana a la que las jerónimas eran particularmente devotas. Pero ella, anoto yo, pudo haber ingresado al convento desde antes de esa fecha. Lo que dice el documento es que para el 6 u 8 de febrero ya estaba ahí.

166 Peñalosa, 1996: 34-42.

167 El doctor Isidro Sariñana y Cuenca, quien décadas después invitó a sor Juana a escribir un juego de villancicos para la catedral de Oaxaca, pronunció aquel día el sermón. Toussaint (1973: 47-50) reconstruye estos festejos.

168 Cruz, 1998.

169 La obra de Ribera está hecha para ganarse el favor del virrey: *Poética descripción de la pompa plausible que admiró esta nobilísima Ciudad de México en la suntuosa de-*

dicación de su hermoso, magnífico y ya acabado templo, celebrada el jueves 22 de diciembre de 1667 años. Reproducción facsímil en Cruz (1995).

170 Ver el *Memorial y licencia para llevar a cabo el orden del hábito de bendición* (en Soriano Vallès, 2010: 435-438).

171 Andrés de Islas señala en la leyenda del retrato de sor Juana que realizó en 1772 que *Juana Ramírez* era el nombre con el que fue conocida en vida.

172 Cervantes, 1949: 16.

173 Interesantes observaciones sobre el conflicto que representó la elección de sus apellidos en distintos momentos de su vida en Schons (1926:149).

174 Ribera era un «publicista» o «cronista [que] no perdía ocasión para dejar huella tipográfica de los sucesos del día» (Cruz, 1998: 117). Esta era, en efecto, su producción número veintidós. En 1664 había descrito la entrada del marqués de Mancera, con lo que tal vez se ganó el favor del virrey. Tuvo una prolífica carrera administrativa, que lo relacionó con muchos estratos de la sociedad, según apunta Méndez Plancarte (en su sor Juana Inés de la Cruz, *Lírica personal*, pág. 548).

175 Calleja, «Aprobación», pág. 242.

176 El libro de Ribera se intitula *Defectuoso epílogo, diminuto compendio de las heroicas obras que ilustran esta nobilísima Ciudad de México, conseguidas en el feliz gobierno del Ilustrísimo y Excelentísimo señor maestro don fray Payo Enríquez de Ribera…* (1676).

177 Sor Juana vio en esta ave mitológica un símbolo de libertad. El ave fénix vive y muere cuando él quiere sin dar cuentas a nadie: «¿Hay cosa como saber / que ya dependo de nadie, / que he de morirme y vivirme / cuando a mí se me antojare?» (num. 49, vv. 133-136).

178 Soriano Vallès (2010: 140) piensa que la razón de su ingreso como seglar se debió a su deseo por integrarse a una comunidad religiosa lo más pronto posible después de su convalecencia.

179 En el *Memorial y licencia para llevar a cabo el orden del hábito de bendición* las superioras de San Jerónimo señalan el 8 de febrero de 1668 que se obligan «a dar a la dicha doña Juana Ramírez el hábito de bendición luego y "ascrito" la profesión solemne y velo negro» (en Soriano Vallès, 2010: 438). *Luego* quería decir 'al instante, sin dilación, prontamente'. Pero la petición de la novicia Juana Inés para redactar su testamento y renuncia de bienes es del 20 de febrero de 1669; en este documento la novicia declara estar aún «dentro del término del año de aprobación» (Spell, 1947: 13). Si Juana Inés aún estaba dentro del año de noviciado, ¿quiere esto decir que tomó el hábito de novicia después del 8 de febrero de 1668? Aunque, por otra parte, es cierto que el documento donde ella conmemora en 1693 el aniversario de sus votos lleva la fecha del 8 de febrero (núm. 412), lo que hace suponer que escogió ese día porque veintiséis años antes habría tomado el hábito de bendición (Soriano Vallès, 2010: 140, n. 23).

180 Para su testamento, ver Cervantes (1949: 16); facsímil de su registro en el *Libro de profesiones* de las carmelitas en Schmidhuber de la Mora (2008: 92).

181 Schmidhuber de la Mora, 2013: 27.

182 Ver *Libro de profesiones* (Schmidhuber de la Mora, 2013: 200 y 205).

183 El registro quedó hecho en el *Libro de profesiones* de San Jerónimo (Schmidhuber de la Mora, 2013: 205).

184 El primero en sugerir la existencia de un posible documento de legitimación o que sor Juana no conocía en ese momento su ilegitimidad fue Ramírez España (1947: xxi).

Rechaza esta posibilidad Paz (1994: 102). Con indudable perspicacia observa Poot Herrera (2016) que Juana Inés se dice «hija legítima», pero no de «matrimonio legítimo».

[185] En 1698 las monjas de San Jerónimo declararon que sor Juana «no había traído bienes algunos al tiempo de su entrada y profesión, pues había conseguido la dote de limosnas que otras personas le habían dado» (Schons, 1929: 166). La información no corresponde con la que brinda sor Juana en relación a los 240 pesos otorgados por Sentís de Chavarría; llama también la atención que las monjas hablen de varias personas que contribuyeron a la dote y no solo una.

[186] ¿Habrá influido Ruiz Lozano en Velázquez de la Cadena para que apoyara a Juana Inés?

[187] Datos biográficos de Velázquez de la Cadena tomados de Soriano Vallès (2010: 146-148), Méndez Plancarte (en su sor Juana Inés de la Cruz, *Lírica personal*, pág. 428) y Rubial García (1990: 64).

[188] Calleja («Aprobación», pág. 243) señala: «[En San Jerónimo] profesó, favoreciéndose don Pedro Velázquez de la Cadena en pagarla el dote —que tales gastos enriquecen—, merced a que siempre estuvo la madre Juana Inés, como a patrón por quien se había guarecido de tanta prevista tormenta, agradecidísima».

[189] Declara sor Juana (*Carta al P. Núñez*, pág. 624) sobre la responsabilidad de Velázquez de la Cadena que «lo tocante a la dote mucho antes de conocer yo a V. R. lo tenía ajustado mi padrino el capitán D. Pedro Velázquez de la Cadena, y agenciándomelo estas mismas prendas en la cuales, y no en otra cosa, me libró Dios el remedio». Nótese cómo sor Juana atribuye a su habilidad de hacer versos la razón para obtener el padrinazgo de Velázquez de la Cadena.

[190] El documento que apunta a la responsabilidad de Caballero es el *Memorial y licencia para llevar a cabo el orden del hábito de bendición*; en él se encuentra la escritura de obligación en la que Caballero declara lo siguiente: «Yo, el dicho maestro Juan Caballero, otorgo que de llano en llano salgo y me obligo de mayordomo, en su nombre y a quien por el dicho convento fuere parecer y "su poder" tuviere, tres mil pesos de oro común en reales por la dote de la dicha Juana Ramírez» (en Soriano Vallès, 2010: 436-437). Por lo demás, es plausible que existiese un parentesco entre Caballero y Velázquez de la Cadena, porque la madre de este último se llamó Catalina Cedeña Caballero de la Cadena de Fuentes.

[191] Poot Herrera (2016) se pregunta si Velázquez de la Cadena no podría haber sido padrino de otra cosa, y de ahí el poema que sor Juana le dedicó, o si ser padrino implicaba necesariamente dar la dote. Sabat de Rivers (2001: 131-132) reconoce que Juan Caballero pudo jugar un papel en el pago de la dote (tal vez como intermediario), pero afirma que el responsable de procurar el dinero fue Velázquez de la Cadena.

[192] Es probable que la novicia saliera del convento una última vez y recorriese la ciudad en carruaje acompañada de su familia para visitar a sus parientes y amigos (Soriano Vallès, 2010: 142).

[193] Agudamente observa Volek (2016: 37) que «la actuación obsesiva [de Núñez] antes de la profesión de Juana [...] revela más bien su pavor de que la paloma todavía se le podría escapar a último momento».

[194] Sostiene Calleja, «Aprobación», págs. 247-248: «Antonio Núñez [...] desde niña la encaminó a dejar el siglo y persuadió a que el modo mejor de despreciar el mundo era no pisarle».

[195] Ver Oviedo, *Vida ejemplar*, pág. 134.

[196] El 18 de diciembre de 1686 las jerónimas añadieron un quinto voto, este a la Purísima Concepción. Aunque a partir de esa fecha, las monjas que ya habían profesado podían ratificar su profesión tomando en consideración este nuevo voto, sor Juana no lo hizo hasta el 8 de febrero de 1694.

[197] Explica Schmidhuber de la Mora (2013: 19) que, ya que esta adición se encuentra debajo de las firmas, debió de hacerse en un momento posterior y no el día de la profesión. Por otra parte, la misma sor Juana compuso en fecha desconocida unas Letras sagradas en la solemnidad de una profesión de una religiosa (núms. 363-366, en *Villancicos y Letras Sacras*, págs. 228-232), cuya lectura permite darse una idea de los cantos que se escucharon en su profesión: «¡Vengan a la fiesta, vengan, señores, / que hoy se casa una Niña, y es por amores!» (núm. 364, vv. 1-2).

[198] *Reglas y constituciones que por autoridad apostólica deben observar las religiosas del máximo doctor San Jerónimo en esta Ciudad de México* (1702).

[199] «[...] y pido a Dios viváis, que es / lo que piden de ordinario / de mi breviario las horas, / las cuentas de mi rosario» (núm. 29, vv. 45-48).

[200] Paz (1994: 172) supone que sor Juana tenía muchas horas libres y podía dedicarse a sus estudios, pero si nos atenemos a lo que sabemos sobre su día a día y a sus propias palabras, resulta que no contó con demasiado tiempo libre debido a sus obligaciones administrativas y religiosas.

[201] Eguiara y Eguren, «Ioanna», pág. 526.

[202] Ramos Medina, 1998: 50-51.

[203] Los sonetos son los núms. 159-163. Paz (1994: 367) sugiere que fueron hechos para una tertulia en el locutorio y Alatorre, en su edición de la *Lírica personal* de sor Juana, piensa que fueron compuestos para una hora de esparcimiento con sus compañeras monjas. Sin embargo, Méndez Plancarte considera que por la temática tan escandalosa debieron de ser escritos fuera del convento cuando sor Juana aún vivía en el palacio virreinal. Se publicaron en la primera reedición de *Inundación castálida* en 1690, lo que indica que sor Juana estaba muy orgullosa de ellos y quería que fuesen conocidos en España.

[204] Gonzalbo Aizpuru, 1998: 66.

[205] Robles, *Diario*, II, pág. 10: «Jueves 15 [de enero], notificó el promotor fiscal a las monjas de la Concepción y San Jerónimo no tengan ni consientan devotos en las rejas y porterías». Alatorre (1987: 651, n. 100) piensa que Núñez pudo haber estado detrás de esta orden.

[206] A Fernández de Santa Cruz, obispo de Puebla, le preocupó también sobremanera esta costumbre. Según su biógrafo, «muchas de aquellas vírgenes, del número de las necias, no solo no lucían sino que deslustraban sus lámparas con algunas comunicaciones ajenas de su consagrada pureza, cuyo desorden causó la infernal osadía de algunos sujetos que, desde el siglo, las inquietaban con frecuencia de visitas a las rejas y tornos, escandalizando a los menos advertidos» (citado por Paz, 1994: 476).

[207] Dice el edicto: «Sobre todo las [devociones] que más escándalo causan, que son las de dentro de dicha clausura que tienen las religiosas unas con otras, y estas con niñas seculares y con mozas de servicio, y estas unas con otras, por ser de gravísimo inconveniente y notable escándalo y ruina espiritual» (en Rubial García, 1996a: 417). Para el tema de *amistad particular* o *mala amistad*, ver Kirk (2007: 51-80), quien ad-

vierte que, debido a que raramente las mujeres en esa época dejaron evidencia escrita de sus relaciones homoeróticas, hay que leer muchas veces entre líneas los testimonios que escribieron los hombres al respecto, por ejemplo, los inquisidores.

[208] Maza, 1941: 245-246.

[209] Maza, 1952: 15-16.

[210] Paz, 1994: 297.

[211] Sor Juana Inés de la Cruz, *Respuesta a sor Filotea*, pág. 460.

[212] Calleja, «Aprobación», pág. 246.

[213] Peñalosa, 1996: 72.

[214] Lavrin, 2008: 151.

[215] Lavrin, 2008: 150.

[216] Lavrin, 2008: 152.

[217] Calleja, «Aprobación», págs. 243-244.

[218] Lavrin, 2008: 154.

[219] Romance 49: «Gracias a Dios, que ya no / he de moler chocolate» (vv. 161-162). Sobre el pago por moler el mole, ver Lavrin, 2008: 152.

[220] Sor Juana Inés de la Cruz, *Respuesta a sor Filotea*, pág. 459.

[221] Muriel y Pérez San Vicente, 1996; Lavín y Benítez Muro, 2000.

[222] Ver Schmidhuber de la Mora, 2013: 29. Ese número se mantuvo relativamente estable: en los *Autos de la elección de priora y vicaria del convento de San Jerónimo* de 1677 se registran 86 monjas (Peñalosa, 1996: 75).

[223] Cervantes, 1949: 21.

[224] Sor Juana Inés de la Cruz, *Respuesta a sor Filotea*, pág. 459.

[225] Para el grado de alfabetización entre las monjas novohispanas, ver Lavrin, 1972: 382.

[226] Sor Juana (*Respuesta a sor Filotea*, pág. 471) se queja de «carecer de quien me ayude a escribir [en el convento]». Aunque hay que advertir que sí la asistían a veces sus compañeras a enviar recados cuando no podía escribir por estar enferma, según se deduce del poema 121.

[227] «De suerte que solamente unos *Ejercicios de la Encarnación* y unos *Ofrecimientos de los Dolores* se imprimieron con gusto mío por la pública devoción, pero sin mi nombre; de los cuales remito algunas copias [...] De los *Dolores* va solo uno porque se han consumido ya y no pude hallar más. Hícelos solo por devoción de mis hermanas, años ha, y después se divulgaron» (Sor Juana Inés de la Cruz, *Respuesta a sor Filotea*, pág. 474). Los *Ejercicios* fueron escritos para conmemorar la Encarnación de Jesús, celebrada el 25 de marzo.

[228] Calleja, «Aprobación», págs. 243-244; Eguiara y Eguren («Ioanna», pág. 526) también alude a estas cualidades.

[229] Sor Juana Inés de la Cruz, *Respuesta a sor Filotea*, pág. 451.

[230] Sor Juana Inés de la Cruz, *Respuesta a sor Filotea*, pág. 451.

[231] Sor Juana Inés de la Cruz, *Respuesta a sor Filotea*, págs. 450-451.

[232] Sor Juana Inés de la Cruz, *Carta al P. Núñez*, pág. 623.

[233] Sor Juana Inés de la Cruz, *Carta al P. Núñez*, pág. 620.

[234] Sor Juana siempre nos habla entre líneas. Si bien dice que en ocasiones ella misma buscaba la compañía de las otras monjas, también deja entrever que pasar demasiado tiempo dedicada a sus actividades podía acarrearle habladurías en contra suya:

«cuanto a que no me tuviesen por áspera, retirada e ingrata al no merecido cariño de mis carísimas hermanas» (*Respuesta a sor Filotea*, pág. 452).

235 Sor Juana Inés de la Cruz, *Carta al P. Núñez*, pág. 621. Aunque en la carta a su confesor no dice sor Juana explícitamente que fueron las monjas quienes la obligaron a cambiar su letra, sí da a entender que sus compañeras no hicieron nada por apoyarla. Para Alatorre (1987: 671, n. 127) las superioras del convento sí fueron las responsables de obligarla a «malear» la letra.

236 Sor Juana Inés de la Cruz, *Respuesta a sor Filotea*, pág. 458: «Una vez lo consiguieron [prohibirme el estudio] con una prelada muy santa y muy cándida que creyó que el estudio era cosa de Inquisición y me mandó que no estudiase. Yo la obedecí (unos tres meses que duró el poder ella mandar) en cuanto a no tomar libro, que en cuanto a no estudiar absolutamente, como no cae debajo de mi potestad, no lo pude hacer, porque aunque no estudiaba en los libros, estudiaba en todas las cosas que Dios crio [...]». Alatorre (1987: 630, n. 61 y 672, n. 127) sugiere que este episodio debe situarse después de 1682; es posible, pero no hay datos para aseverarlo con absoluta certeza. En cambio, Volek (2016: 37) defiende la idea de que sor Juana se refiere en este pasaje a su situación conflictiva con las carmelitas.

237 Eguiara y Eguren, «Ioanna», pág. 535.

238 Sor Juana (*Respuesta a sor Filotea*, pág. 469) señala que fue Juan Díaz de Arce, erudito novohispano, quien narró las historias de estas monjas.

239 Citado por Peña (2005: 280).

240 Sospecha este vínculo Soriano Vallès (2010: 340, n. 21).

241 Ver Peña, 2005: 280.

242 Peña, 2005: 282.

243 No se sabe cuántos locutorios existieron en San Jerónimo, pero fueron varios. En un documento de la época se habla de «los locutorios de dicho convento» (Cervantes, 1949: 51).

244 Miguel de Torres, su sobrino, apuntó que sor Juana «era visitada [en San Jerónimo] de muchas personas y de las de primera clase» (*Dechado de príncipes*, pág. 475).

245 Oviedo, *Vida ejemplar*, pág. 134: «[Núñez] estorbábale, sí, cuanto podía la publicidad y continuadas correspondencias de la palabra y por escrito con los de fuera».

246 Paz (1994: 403-404) identifica, por primera vez, lo insólito de este pasaje y lo discute a la luz de los neotomistas españoles.

247 El anónimo informante es el autor del prólogo de *Inundación castálida* (en Alatorre, 2007: 44).

248 Lo refiere Francisco Javier Palavicino Villarrasa en su sermón dedicado a la fineza mayor, predicado en San Jerónimo el 26 de enero de 1691: «Quizá las sutilezas de sus advertencias [de sor Juana] han hecho a muchos doctos sacudir el polvo a los libros e igualmente a los ingenios, enseñando, aunque mujer» (*La fineza mayor*, pág. 71).

249 La *Carta atenagórica* es el ejemplo clásico de la primera situación, así como el poema núm. 107 de la segunda.

250 Ambas anécdotas son referidas por Eguiara y Eguren («Ioanna», págs. 530-534).

251 Oviedo, *Vida ejemplar*, pág. 133.

252 Castorena y Ursúa, «Prólogo», pág. 306.

253 Anécdota referida por Nervo (1994: 59-60).

254 Gutiérrez Dávila, *Vida y virtudes*, págs. 97-120.

[255] Gutiérrez Dávila, *Vida y virtudes*, págs. 21-23.
[256] Gutiérrez Dávila, *Vida y virtudes*, págs. 162 y 168.
[257] Gutiérrez Dávila, *Vida y virtudes*, pág. 169.
[258] Gutiérrez Dávila, *Vida y virtudes*, pág. 170.
[259] Sor Juana Inés de la Cruz, *Respuesta a sor Filotea*, pág. 444.
[260] Merlo, 1968: 23.
[261] Maura Gamazo, 1915: 201.
[262] Robles, *Diario*, I, pág. 147. Por *rollo* debe entenderse 'picota' y *mandar a alguien al rollo* es 'despedirlo de mala manera'.
[263] González Roldán, 2009: 231-232.
[264] Se le han atribuido, por lo menos, dos juegos de villancicos más para estos años: *Villancicos de la Asunción* (1677) y *Villancicos de la Navidad* (1678). Cuando se publicaron los *Villancicos de san Pedro Nolasco* se añadieron al final dos letras más, que no son de la jerónima. Se conserva un ejemplar de estos villancicos, donde la poetisa anota de su puño y letra: «Estos de la misa no son míos. Juana Inés de la +» (en sor Juana Inés de la Cruz, *Villancicos y Letras Sacras*, pág. 376).
[265] Núm. 221, vv. 1-24 y 48 (en *Villancicos y Letras Sacras*, pág. 9).
[266] Traduce Ángel María Garibay las frases en náhuatl al castellano: «Los Padres bendito / tiene on Redentor; / *yo no lo creo, lo sabe mi Dios.* / Solo Dios *Hijito* / del cielo bajó / y nuestro *pecado* / nos lo perdonó. / Pero estos *Padres* / dice en so sermón / que este san Nolasco / *a todos* compró» (en sor Juana Inés de la Cruz, *Villancicos y Letras Sacras*, pág. 375).
[267] Ver la ensaladilla (núm. 249) de los *Villancicos de san Pedro apóstol* (1677). Sobre los versos portugueses de sor Juana, ver Ricard (1953).
[268] Navarro Tomás (1953-1954: 47-50) subraya el virtuosismo de la versificación de los villancicos de sor Juana.
[269] Inés murió en 1701, Antonia, en 1702, y Diego Ruiz Lozano, el Mozo, en 1705.
[270] Sor Juana Inés de la Cruz, *Villancicos y Letras Sacras*, págs. 43-44.
[271] Sor Juana Inés de la Cruz, *Villancicos y Letras sacras*, pág. 43.
[272] Sor Juana Inés de la Cruz, *Villancicos y Letras sacras*, pág. 43: «y sobre el común privilegio de versos tiene amplia licencia en la imitación de mi gran padre san Jerónimo».
[273] Ciertamente sor Juana firmó la *Respuesta a sor Filotea de la Cruz* con el nombre de *Juana Inés de la Cruz*, pero se trataba de una carta privada y no de una obra que pensaba publicar. En las portadas, ya digo, salvo en esta ocasión, siempre apareció como *sóror Juana Inés de la Cruz* o la *madre Juana Inés de la Cruz*.
[274] Las otras loas son: una a la Concepción, cinco para festejar el cumpleaños de Carlos II y siete para honrar a distintos personajes (María Luisa de Orleáns; la reina madre, Mariana de Austria; la condesa de Paredes; el virrey de la Laguna; José de la Cerda, primogénito de los virreyes de la Laguna; la virreina Elvira de Toledo; y fray Diego Velázquez de la Cadena, hermano de don Pedro, quien se supone agenció la dote para que entrara a San Jerónimo).
[275] Ver la carta de la condesa de Paredes, virreina de México (1680-1688), a su prima la duquesa de Aveiro, donde cita la opinión de fray Payo (en Calvo y Colombi, 2015: 177-178).
[276] En Poot Herrera (2016).
[277] Para una relación de sus libros, ver Soriano Vallès (2010: 165).

[278] *Explicatio apologetica nonnullarum propositionum a theologo quodam non dextere notatarum: sive quaestiones variae quarum explicationi occasionem dedit theologi cujusdam non satis accurata notatio* (Guatemala, Pineda Ibarra, 1663).
[279] «Perdonad que, con el gusto / de que os hablo, no he advertido / que habréis para otros negocios / menester vuestros oídos. / Y a Dios, que os guarde, señor, / mientras al mismo le pido / que os ponga en el pie una cruz / de las muchas del oficio» (núm. 11, vv. 233-240).
[280] Castelló Yturbide, 1998: 177.
[281] Robles, *Diario*, I, pág. 274. Para la conformación de la Real Audiencia, ver Soberanes Fernández (1980: 198).
[282] Menciona el escrito de sor Juana Castorena y Ursúa («Prólogo», pág. 315).
[283] Robles, *Diario*, I, pág. 275.
[284] Robles, *Diario*, I, pág. 278.
[285] Desde 1675 existían rumores de que don Tomás sería designado nuevo virrey (Robles, *Diario*, I, pág. 180).
[286] Robles, *Diario*, I, pág. 285.
[287] Ver *Libro de Profesiones* (Schmidhuber de la Mora, 2013: 136). Es probable que sor Juana haya sido la encargada de registrar su muerte con estas palabras: «Fue ejemplarísima mujer, estuvo 6 años en la cama de un aire que le dio».
[288] Calvo y Colombi (2015: 63) indican que la virreina seleccionó personalmente 17 criadas.
[289] Uno de los arcos triunfales se intituló *Géminis alegórico*.
[290] Robles, *Diario*, I, pág. 290.
[291] Los virreyes debieron de observar la construcción del arco. Este estuvo listo a finales de la primera quincena de noviembre, por lo que cuando el virrey hizo su juramento el 7 de dicho mes, don Tomás debió de escuchar cómo se trabajaba furiosamente en el arco, que se construía muy cerca del palacio virreinal.
[292] Además de las obras de sor Juana y Sigüenza para recibir a los virreyes hubo otras. Por ejemplo, Alfonso Carrillo Albornoz realizó una *Descripción, en verso, de la celebridad con que entró en México su nuevo virrey el Excelentísimo señor conde de Paredes* (1680) (Abreu Gómez, 1934: 245).
[293] En el acta de la sesión de cabildo solo se anota el nombre *Valtierra*. Saucedo Zarco (1999: 187) sugiere que debe de tratarse de Bernardo Valtierra, que, en su opinión, «más que poeta, es autor de numerosas censuras y aprobaciones».
[294] En Alatorre, 2007: 21-22, n. 1.
[295] El arzobispo fray Payo fue quien más insistió en que sor Juana aceptara el encargo. Seguramente quería que los futuros virreyes quedaran asombrados por el nivel cultural de la Nueva España. Sin embargo, como bien recuerda Saucedo Zarco (1999: 188), más allá de las buenas relaciones que sor Juana pudo haber tenido con fray Payo, está claro que también las tuvo con el cabildo catedralicio, cuyos miembros permanecían en sus cargos más tiempo que los arzobispos. La misma sor Juana, en su típico tono diplomático no carente de ironía, dice en el *Neptuno*, al comentar la decisión de entregarle la responsabilidad del arco, que «le pareció [a los miembros del cabildo] que era, para pedir y conseguir perdones, más apta la blandura inculta de una mujer que la elocuencia de tantas y tan doctas plumas» (Sor Juana Inés de la Cruz, *Comedias, Sainetes y Prosa*, pág. 358).

[296] Pienso que es muy probable que uno de esos jueces hacedores fuese el mismo Hoyos Santillana, porque, además de ocupar el puesto de tesorero en el cabildo, tenía también el de juez hacedor en la administración civil, según decreto capitular (Saucedo Zarco, 1999: 190).
[297] Sor Juana Inés de la Cruz, *Carta al P. Núñez*, pág. 619: «Y mandaron [los jueces hacedores y la priora] en nombre del Excelentísimo señor arzobispo lo hiciese, porque así lo había votado el cabildo pleno y aprobado su Excelencia». Alatorre (1987: 645) sostiene que sor Juana también aceptó, porque era una gran oportunidad para mostrar que las capacidades intelectuales femeninas no estaban a la zaga de las masculinas.
[298] Saucedo Zarco, 1999: 188.
[299] Ver *Libro de profesiones* (Schmidhuber de la Mora, 2013: 210).
[300] Literalmente le dijo al cabildo que sor Juana era una «pobre religiosa digna de ser socorrida» (en Saucedo Zarco, 1999: 190).
[301] Para Paz (1994: 239) se trata de unas «décimas zalameras». Nada más alejado de la zalamería; más bien hay un tono de complicidad hacia sus amigos dentro del cabildo:

Esta grandeza que usa
conmigo vuestra grandeza
le está bien a mi pobreza,
pero muy mal a mi Musa.
Perdonadme si, confusa
o sospechosa, me inquieta
el juzgar que ha sido treta
la que vuestro juicio trata,
pues quien me da tanta plata
no me quiere ver poeta (vv. 1-10).

[302] Cañeque, 2007.
[303] En el *Neptuno alegórico* se hace una detallada descripción del arco y sus materiales (Sor Juana Inés de la Cruz, *Comedias, Sainetes y Prosa*, pág. 373).
[304] Toussaint, 1952: 11; Alatorre, 2007: 26, n. 7.
[305] Dichos versos aparecieron, primero, en una edición aislada y, después, en una edición conjunta con el *Neptuno alegórico*, probablemente a finales de 1680, bajo el título de *Explicación del Arco*.
[306] Robles, *Diario*, I, pág. 290.
[307] Las otras dos son el *Manifiesto cristiano en favor de los cometas*, hoy perdido, del flamenco Martín de la Torre, y el *Discurso cometológico y relación del nuevo cometa* (1681) del profesor de cirugía de la Universidad de México, José de Escobar Salmerón y Castro. Sigüenza y Góngora respondió a la primera obra con su *Belerofonte matemático contra la quimera astrológica*, también perdido.
[308] Paz (1994: 313-314) sugiere que también se sentía comprometida con la duquesa de Aveiro, pero para 1681 apenas se empezaban a conocer la virreina y sor Juana y probablemente no había escuchado mucho la monja de la prima de María Luisa. La carta en la que la virreina le habla por primera vez a la duquesa de Aveiro de sor Juana data del 30 de diciembre de 1682 (Calvo y Colombi, 2015: 27).
[309] Es preciso señalar que Sigüenza estaba particularmente en contra de la astrología judiciaria, cuyos partidarios afirmaban poder predecir el futuro y, por lo tanto, la con-

sideraba una superstición en oposición a la astronomía que, a sus ojos, era una ciencia. Sobre el tema, ver Vicente García (2006).

[310] Leonard, 1984: 188.

[311] Escribe el erudito en su *Teatro de virtudes políticas*, págs. 172-174: «Estilo común ha sido de los americanos ingenios hermosear con mitológicas ideas de mentirosas fábulas las más de las portadas triunfales que se han erigido para recibir a los príncipes. No ignoro el motivo y bien pudiera hacer juicio de sus aciertos. [...] Y claro está que si era el intento proponer para la imitación ejemplares, era agraviar a su patria mendigar extranjeros héroes de quienes aprendiesen los romanos a ejercitar las virtudes, y más cuando sobran preceptos para asentar la política aun entre las gentes que se reputan por bárbaras. [...]». Y concluye insistiendo que «en los mexicanos emperadores [...] hallé sin violencia lo que otros tuvieron necesidad de mendigar en las fábulas» (*Teatro de virtudes políticas*, pág. 175). La que mendigó no puede ser otra sino sor Juana.

[312] Sigüenza y Góngora, *Teatro de virtudes políticas*, págs. 176-177.

[313] El opúsculo se intitula *Panegírico con que la muy noble imperial Ciudad de México aplaudió al* [...] *conde de Paredes*.

[314] Sigüenza y Góngora, *Triunfo parténico*, pág. 315.

[315] Para el caso de sor Juana los textos con tintes nacionalistas son los tocotines de algunos villancicos, la loa a *El divino Narciso*, el romance a la duquesa de Aveiro (núm. 37) y el soneto a la aparición milagrosa de la virgen de Guadalupe (núm. 206). Para el tema de la conciencia criolla en sor Juana y Sigüenza y Góngora, ver López Cámara (1957) y con un enfoque novedoso Catalá (1987).

[316] Sigüenza y Góngora, *Teatro de virtudes políticas*, pág. 183.

[317] El virrey había nacido el 24 de diciembre de 1638 y la virreina el 24 de octubre de 1649.

[318] María Francisca, su primera hija, nació en 1676 y falleció a los tres años de edad, y Manuel Antonio nació en 1678 y murió a los dieciocho meses.

[319] La renuncia de su hermano en abril de 1685 no parece haber afectado la carrera política del virrey. El duque de Medinaceli había sido ministro desde 1680 y prácticamente gobernó España durante un lustro. Según Bennassar (2001: 201), Juan Tomás de la Cerda fue «en aquella época el más rico y poderoso señor del reino».

[320] Escamilla González, 2005: 379.

[321] Hanke, 1978: 92.

[322] Robles, *Diario*, II, págs. 42-45.

[323] Calvo y Colombi, 2015: 76.

[324] Calvo y Colombi, 2015: 26-27 y 37.

[325] Calvo y Colombi, 2015: 73.

[326] Calvo y Colombi, 2015: 42.

[327] Calvo y Colombi (2015: 42) sugieren la última posibilidad.

[328] Volek, 2016: 73. Su hijo solo le sobrevivió pocos años, pues murió el 21 de enero de 1728 en Viena a la edad de 44 años.

[329] Loa a los años del rey [II] y Loa a los años del rey [III] (Sor Juana Inés de la Cruz, *Autos y Loas*, págs. 309, v. 337; y 329, v. 397).

[330] «Pero si al lado, señor, / de aquel divino milagro / de quien estrellas el Cielo / y flores aprende el mayo / (mi señora la marquesa, / en quien ya se conformaron / el Cielo espirando aromas, / vibrando luces el prado), / estáis [...]» (núm. 13, vv. 73-81).

[331] Rubial García, 2014: 4.

[332] El título del libro de Barrera Barahona es *Festín plausible con que el convento de Santa Clara celebró en su felice entrada a la Excelentísima doña María Luisa, condesa de Paredes, marquesa de la Laguna y virreina de esta Nueva España* (México, Juan de Ribera, 1681). También se hizo presente en los preliminares de la obra el activísimo Diego de Ribera.

[333] Sigüenza y Góngora, que hace la relación del festejo, describe en su *Triunfo parténico* la visita de la virreina a la universidad: «Y como si no bastara para la estima tan sobresaliente favor, en una de las tardes de este cuatriduo, rayó en el cielo del académico claustro todo el sol de la discreción y hermosura en la Excelentísima señora doña María Luisa Gonzaga Manrique de Lara, condesa de Paredes, marquesa de la Laguna» (pág. 133). El párrafo es interesante, porque muestra los esfuerzos de Sigüenza por ganarse el favor de los virreyes, como ya lo había intentado con su arco triunfal, aunque sin mucho éxito.

[334] Calvo y Colombi, 2015: 68.

[335] Sor Juana Inés de la Cruz, *Carta al P. Núñez*, pág. 621.

[336] «Censura» al *Segundo volumen* (1692) de sor Juana Inés de la Cruz (en Alatorre, 2007: 186).

[337] Las frecuentes visitas de María Luisa al locutorio para conversar con sor Juana no fueron únicas ni excepcionales entre una virreina y una monja; ya antes, las marquesas de Cerralvo y Cadereyta, virreinas en la década de los treinta, habían visitado asiduamente los conventos, lo que había ocasionado disputas con las autoridades eclesiásticas (Gonzalbo Aizpuru, 1998: 67). Para este tipo de visitas ellas no necesitaban ir acompañadas de sus maridos y podían hacerlas con las frecuencias que ellas mismas decidiesen (Calvo y Colombi, 2015: 69).

[338] Los regalos de sor Juana a la virreina, que conocemos, fueron un retrato suyo, un nacimiento de marfil, un dulce de nueces, unos peces bobos, unas gallinas, una rosa, unas castañas, un andador de madera y mole (Alatorre, 2001: 19). La virreina le dio a la monja un retrato suyo y una diadema de plumas. Según las *Reglas* de su orden, sor Juana no debía admitir ni enviar regalos (Maza, 1943: 669).

[339] Robles (*Diario*, II, pág. 63) registra el 8 de abril de 1684: «Fueron los virreyes a San Jerónimo a dar las pascuas a la puerta, a las cinco de la tarde». Recuérdese que entre las tres y siete de la tarde no había rezos comunes en el convento.

[340] Esta obsesión provenía de la obligación de asegurar la sucesión.

[341] Que seguramente lo hizo para acompañar un retrato lo confirma el epígrafe: «Procura desmentir los elogios que a un retrato de la poetisa inscribió la verdad, que llama pasión». Alatorre (2006: 22-23) sospecha, con buenas razones, que fue para María Luisa. También hizo unas décimas (núm. 102) para acompañar un retrato suyo, que bien pudo ser este mismo u otro.

[342] Los poemas que se conocen de María Luisa son posteriores a su estancia en México, pero eso no implica que no se haya ejercitado durante sus años mexicanos en este arte.

[343] Calvo y Colombi, 2015: 28.

[344] Recuérdese que tener hombres de placer, es decir, bufones, era propia del estamento aristocrático de la época.

[345] El dato lo brinda el poema 25 de sor Juana, vv. 47-68.

[346] Calvo y Colombi, 2015: 77. Rubio Mañé (1955: 286) señala que el 17 de diciembre de 1684 fue bautizada María Josefa de la Concepción como niña expuesta al mismo virrey. Sin embargo, Pérez-Rincón (2003) apunta que la hija se llamó Tomasa de la Cerda.
[347] Con León Marchante escribió *La virgen de la Salceda, Las dos estrellas de Francia* y *Los dos mejores hermanos, san Justo y Pastor*. Suyas son las piezas: *El fénix de España, san Francisco de Borja*; *San Francisco Xavier, el sol de oriente*; y *Hacer fineza el desaire*.
[348] Para una biografía de Calleja, ver Schmidhuber de la Mora (2014: 69-137).
[349] Ver romance 36.
[350] Calvo y Colombi, 2015: 33-34.
[351] La volvió a nombrar en la *Respuesta a sor Filotea* (pág. 462) y ahí sí con otras mujeres doctas de la misma época como Cristina de Suecia.
[352] Así lo piensa Alatorre, 2001: 14. Sin embargo, no se puede afirmar que la virreina la haya motivado a dicha separación, aunque seguramente sor Juana se sintió apoyada por ella.
[353] El epígrafe del poema es revelador: «Debió la Austeridad de acusarle tal vez el metro; y satisface con el poco tiempo que empleaba en escribir a la señora virreina las Pascuas».
[354] Las primeras tradiciones fueron subrayadas por la crítica desde un principio; la última, más recientemente, por Dugaw y Powell (2006a y 2006b).
[355] El epígrafe evidencia el estado de ánimo de sor Juana: «Favorecida y agasajada, teme su afecto de parecer gratitud y no fuerza».
[356] Calvo y Colombi, 2015: 177-178.
[357] Robles, *Diario*, II, pág. 158: «Miércoles 28, salió para España el marqués de la Laguna, y mucho número de carrozas lo fueron a dejar hasta Guadalupe, con muchas lágrimas de la virreina, a las tres de la tarde».
[358] Zambrano, 1970: 515.
[359] Zambrano, 1970: 516.
[360] Oviedo, *Vida ejemplar*, pág. 8.
[361] Oviedo, *Vida ejemplar*, pág. 9.
[362] Alatorre, 1987: 641, n. 84.
[363] Zambrano, 1970: 517.
[364] Curiosamente Oviedo, asistente de Núñez en su vejez y su biógrafo, también fue enviado a Guatemala, donde había pasado parte de su infancia, para enseñar teología y ahí hizo su profesión del cuarto voto (Lazcano, *Vida ejemplar y virtudes heroicas*, págs. 73-77).
[365] Oviedo, *Vida ejemplar*, pág. 38: «Entraba [Núñez] en una ocasión a visitar al doctor don Joseph de Vega y Vic, abogado que fue de los de mayor crédito y nombre de esta ciudad. Hallolo todo cercado de libros, buscando con grandes ansias un punto, sin haber podido en autor alguno encontrarle. Diole cuenta de lo que le pasaba, y el padre con gran prontitud le respondió: "Vea V. md. a fulano en tal parte". Hízolo al punto y no hubo menester más para hallar al paladar lo que deseaba».
[366] Bénassy-Berling, 2010b: 189. Oviedo, *Vida ejemplar*, págs. 227-228: «Grande cantidad de las limosnas que se repartieron por su mano las dedicaba al alivio de conventos y monjas necesitadas. Fueron sin número las dotes que negoció y las que se ajustaron con su industria y diligencia para asegurar con ellas muchas doncellas pobres consagradas como esposas de Jesucristo en el sagrado retiro de los claustros».

[367] Algunas de sus obras: *Comulgador penitente de la Purísima* (1664), *Pías consideraciones y afectiva meditación de los daños que pueden ocasionar las dependencias de señoras religiosas que vulgarmente llaman devociones* (1665), *Día bueno y entero, con todas sus obras, reglas y obligaciones, de un congregante de la Purísima* (1667), *Sumarias meditaciones...* [*sobre*] *la devoción y socorro de las benditas ánimas del purgatorio* (1676), *Plática doctrinal que hizo el Padre Antonio Núñez... en la profesión de una señora religiosa del convento de San Lorenzo* (1679), *Cartilla de la doctrina religiosa, dispuesta por uno de la Compañía de Jesús para dos niñas, hijas espirituales suyas, que se crían para monjas y desean serlo con toda perfección* (1680), *Tratado cuarto del modo y perfección con que se reza el Oficio divino y se dice la misa* (1685), *Explicación teórica y práctica aplicación del libro cuarto del* Contemptus mundi *para prepararse y dar fructuosamente gracias en la frecuente comunión* (1691), *Práctica de las estaciones de los viernes, como las andaba la venerable madre María de la Antigua* (1693), *Ejercicios espirituales de san Ignacio acomodados al estado y profesión religiosa de las señoras vírgenes, esposas de Cristo, instruido con un diario breve, pero suficiente, de todos los ejercicios cotidianos, para que se empiecen a ejercitar* (1695), *Distribución de las obras ordinaras y extraordinarias para hacerlas perfectamente conforme al estado de las señoras religiosas* (1712).

[368] Lavrin, 1972: 379.

[369] Núñez, *Distribución de las horas del día*, pág. 55: «El confesor [...] ha de ser uno, único, invariable [...], consultado, creído y seguido como celeste oráculo».

[370] Oviedo, *Vida ejemplar*, pág. 114.

[371] Oviedo (*Vida ejemplar*, pág. 193) explica que Núñez «vio mudar muchas cosas de como él las había puesto y ordenado».

[372] Zambrano, 1970: 530.

[373] Bilinkoff, 2005: 21.

[374] Maza, 1943: 669.

[375] Bilinkoff, 2005: 27.

[376] Le dijo sor Juana: «ya que V. R. ha dado en ser mi padre, cosa en que me tengo por muy dichosa» (*Carta al P. Núñez*, pág. 625).

[377] Calleja («Aprobación», pág. 248) cita a Núñez hablando de sor Juana alrededor de los años 1693-1695, y ahí se refiere Núñez a ella como *Juana Inés*; si así la llamaba al final de su vida, seguramente lo hizo de la misma forma décadas antes.

[378] En Schmidhuber de la Mora, 1993: 190.

[379] Santa Teresa, *Libro de la vida*, cap. 5, pág. 124: «Estaba una persona de la Iglesia, que residía en aquel lugar adonde me fui a curar, de harto buena calidad y entendimiento; tenía letras, aunque no muchas. Yo comenceme a confesar con él, que siempre fui amiga de letras, aunque gran daño hicieron a mi alma confesores medio letrados, porque no los tenía de tan buenas letras como quisiera».

[380] Se trata de los *Villancicos de la Asunción* y de los *Villancicos de la Concepción*.

[381] Sor Juana Inés de la Cruz, *Carta al P. Núñez*, pág. 619: «[...] hice [dos villancicos] con venia y licencia de V. R., la cual tuve entonces por más necesaria que la del sr. arzobispo-virrey, mi prelado, y en ellos procedí con tal modestia, que no consentí en los primeros poner mi nombre, y en los segundos se puso sin consentimiento ni noticia mía, y unos y otros corrigió antes V. R.».

[382] Oviedo, *Vida ejemplar*, pág. 13.

[383] Sor Juana Inés de la Cruz, *Carta al P. Núñez*, pág. 620. La envidia de Núñez también se puede deber a que él esperaba ser el autor de uno de los arcos triunfales para el recibimiento de los virreyes de la Laguna. Volek (2016: 38) señala que los arcos anteriores los había elaborado Núñez de Miranda, dato que no he podido corroborar. Sabido es que a la llegada de los Mancera Alonso Ramírez de Vargas elaboró uno de los arcos triunfales: al marqués lo comparó con Eneas y a su esposa con Lavinia. Merrim (2010: 182) también piensa que no es improbable que el padre Núñez se haya sentido celoso por no haber recaído en él el encargo del arco triunfal para recibir a los Laguna.

[384] En un sermón sobre el milagro de los panecitos de santa Teresa resume Núñez su punto de vista sobre las mujeres y, en especial, sobre la misión de las esposas de Cristo: «Las mujeres oigan la palabra de Dios con toda humildad y silencio y no hablen ni prediquen en la Iglesia; aprendan, no enseñen, porque la más y mejor entendida de todas no hace poco en aprender y saber para sí lo que ha de hacer para cumplir sus obligaciones: no le sobra óleo de doctrina para repartir a otros. Y así lo debe remitir a los doctores de la Iglesia que son los mercaderes y cargadores poderosos de esa riquísima mercancía que benefician a precio de estudiosos desvelos» (en Tenorio, 2001: 54).

[385] Sor Juana Inés de la Cruz, *Carta al P. Núñez*, págs. 618-19 y 622.

[386] Se infieren las palabras de Núñez de las preguntas que le dirige sor Juana en su carta de ruptura: «V. R. quiere que por fuerza me salve ignorando. Pues, amado padre mío, ¿no puede esto hacerse sabiendo, que al fin es camino para mí más suave? Pues ¿por qué para salvarse ha de ir por el camino de la ignorancia si es repugnante a su natural?» (Sor Juana Inés de la Cruz, *Carta al P. Núñez*, pág. 623).

[387] Sor Juana Inés de la Cruz, *Carta al P. Núñez*, pág. 623.

[388] Sor Juana Inés de la Cruz, *Carta al P. Núñez*, págs. 618 y 624.

[389] Los lectores de la segunda edición de *Inundación castálida*, cuyo nuevo título fue *Poemas de la única poetisa americana…* (Madrid, 1690), no podían sospechar que, al tratar en el prólogo el tema de la murmuración, sor Juana lo hacía probablemente desde su experiencia vivida con Núñez; en cualquier caso, no era una postura retórica: «Di cuanto quisieres de ellos [mis versos] / que, cuando más inhumano / me los mordieres, entonces / me quedas más obligado, / pues le debes a mi Musa / el más sazonado plato / (que es el murmurar), según / un adagio cortesano» (núm. 1, vv. 21-28).

[390] Sor Juana Inés de la Cruz, *Carta al P. Núñez*, págs. 624-625. *Correpción* es forma antigua por 'corrección'.

[391] El pasaje en el original está en latín: «Certissimum est, ultimum religiosorum ac saecularium finem eundem esse: quia omnes, si vitam sancte recteque instituant, simul ad vitam aeternam tendunt» (en Torre Villar, 1979: 509). La traducción es de Alatorre (1987: 672).

[392] Alatorre (1987) data la carta a Núñez en el otoño de 1682 bajo el argumento de que la monja indica que desde hace dos años él viene quejándose sobremanera de sus actos; para el estudioso estas quejas se habrían acrecentado a partir del *Neptuno alegórico* (1680). Varios críticos han aceptado esta fecha, sin embargo, Volek (2016: 56-57) arguye convincentemente que la ruptura tuvo que darse en 1684, pues todavía en diciembre de 1683 sor Juana dirige un romance a la virreina en el que se queja de Núñez (núm. 33). A diferencia de Alatorre, Volek no cree que el *Neptuno alegórico* haya desatado la furia del confesor, sino más bien el trato que desarrollaron a partir de 1681

y, sobre todo, 1682 los virreyes con sor Juana; de ahí que la monja diga en 1684 que desde hace dos años Núñez se ha dedicado a hablar mal de ella.

393 Sor Juana Inés de la Cruz, *Carta al P. Núñez*, pág. 625.

394 Sor Juana Inés de la Cruz, *Carta al P. Núñez*, pág. 626.

395 Lavrin, 2008: 435, n. 21.

396 Núñez siguió siendo calificador del Santo Oficio hasta su muerte.

397 Bilinkoff, 2005: 24.

398 Sostiene Tapia Méndez (1981: 61): «En algunos momentos hemos pensado que cuando sor Juana escribió, despacio y meditada, la respuesta a sor Filotea, tenía a la vista en su copiador de cartas la que años antes había escrito a su confesor». Para Alatorre (1987: 617) la razón por la que escribió la carta fue porque «habría sido incómodo tratar [el asunto] de viva voz».

399 Alatorre, 1987: 635-638

400 Se ha asumido que fue Pedro de Arellano y Sosa. Eguiara y Eguren (*Vida del venerable padre…*, pág. 367) refiere en 1735 que «muerto [el padre Núñez], se confesó muchas veces [sor Juana] con nuestro don Pedro [de Arellano y Sosa], y, percibiendo su doctrina y su virtud con la inmediación y experiencia que le franqueaba esta causa solía decir: "Docto, el padre Barcia" (también lo había manejado); "santo, el padre Pedro", expresando con esta a modo de precisión filosófica las especies que recibía de aquellos dos hombres con una alma en fuerza del Amor, y concediendo al extático Arellano las más claras de la santidad aun viéndolas tan ilustres en el no menos contemplativo Barcia». Alatorre (1987: 667, n. 119) cree que Eguiara y Eguren se equivocó en las fechas y que Arellano no asumió las funciones de confesor de sor Juana tras la muerte de Núñez, sino inmediatamente después de la ruptura entre sor Juana y él, pues «más de medio siglo después de los sucesos […] Eguiara no podía concebir que, en vida del venerable Núñez, hubiera podido tener sor Juana otro confesor». Paz (1994: 504) y Trabulse (1999: 37) secundan la opinión de Alatorre. Sin embargo, hay que tener en cuenta que en 1736 Gutiérrez Dávila (*Memorias históricas*, pág. 65) afirmó que «[la madre Juana Inés de la Cruz] se confesó muchas veces con el venerable padre don Pedro [de Arellano] después que su grande desengaño le hizo despreciar de sus mismos talentos los aplausos». Si su confesor fue, en efecto, Pedro de Arellano, habría que explicar por qué este hombre, que también fue hijo espiritual de Núñez y que, según Gutiérrez Dávila, cruzaba levitando el templo de San Bernardo, no ejerció el mismo control moral e intelectual sobre sor Juana que su antiguo confesor.

401 Sor Juana se reservó 700 pesos para sus gastos en la toma del hábito y dejó otros 240 pesos en oro en manos de su madre. La primera cantidad se menciona en el *Memorial y licencia para llevar a cabo el orden del hábito de bendición* (en Soriano Vallès 2010: 436); la segunda, en su «Testamento y renuncia de bienes» (Cervantes 1949: 17). Para la declaración de las monjas de 1698, ver Schons (1929: 166).

402 Muñoz de Castro, *Defensa del Sermón del Mandato*, pág. 57.

403 La leyenda del cuadro de Miranda dice que fue contadora nueve años: «[la madre Juana] ejercitó con aclamación continuas demostraciones de su gran sabiduría, y el empleo de contadora en el dicho convento, tiempo de nueve años, desempeñándolo con varias heroicas operaciones y las de su gobierno en su archivo». Sin embargo, algunos documentos sugieren que cumplía dichas funciones desde antes.

Alatorre y Tenorio (2014: 137-140, n. 1) sospechan que lo hacía desde 1681. Con seguridad era ya contadora en 1686 —año en que se realizó en el convento un *Voto y juramente mariano*— donde fue elegida como contadora en el capítulo de ese año y fue reelecta en los capítulos de 1689 y 1692. Y, al parecer, sor Juana estuvo bastante orgullosa de ser la contadora. En la portada de los *Villancicos de san José* (1690) permitió que se mencionara que era «religiosa profesa de velo y coro y contadora en el muy religioso convento del máximo doctor de la Iglesia san Jerónimo de la imperial Ciudad de México».

404 Para darse una idea de las cuantiosas sumas que manejaba sor Juana, considérese, por ejemplo, que en 1661 San Jerónimo recibió 270.000 pesos solo en censos (Trabulse, 1998a: 22); la cantidad debe haber sido similar o más alta veinte años después.

405 Muñoz de Castro, *Defensa del Sermón del Mandato*, pág. 57.

406 Para mayores datos sobre la vida de Ortiz de Torres, ver Trabulse (1998a).

407 Bénassy-Berling (1998: 34) sostiene que su cargo de contadora debió de haber sido esencial en su «relación de fuerzas» entre ella y la autoridad eclesiástica.

408 Poot Herrera, 2004: 100.

409 Con toda razón afirma Trabulse (1998b: 85) que por las manos de la jerónima pasó «una mayor cantidad de papeles con contenido económico que con contenido literario».

410 Sigüenza y Góngora, *Paraíso occidental*, págs.135-136. La religiosa que narra sus difíciles inicios como contadora es sor Inés de la Cruz, monja concepcionista que fundó el convento de carmelitas, al que ingresó sor Juana en su primer intento de convertirse en monja.

411 Ver Paz, 1994: 324.

412 Schmidhuber de la Mora, 2013: 35.

413 Cuando murió en 1695, el convento aún le debía «ochocientos pesos de oro común en reales [...] que suplió y gastó en los aderezos y reparos que hizo en dicho convento» (Schons, 1929: 175).

414 Schons, 1929: 167 y 171.

415 Fue ávida lectora, por ejemplo, de Benito Arias Montano, muy leído a finales del XVI por varios reformadores sociales españoles, que bien podría explicar su racionalismo crítico; esta influencia hasta ahora no ha sido estudiada. Su crítica a sus hermanas religiosas que se pasan el día chismorreando, ¿no es en el fondo una condena a la ociosidad? Sabemos que sor Juana era gran limosnera, pero no hacía exhibicionismo de esta virtud como Aguiar y Seijas. Su concepción de caridad, probablemente, se vio influida por la de san Jerónimo, que aconsejaba: «Que proveas bien y con mucha prudencia en el repartir de las limosnas: no des lo que es de los pobres a los que no lo son» (San Jerónimo, *Epístolas*, fol. 74v.).

416 Cervantes, 1949: 22-23.

417 Cervantes, 1949: 30-31.

418 Cervantes, 1949: 36-38.

419 Cervantes, 1949: 36.

420 Sor Juana Inés de la Cruz, *Respuesta a sor Filotea*, pág. 446.

421 Las grandes bibliotecas privadas de la época tenían alrededor de 1500 volúmenes y un gran convento masculino de aquellos años albergaba entre sus paredes no más de 12.000 libros (Bénassy-Berling, 2010a: 114).

[422] Schons (1929: 169) piensa que la monja como poco debió poseer unos 400 libros. A su vez Paz (1994: 297), de quien tomo el dato del número de libros de Sigüenza y Góngora, calcula que sor Juana tuvo unos 1500 volúmenes.
[423] Sostiene Calleja («Aprobación», pág. 246) que sor Juana formó su biblioteca «casi sin costa, porque no había quien imprimiese que no la contribuyese [un libro], como a la fe de erratas».
[424] Castelló Yturbide, 1998: 177.
[425] En la primera página del libro de Mirándola se lee: «JHS de Juana Inés de la Cruz, la peor» (Abreu Gómez, 1934: 332). El autógrafo en el tratado de Juan de Jesús María se encuentra al final en una hoja en blanco: «de la Madre Ju.ª Ynes de la Cruz religiosa de nuestro Padre San Hieronymo. año de 1683 a 15 de enero» (Torre Villar, 1979: 508).
[426] Alatorre, 1987: 672, n. 128.
[427] Ver Maza, 1952: 18-21.
[428] Ver Maza, 1980: 302-304.
[429] Malón de Echaide, *La conversión de la Madalena*, pág. 107.
[430] Illades, 2008: 22.
[431] Paz, 1994: 300.
[432] Merrim (2012), que identifica algunos de los autores mencionados, argumenta brillantemente a favor de descubrir e indagar más sobre las fuentes novohispanas de sor Juana.
[433] El anónimo autor del *Discurso apologético* (pág. 86) declaró en 1691 que sor Juana era muy aficionada de los portugueses. Abreu Gómez (1938b: 38) estaba convencido de que sor Juana había aprendido portugués en su estancia con los virreyes de Mancera, pues aquella corte habría sido «mitad española y mitad portuguesa». Sin embargo, Ricard (1998: 172) cuestiona la base documental de Abreu Gómez y recuerda que en toda su obra sor Juana solo se refirió a dos autores portugueses: la duquesa de Aveiro y Antonio Vieira. El único registro de que supo algo de portugués son algunos versos escritos, no siempre correctamente, en este idioma en los *Villancicos a san Pedro apóstol* (1677).
[434] Alatorre, 1987: 636, n. 74.
[435] Sobre su afición a coleccionar, ver Paz (1994: 295).
[436] La noticia la brinda Eguiara y Euguren («Ioanna», pág. 537) en 1755.
[437] Lo sostiene Calleja («Aprobación», pág. 243), pero es un enigma cómo pudo tener él acceso al manuscrito y no María Luisa.
[438] En Torre Villar, 1979: 508.
[439] Sor Juana Inés de la Cruz, *Respuesta a sor Filotea*, pág. 458.
[440] Pero Miranda hizo dos retratos. Uno está perdido y llevaba una segunda inscripción, que fue copiada por quienes alcanzaron a verlo: «Esta copia de la M. Juana Inés de la Cruz dio p. la Contaduría de este nuestro Convento la M. Maria Gertrudiz de Santa Eustaqui, su hija siendo Contadora. Año de 1713. —*Miranda fecit*». Sobre este punto, ver Tapia Méndez (1995: 442-451).
[441] Además del lienzo de Miranda (en la rectoría de la Universidad Nacional Autónoma de México) y del de Cabrera (en el Museo Nacional de Historia, México) los otros retratos *clásicos* son los siguientes: de Miguel de Herrera (1732); de Nicolás Enríquez de Vargas (en el Museo de Arte de Filadelfia); de Andrés Islas de 1772 (en el Museo de América en Madrid); de Antonio Ponz (en El Escorial); y un retrato anónimo en

el convento de Santa Paula en Sevilla. Para un estudio exhaustivo de los retratos de la monja, ver Tapia Méndez (1995).

442 Identifica la autoría del cuadro Schmidhuber de la Mora (2012).

443 En sus famosos ovillejos, donde «pinta en jocoso numen [...] una belleza», dice: «Y cierto que es locura / el querer retratar yo su hermosura, / sin haber en mi vida dibujado / ni saber qué es azul o colorado, / qué es regla, qué es pincel, oscuro o claro, / aparejo, retoque, ni reparo» (núm. 214, vv. 5-10).

444 Oviedo, *Vida ejemplar*, pág. 133.

445 Calleja, «Aprobación», pág. 241.

446 Calleja, «Elegía», vv. 112-117 (en Alatorre, 2007: 303).

447 Calleja, «Elegía», vv. 119-129: «Desto una vez, ni leve ni grosero, / le escribí, y respondió, como al fin ella, / ni vana ni asustada, a lo que infiero: / no vana, que preciarse de muy bella / fuera un mentís de espíritu tan sabio, / ni susto temo que le diese el vella, / pues saliera su espejo al desagravio; / y esto se quedó aquí, que en tal asunto, / ciencia del pecho es que ignore el labio» (en Alatorre, 2007: 303)

448 Identifica Navarro Tomás (1953-1954: 44) el sitio privilegiado que ocupa sor Juana en la historia de la versificación: «En la segunda mitad del siglo XVII, mientras declinaba en España la rica polimetría desplegada en la versificación de la lírica y del teatro del Siglo de Oro, sor Juana Inés de la Cruz empleaba en sus obras una variedad de metros y estrofas apenas igualada por ningún otro poeta anterior». Paz (1994: 203) le secunda. Alatorre (1977: 342) es todavía más enfático al declarar que en la producción poética de sor Juana «hay una variedad extraordinaria (no igualada, que yo sepa, por la de ningún otro autor) de romances compuestos en versos no octosílabos y en estrofas que no son la simple cuarteta. [...] Sor Juana es, *en este sentido*, el poeta más representativo del Barroco español, su culminación más visible». En su artículo analiza Alatorre (406-426) algunas de las innovaciones técnicas más importantes de la poesía de la monja.

449 Calleja, «Elegía», v. 82 (en Alatorre, 2007: 302).

450 Alatorre (1977: 407) sostiene no haber encontrado ningún romance de este tipo anterior a 1680; los *Villancicos a la Navidad* (1680), a los que pertenecen los versos citados, son atribuibles (Sor Juana Inés de la Cruz, *Villancicos y Letras Sacras*, pág. 279, vv. 13-20).

451 Sor Juana Inés de la Cruz, *Respuesta a sor Filotea*, pág. 471.

452 El epígrafe del poema en el *Segundo volumen* (1692) —libro sobre el que sor Juana debió de tener injerencia editorial— es inequívoco: «*Primero sueño*, que así intituló y compuso la madre Juana Inés de la Cruz, imitando a Góngora» (pág. 247).

453 Navarro Vélez, «Censura» del *Segundo volumen* (en Alatorre, 2007: 115).

454 Castorena y Ursúa («Prólogo», págs. 310-311) apunta que sor Juana continuó una obra que Agustín de Salazar y Torres dejó inconclusa, *La segunda Celestina*. Schmidhuber de la Mora dio a conocer en 1990 el hallazgo de un manuscrito, que, en su opinión, es la continuación de la obra de Salazar y Torres hecha por sor Juana. Sin precisar la fecha de composición, Schmidhuber de la Mora (2005: 168-172) sostiene que dicha continuación es en todo caso anterior a *Los empeños de una casa*. Mientras que Alatorre (1990) duda que en la comedia hallada por Schmidhuber de la Mora haya intervenido la monja, Paz (1990) está convencido de que sor Juana escribió el final.

455 Sor Juana Inés de la Cruz, *Comedias, Sainetes y Prosa*, pág. 204, vv. 529-556.

[456] El poeta peruano, Caviedes, que le escribió a sor Juana alrededor de 1692 una carta acompañada de un romance, menciona en un poema la afición del conde de la Monclova por la poesía: «Ser poeta y ser virrey / desinteresado, digo, / como lo sois, se complica; / que uno es puerco, y otro es limpio» (en Ballón Aguirre, 1997: 279, n. 19).

[457] Calvo y Colombi, 2015: 43.

[458] Ya he mencionado los dos libros: el *Festín plausible...* (1681) de José de la Barrera Barahona y el *Triunfo parténico...* (1683) de Sigüenza y Góngora.

[459] Dodge y Hendricks, 1993: 27.

[460] Meses antes de su partida a México, doña Elvira le escribía a su cuñado con gran fervor amoroso: «Querido de mi vida y de mi corazón: este correo he tenido carta tuya que ha sido para mí de tan gran gusto y consuelo como puedes creer por haber tanto tiempo que no la tenía y, en sabiendo yo que estás bueno, estoy con el gusto que puedes considerar, pues soy contigo dos cuerpos y un alma, aunque tú no quieras» (en Dodge y Hendricks, 1993: 201). Don Gregorio, cuatro años mayor que Gaspar, fue un hombre sumamente poderoso y cosmopolita. Con treinta años había sido nombrado embajador extraordinario de Carlos II para que organizara los preparativos de su boda con María Luisa de Orleáns. Murió de manera repentina en 1693.

[461] Incluso después de la muerte de don Gregorio expresó Elvira de Toledo su voluntad de regresar a España cuanto antes. En carta del 26 de junio de 1694 le comentó a su hermano sobre su «harto deseo que este año venga sucesor a mi primo para que nos podamos volver cuanto antes» (en Dodge y Hendricks, 1993: 229).

[462] Lo afirma Salceda (en sor Juana Inés de la Cruz, *Comedias, Sainetes y Prosa*, págs. 575-576). Fue además asistente del director teatral Fernando de Valenzuela. Para el físico y vestimenta del virrey, ver Rubial García (1996b: 66).

[463] Robles, *Diario*, II, pág. 174.

[464] Se ha dicho que Guevara era su primo, pero el parentesco no ha sido probado fehacientemente. Es probable que sor Juana también haya intervenido en la elaboración de la segunda jornada (Schmidhuber de la Mora, 1996: 182-186). La loa a los años del virrey aparece en las *Obras completas* con el núm. 396.

[465] Robles, *Diario*, II, págs. 175 y 181.

[466] Lezamis, *Breve relación*, pág. 105.

[467] Sigüenza y Góngora, *Alboroto y motín*, pág. 234.

[468] Castorena y Ursúa, «Prólogo», pág. 308.

[469] Schons, 1929: 175-176.

[470] Lezamis, *Breve relación*, pág. 76.

[471] Lezamis, *Breve relación*, pág. 78.

[472] Para la biografía de Aguiar y Seijas sigo a Sosa (1962) y Muriel (2000).

[473] No considero los atribuibles a sor Juana en estos años. Aun así, está claro que su principal actividad villanciquera se dio entre 1677-1681 y 1689-1691. Anterior a 1689 solo en dos ocasiones escribió más de un juego de villancicos al año (1676 y 1677).

[474] La profesión de sor María Gertrudis fue el 25 de marzo de 1689, según consta en el *Libro de profesiones* (en Schmidhuber de la Mora, 2013: 223-224).

[475] En Alatorre, 2007: 154.

[476] En el epígrafe del soneto 195 leemos sobre los escritos aparecidos en *Inundación castálida* que se trata de aquellos «que pudo recoger sóror Juana de muchas manos,

en que estaban no menos divididos que escondidos, como tesoro, con otros que no cupo en el tiempo buscarlos ni copiarlos». Y el epígrafe del romance-prólogo de *Poemas* (1690), reedición de *Inundación castálida*, apunta que sor Juana estaba «negada a [la] custodia [de sus versos], pues en su poder apenas se halló borrador alguno» (núm. 1).

[477] Alatorre, 2001: 10.

[478] Alatorre (1984: 13) está convencido de que sor Juana le pidió directamente a Tineo que escribiese la Aprobación. En cuanto al prólogo algunos sostienen la autoría de Francisco de las Heras (Alatorre, 1980: 466) o de Juan Camacho Jayna (Peñalosa, 1988: 130-136); sin embargo, en mi opinión, la primera línea del prólogo sugiere que su autor jamás estuvo en América y ellos dos sí residieron en México: «Gusto suele ser de los entendidos reparar en que todas las cosas que en España nos refieren de las Indias los que vuelven de allá siempre son grandes, aun excesivamente mayores que las nuestras: los pájaros, las plantas, los frutos [...]» (en Alatorre, 2007: 43). No hay que descartar que Tineo haya sido tanto el autor del prólogo como de la Aprobación.

[479] Núñez debió de pasar noches enteras sin dormir al conocer semejante título. Tan rimbombante rótulo no pudo ser una propuesta de sor Juana, tradicionalmente modesta y elegante. Además, en términos materiales la impresión deja mucho que desear: la calidad del papel es mala, la tipografía vieja, y la variedad de tipos pobre (Rodríguez Cepeda, 1998: 24).

[480] Poot Herrera, 1999: 30.

[481] Es probable que De las Heras, que había abandonado México desde el 28 de marzo de 1686 —ocho meses antes de que los condes de Paredes dejaran de gobernar la Nueva España—, haya sido el primero en entrar en contacto con impresores para gestionar la publicación de la obra de sor Juana.

[482] Para mayores datos biográficos de Tineo, ver Alatorre (1984).

[483] Salceda en sus notas a sor Juana Inés de la Cruz, *Comedias, Sainetes y Prosa* (pág. 663) sitúa la composición de estas obras devocionales entre 1684 y 1688. Para 1691 ya habían sido publicadas en México. Pero el público español las conoció en 1700 cuando ya había muerto su autora.

[484] Antes se hallan solo la dedicatoria y un soneto que le regaló sor Juana a María Luisa para acompañar su retrato (núm. 145).

[485] Sobre este tríptico, ver Alatorre (2003a: 130-134). No ha faltado quien, ante lo apasionado de los poemas, considere que tienen un trasfondo autobiográfico y los relacione con su período en la corte virreinal (Salceda, 1952b).

[486] Calleja («Aprobación», pág. 244) también se detuvo en el asunto: «Ya se sabe que la fortuna se la tiene jurada a la naturaleza, y que el gran lustre de una habilidad es el blanco a que endereza sus tiros la suerte, mereciendo los que vuelan más alto en la esfera de una comunidad la conmiseración que se suele tener de Cicerón y Aristóteles, porque son afligidos donde están, y alabados donde no».

[487] De 1689 a 1725 *Inundación castálida* fue editada en nueve ocasiones (como ya he dicho, a partir de la segunda edición se cambió el nombre por el de *Poemas de la única poetisa americana, Musa décima, sóror Juana Inés de la Cruz);* el *Segundo volumen* tuvo entre 1692 y 1725 seis ediciones; finalmente, *Fama y obras póstumas* (1700) contó con cinco ediciones de su fecha de aparición a 1725. ¡20 ediciones en 36 años! Para más detalles, ver Sabat de Rivers (1982: 72-75).

[488] Paz, 1994: 405.

[489] En esta reedición se hacen algunos cambios en los epígrafes. Además del prólogo (núm. 1), de unas redondillas para cantar (núms. 71-72), de un romance que escribió para Francisco de las Heras (núm. 36) y de su única composición guadalupana (núm. 206), *Poemas* contiene cinco sonetos escandalosos (núms. 159-163), de los que ya he hablado (ver capítulo 3).

[490] Volek (2016: 80) incluso lo denomina *annus mirabilis*, porque sitúa en él la composición de *Primero sueño*.

[491] Se trata de la tercera edición de *Inundación castálida*, conocida como *Poemas...* (Barcelona, 1691).

[492] Sor Juana Inés de la Cruz, *Respuesta a sor Filotea*, págs. 440-441.

[493] El anónimo autor del *Discurso apologético*, fechado en febrero de 1691, señala que el sermón de Vieira en su versión castellana «habrá sus seis meses que vino a dar a manos del ingenio incomparable de la madre Juana Inés de la Cruz» (pág. 85).

[494] Ricard (1998: 168) sugiere las fechas de 1642-1646 o 1651-1652 para la prédica del sermón. Define sor Juana el término *fineza* así: «¿Es fineza, acaso, tener amor? No, por cierto, sino las demostraciones de amor: esas se llaman finezas. Aquellos signos exteriores demostrativos, y acciones que ejercita el amante, siendo su causa motiva el amor, eso se llama fineza» (Sor Juana Inés de la Cruz, *Carta atenagórica*, págs. 423-424).

[495] Schmidhuber de la Mora (2008: 26) piensa que Aguiar y Seijas financió la traducción.

[496] *Comulgador penitente de la Purísima* (1684 y reeditado en 1690); *Explicación literal y sumaria al decreto de los eminentísimos cardenales intérpretes del Santo Concilio de Trento* (1687); *Práctica de las estaciones de los viernes como los andaba la venerable madre de la Antigua* (1693); esta última publicada tras el debate en el locutorio.

[497] Particularmente las letras XXII y XXXIX; en estas sigue el concepto de fineza defendido por santo Tomás de Aquino. Sobre el tema, ver Glantz (1998: 175-177).

[498] Sor Juana Inés de la Cruz, *Carta atenagórica*, pág. 428.

[499] También puede ser que alguien le haya contado a esta persona de autoridad lo que sor Juana expuso en aquella ocasión y que, en consecuencia, él le haya pedido hacer una exposición por escrito. El inicio de la *Carta atenagórica* es ambiguo al respecto: «Muy Señor mío: De las bachillerías de una conversación, que en la merced que V. md. me hace pasaron plaza de vivezas, nació en V. md. el deseo de ver por escrito algunos discursos que allí hice de repente sobre los sermones de un excelente orador [...]» (Sor Juana Inés de la Cruz, *Carta atenagórica*, pág. 412). Puccini (1967) presume que el personaje que escuchó la conversación de sor Juana fue Fernández de Santa Cruz, obispo de Puebla, y que él mismo le solicitó poner por escrito sus ideas; le siguen Paz y otros. Alatorre y Tenorio (2014: 20) piensan que el misterioso interlocutor es fray Antonio Gutiérrez. Eguiara y Eguren («Ioanna», pág. 543), a su vez, señala: «Escribió también a petición de unos sabios, con quienes quizá había conversado, sobre el *Sermón del Mandato*, escrito por el sobresaliente varón, padre Antonio de Vieira [...]. Esos manuscritos fueron enviados por sus amigos».

[500] Para san Agustín la mayor fineza fue la muerte de Cristo por la humanidad; para Juan Crisóstomo, el lavatorio de los pies de los apóstoles; y para santo Tomás, la instauración de la Eucaristía.

501 Sor Juana Inés de la Cruz, *Carta atenagórica*, pág. 435.
502 Sor Juana Inés de la Cruz, *Carta atenagórica*, pág. 435.
503 Sor Juana Inés de la Cruz, *Carta atenagórica*, pág. 436.
504 Sor Juana Inés de la Cruz, *Carta atenagórica*, pág. 435: «Finalmente, aunque este papel sea tan privado que solo lo escribo porque V. md. lo manda y para que V. md. lo vea, lo sujeto en todo a la corrección de nuestra Santa Madre Iglesia Católica [...]».
505 Pérez-Amador Adam (2011: 28-29) sostiene convincentemente que sor Juana sí tenía pensado publicar la carta. La censura del *Segundo volumen*, donde apareció publicada la *Atenagórica*, data del 18 de julio de 1691. Esto implica que sor Juana debió de enviar su texto a España probablemente antes de noviembre de 1690, es decir, previo a la impresión en Puebla de la carta de marras.
506 La primera identificación oficial de Fernández de Santa Cruz en su papel de sor Filotea la hizo Oviedo en su biografía del padre Núñez (Oviedo, *Vida ejemplar*, pág. 135).
507 Para el año de 1675 como el de un posible encuentro entre los dos, ver Poot Herrera (2016). Después de ese año es improbable que se volvieran a ver, porque, como bien sostiene Bénassy-Berling (2010a: 197), no hay registro de ello y difícilmente un viaje de un prelado tan importante a la capital no dejaría registro.
508 Citado por Schmidhuber de la Mora (2014: 140). Al parecer la bella ciudad de Puebla ofrecía cierto encanto, pues veinte años antes Diego Osorio Escobar y Llamas, en ese momento obispo de Puebla, había rechazado la misma oferta.
509 Puccini (1996: 48-51) sostiene que tanto Fernández de Santa Cruz como Aguiar y Seijas aspiraban al cargo de arzobispo. De esta idea se sirve Paz, quien asume una rivalidad entre ambos prelados y cree que sor Juana fue utilizada por Fernández de Santa Cruz, enemigo de los jesuitas, para atacar a Aguiar y Seijas.
510 Bénassy-Berling, 1993: 86-88.
511 Citado por Paz (1994: 477).
512 Fernández de Santa Cruz, *Carta de sor Filotea*, pág. 695.
513 Fernández de Santa Cruz, *Carta de sor Filotea*, pág. 696.
514 Fernández de Santa Cruz, *Carta de sor Filotea*, pág. 695.
515 Fernández de Santa Cruz, *Carta de sor Filotea*, pág. 696.
516 Oviedo, *Vida ejemplar*, págs. 135-136. Hace una valoración similar el biógrafo de Fernández de Santa Cruz, Miguel de Torres, sobrino de sor Juana: «Era muy celebrada en esta Nueva España la madre sor Juana Inés de la Cruz [...] así por la grande capacidad y soberano entendimiento de que Dios la había dotado, como por la gracia de saber hacer y componer elegantes versos. Con esta ocasión era visitada de muchas personas, y de las de primera clase. Llegó la noticia a nuestro amantísimo obispo el señor don Manuel; y, como tan celoso de que las esposas de Cristo no estuviesen todas empleadas en el trato interior de su Celestial Esposo (como lo deben estar las religiosas), condolido y lastimado de que un sujeto de tan relevantes prendas estuviera tan distraído y convertido a las criaturas y no a Dios, resolvió escrebirla la [*Carta de sor Filotea*]. Tuvo esta carta el deseado efecto del caritativo príncipe, porque retirándose, y aplicando de allí adelante su poema [*sic*] a cosas espirituales, como se lo persuadía la carta, vivió y murió dejando ejemplo a sus hermanas las religiosas, y con prendas de su salvación» (*Dechado de príncipes*, pág. 475). En cambio, Castorena y Ursúa, al reproducir la *Carta de sor Filotea* en *Fama y obras póstumas* (1700), hace una lectura

muy distinta de esta, pues señala en el epígrafe que en ella Fernández de Santa Cruz «aplaude a la poetisa la honesta y hidalga habilidad de hacer versos».

[517] Sor Juana Inés de la Cruz, *Carta al P. Núñez*, pág. 624.

[518] La *Fe de erratas* está perdida, pero es posible reconstruir su contenido gracias al anónimo autor del *Discurso apologético*. En este último texto se lee: «Y añade luego [el Soldado castellano] que si él hubiera de hacer la invectiva que se le ofrece…, pero suspende el período con aquel epifonema misterioso del dios de las aguas Neptuno: *sed mot<os> praestat componere fluctus*, y no quiere decir el motivo, no por respeto de la madre Juana, sino por miedo de la madre Filotea, trayendo para esto el cuento de *Non tibi, sed religioni*» (pág. 105). Explica Rodríguez Garrido (2004: 66) que dicho cuento alude a un emblema de Alciato, donde se presenta la historia de un asno que lleva sobre su lomo la estatua de la diosa Isis y por ello recibe muestras de respeto; el asno, ensoberbecido, quiere alzarse, pero el dueño lo castiga con azotes para mostrarle que dichos honores no son para él.

[519] Sor Juana Inés de la Cruz, *Respuesta a sor Filotea*, pág. 469. ¿Acaso habrá pensado sor Juana que Fernández de Santa Cruz sabía quién era el Soldado, que por lo que sabemos vivió en Puebla, para mandarle a través de él este mensaje?

[520] En aras de la exactitud hay que apuntar que Palavicino y Villarrasa quería explicar cuál era la fineza mayor de santa Paula, pero, para definirla, se vio en la obligación de exponer primero cuál fue la mayor fineza de Cristo. El sermón fue impreso el 10 de marzo de 1691.

[521] Ver Palavicino y Villarrasa, *La fineza mayor*, págs. 75-76.

[522] En Alatorre, 2007: 76.

[523] «Yo no quiero ruido con el Santo Oficio, que soy ignorante y tiemblo de decir alguna proposición malsonante o torcer la inteligencia de algún lugar» (Sor Juana Inés de la Cruz, *Respuesta a sor Filotea*, pág. 444). La Inquisición en la Nueva España no ejerció la misma presión que en la Península; de hecho, aunque hubiese querido, no lo hubiese podido hacer: mientras que en España existían en la época de sor Juana dieciséis tribunales inquisitoriales, en México solo había uno compuesto por tres inquisidores. El último gran auto de fe se había celebrado en 1649, es decir, alrededor del año de nacimiento de la jerónima (hubo otro auto de fe menor en 1656). La Inquisición parece, por lo demás, haber sido en América una institución bastante ineficaz: los casos en que actuó de manera represiva son muy contados (Alberro, 1998: 23-29).

[524] Anónimo, *Carta de Serafina de Cristo*, pág. 78.

[525] Alatorre y Tenorio (2014: 177-185) proponen que fue Juan Ignacio de Castorena y Ursúa; Poot Herrera (2009) no descarta la autoría de Pedro de Avendaño, que en 1703 fue expulsado con Pedro Muñoz de Castro y Palavicino y Villarrasa del arzobispado; Kirk (2007: 133) advierte que más que la identidad del autor —ella se inclina por una mujer— importa que el texto se presente a sí mismo como una alianza intelectual femenina.

[526] Aunque los textos no se conservan, sabemos que uno fue firmado por un tal «Carabina» a favor de sor Juana, otro por una Mari Dominga contra sor Juana, y unas quintillas y un romance por un capellán y un cura respectivamente, ambos nuevamente a su favor. Sobre estos documentos, ver Rodríguez Garrido (2004: 42-43).

[527] Anónimo, *Discurso apologético*, pág. 85.

[528] Rodríguez Garrido, 2004: 79.

[529] Anónimo, *Discurso apologético*, pág. 86.
[530] A Fernández de Santa Cruz le asegura sor Juana (*Respuesta a sor Filotea*, pág. 472) que otros han respondido por ella «sin saberlo yo», pero es difícil creer que ella no haya estado al tanto de las intervenciones de sus simpatizantes.
[531] Sor Juana Inés de la Cruz, *Respuesta a sor Filotea*, pág. 440: «No mi voluntad, mi poca salud y mi justo temor han suspendido tantos días mi respuesta».
[532] Sor Juana Inés de la Cruz, *Respuesta a sor Filotea*, pág. 441.
[533] Así también lo entendió Juan Ignacio de Castorena y Ursúa, quien en 1700 dio a conocer esta carta y enfatizo que se trataba de la contestación de una poetisa y no de una monja: *Respuesta de la poetisa a la muy ilustre sor Filotea de la Cruz*.
[534] Sor Juana Inés de la Cruz, *Respuesta a sor Filotea*, pág. 462.
[535] Sor Juana Inés de la Cruz, *Respuesta a sor Filotea*, pág. 467.
[536] Sor Juana Inés de la Cruz, *Respuesta a sor Filotea*, pág. 472.
[537] Sor Juana Inés de la Cruz, *Respuesta a sor Filotea*, pág. 444.
[538] Paz (1994) no le da mayor importancia a los poemas a los Galve. A la condesa de Galve, de hecho, la cita muy pocas veces en todo su libro.
[539] En la loa hablan las notas musicales. Cuando el *Ut* se presenta ante la virreina, le dice: «El Ut soy, / como en mis tarjas se muestra, / y el eco de su *Virtud*, / pues en "virtud" el Ut suena» (Sor Juana Inés de la Cruz, *Autos y Loas*, pág. 471, vv. 287-290). Comenta Méndez Plancarte: «Para que el *Ut* suene en *Virtud*, es preciso emitir este final a la madrileña, donde llega a oírse *Madrit*» (en sor Juana Inés de la Cruz, *Autos y Loas*, pág. 722).
[540] Lavrin, 1972: 378.
[541] Ramírez España, 1947: 76-77. Salazar Mallén (1978: 31-34) cree que sor Juana espero tanto tiempo, porque Villena era, en realidad, hijo del primer esposo de Josefa María y que solo después de la muerte del amante se atrevieron a traer de regreso al vástago del primer matrimonio.
[542] Fernández de Santa Cruz, *Carta de Puebla*, pág. 194.
[543] Fernández de Santa Cruz, *Carta de Puebla*, pág. 196.
[544] Fernández de Santa Cruz, *Carta de Puebla*, pág. 195.
[545] Fernández de Santa Cruz, *Carta de Puebla*, pág. 197.
[546] Sor Juana (*Respuesta a sor Filotea*, pág. 472) declara enviarle a Fernández de Santa Cruz un «papel» hecho en su defensa, pero no brinda detalles sobre el nombre del autor o autora, ni sobre el contenido del mismo.
[547] Fernández de Santa Cruz, *Carta de Puebla*, pág. 193.
[548] A Núñez le había preguntado: «¿No estudió santa Catalina, santa Gertrudes, mi madre santa Paula [...]? [...] ¿Solo a mí me estorban los libros para salvarme?» (Sor Juana Inés de la Cruz, *Carta al P. Núñez*, pág. 622). Para el tema de la defensa de la mujer en la literatura hispánica, ver Vélez-Sainz (2015).
[549] Sor Juana Inés de la Cruz, *Respuesta a sor Filotea*, pág. 444.
[550] Sor Juana Inés de la Cruz, *Respuesta a sor Filotea*, pág. 452.
[551] Sor Juana Inés de la Cruz, *Respuesta a sor Filotea*, pág. 473. Al tema le dedicó un espléndido soneto (núm. 150).
[552] A diferencia de su madre y de sus medios hermanos, que fueron enterrados en la iglesia de la Merced, María fue inhumada en la iglesia de San Gregorio de la Ciudad de México.

553 Robles, *Diario*, II, pág. 233

554 Sor Juana Inés de la Cruz, *Respuesta a sor Filotea*, pág. 466.

555 La cita dos veces en su *Respuesta a sor Filotea*, págs. 461 y 464. También la recuerda en su *Docta explicación del misterio y voto que hizo de defender la Purísima Concepción de Nuestra Señora* (Sor Juana Inés de la Cruz, *Comedias, Sainetes y Prosa*, pág. 516).

556 Sor Juana Inés de la Cruz, *Respuesta a sor Filotea*, pág. 470.

557 La hipótesis es de Soriano Vallès (en Fernández de Santa Cruz, *Carta de San Miguel*, pág. 239).

558 Sor Juana Inés de la Cruz, *Respuesta a sor Filotea*, pág. 443.

559 Fernández de Santa Cruz, *Carta de San Miguel*, págs. 237-238.

560 Hay que señalar que Fernández de Santa Cruz le estaba proponiendo lo que a ojos del obispo sería una carrera de letras seria, pues dedicarse a la escritura de la historia sacra era una oportunidad para ella de mostrar su talento en un área que era muy valorada en los círculos eclesiásticos.

561 Sor Juana Inés de la Cruz, *Ejercicios de la Encarnación* (en *Comedias, Sainetes y Prosa*, págs. 476-477).

562 Reproduce su biógrafo, Miguel de Torres, algunas de sus cartas: «El silencio interior no es discurrir ni pensar en cosas inútiles ni en las indiferentes, pero siempre el pensamiento ha de estar empleado en Dios o en las cosas de obligación y de la obediencia [de] Dios, también en el Cielo, infierno, muerte y en las imágenes de Cristo» (*Dechado de príncipes eclesiásticos*, pág. 400). Otro ejemplo: «Hija mía, el camino que has de llevar no admite sequedades, porque si el camino adonde caminamos es la aniquilación y no quieres nada, quien tiene la sequedad quiere el consuelo y esta es falta en el ejercicio de la aniquilación» (*Dechado de príncipes eclesiásticos*, pág. 401).

563 Fernández de Santa Cruz solicitaba «con diligente estudio en todo su obispado informes desapasionados de aquellas nobles doncellas en quienes se hallaban las prendas de virtud, juicio, nobleza y hermosura, que suele ser muchas veces el sobrescrito con que indica la naturaleza las perfecciones del alma, y no puso menor estudio en que fuesen pobres de bienes de fortuna, porque suelen ser estas las más expuestas a los golpes de la desgracia» (Torres, *Dechado de príncipes eclesiásticos*, págs. 189-190).

564 Sobre el desnivel del convento, ver Trabulse (1999: 18).

565 Una de sus improvisadas soluciones consistió en construir nuevos canales de desagüe: uno de ellos estuvo a cargo de Carlos de Sigüenza y Góngora.

566 Rubial García, 2003: 202.

567 Las censuras y licencias son del 15, 18 y 28 de julio de 1691.

568 En Alatorre, 2007: 139.

569 En Alatorre, 2007: 130.

570 En Alatorre, 2007: 171.

571 Ciertamente Calleja hizo la primera biografía en 1700, pero antes que él De Arce trazó en 1692 varios rasgos de la personalidad de sor Juana que coinciden con lo que sabemos de ella: «A personas de autoridad que la han tratado, he oído que antes que supiese leer ni escribir hacía versos con elegancia. [...] No había (por la cortedad de la población adonde nació sóror Juana) quien la enseñase, y, haciendo maestra a su aplicación ella propia, preguntaba a los pasajeros los caracteres y juntaba las voces con maravillosa advertencia, hasta que, trasladándola a la corte mexicana las universales

admiraciones, cuando pudiera el aliento del aplauso empañar (si no romper) el cristal en que reverberaba su Autor, determinó retribuirle los talentos con inspirada prontitud, dedicándose a la clausura; y ya errara la elección su entendimiento [*sic*]» (en Alatorre, 2007: 185).

572 Paz (1994: 270-271) así lo piensa para el primer soneto y Alatorre (2003b: 150) para el segundo.

573 Calleja, «Aprobación», pág. 244.

574 En Alatorre (2007: 383). Para la figura de Álvarez de Velasco Zorrilla y su vínculo literario y sentimental hacia sor Juana, ver Pascual Buxó (1993a).

575 Otro de sus corresponsales fue el peruano Sebastián de Navarrete, aquel caballero que le dijo que se convertiría en hombre si comía los jarros de barro que le enviaba de regalo. Hay que aclarar, no obstante, que Navarrete ya vivía en México cuando contactó con ella. En cambio, Juan del Valle y Caviedes, que vivió en el Perú casi toda su vida, le escribió un poema, según él, en respuesta a una solicitud de la monja por conocer sus versos. A mayor abundancia sobre los corresponsales radicados en el Perú, ver Ballón Aguirre (1997).

576 Para todos los datos anteriores, ver Rodríguez Cepeda (1998).

577 No se sabe si las monjas, lectoras de *Inundación castálida* y del *Segundo volumen*, tomaron la iniciativa y le pidieron a la duquesa de Aveiro o a la misma María Luisa que las pusiese en contacto con sor Juana, o si estas, en su afán de promocionar a su amiga mexicana en Europa, contactaron con las monjas portuguesas para saber si estarían interesadas en una composición de sor Juana. Sea como fuere, es evidente que la crítica de sor Juana al Sermón del Mandato del portugués Vieira no pesó en el ánimo de sus coterráneas, hecho que confirma que la polémica desatada por la publicación de la *Carta atenagórica* respondió a circunstancias específicamente novohispanas de aquellos años.

578 Martínez López, 2005: 145.

579 Sor María do Céu del convento de franciscanas de la Esperança, que firmó una de las licencias de los *Enigmas*, hablaba del amor como la monja mexicana: «É uma aspiraçao que vive por fogo e acaba por ar; é um ai que vive por alento e morre por suspiro; é uma mentira que vive dúvida e acaba desengao; é um fingimento que dura força e acaba tragedia; é um delírio que vive desmaio e passa a acidente; é um velar de olhos cerrados; é um cuidado de coracões adormecidos; é uma fé de idólatras; uma idolatría de infieis» (citado por Martínez López, 2005: 146).

580 Martínez López (2005: 143, n. 13) recuerda que la censora de los *Enigmas*, sor Feliciana María de Milão, escribió unas «Décimas [...] ao galanteio de Sua Magestade» sobre los amoríos del rey con Ana de Moura y muchas cartas «llenas de chismes cortesanos».

581 Dice literalmente que «ca dentro [do convento] era melhor do que se cuida lá fora, porque há mais liberdade que lá fora» (citado por Martínez López, 2005: 145-146).

582 Sor Juana Inés de la Cruz, *Enigmas*, pág. 73 (vv. 5-8).

583 Sor Juana Inés de la Cruz, *Enigmas*, pág. 107.

584 Alatorre, 1995: 49-50.

585 Sor Juana Inés de la Cruz, *Enigmas*, pág. 113.

586 La solución es de Gabriel Zaid, poeta mexicano (en Alatorre, 1995: 50-51). Para Martínez López (2005: 150) la respuesta a los veinte enigmas es el amor.

[587] En sor Juana Inés de la Cruz, *Enigmas*, págs. 83-84, vv. 1-8 y 17-24.

[588] Lo más probable es que se tratara de un noviciado interior y no físico (Alatorre y Tenorio, 2014: 162).

[589] El primer testimonio, donde declara su voluntad de volver a hacer el año de noviciado, es la *Petición que en forma causídica presenta al Tribunal Divino la madre Juana Inés de la Cruz por impetrar perdón de sus culpas*. Aunque no está datado, fue compuesto el 8 de febrero de 1693 al concluir su confesión general. Exactamente veinticinco años antes, un 8 de febrero de 1668, sor Juana había iniciado su noviciado en San Jerónimo. Además de la *Petición causídica* la monja entregó, según Calleja («Aprobación», pág. 247), otros tratados espirituales cuyos títulos se desconocen. Al finalizar su segundo noviciado reiteró sus votos y su devoción mariana en el *Libro de profesiones* el 8 de febrero de 1694. Este documento lo rubricó sor Juana con su propia sangre (es el único testimonio en todo el *Libro de profesiones* del convento de San Jerónimo firmado con sangre). Pocos días después, el 17 de febrero, sor Juana regresó sobre el asunto de la Inmaculada Concepción con su *Docta explicación del misterio y voto que hizo de defender la Purísima Concepción de Nuestra Señora*. Este testimonio —en realidad una *Protesta* que, de acuerdo con el título que Castorena y Ursúa le da en el índice de *Fama y obras póstumas* (1700), repetía la monja diariamente— es muy técnico y escolástico. Dos semanas más tarde, el 5 de marzo, sor Juana escribió una *Protesta de la fe*, en la que muestra su lealtad hacia la Iglesia, se arrepiente de sus pecados y reitera, otra vez, su voto concepcionista. Esta *Protesta* también fue impresa en *Fama y obras póstumas*. En el epígrafe advierte Castorena (*Fama y obras póstumas*, pág. 124) que sor Juana la hizo «al tiempo de abandonar los estudios humanos para proseguir desembarazada de este afecto en el camino de la perfección». Pero en el texto sor Juana jamás declara despedirse de la literatura ni de los estudios, ni mucho menos pide perdón por haberse dedicado a ellos. Además, según se verá, al morir, sor Juana seguía escribiendo poesía. Estos escritos pueden consultarse en Schmidhuber de la Mora (2008). Para unos son textos sinceros (Soriano Vallès, 2010: 381-414), pero Paz (1994: 539) duda de que algunos sean de la mano de sor Juana y, en caso de serlo, serían, en su opinión, un símbolo de su humillación. Alatorre y Tenorio (1994: 161-170), en cambio, creen que sor Juana puso en algunos de estos escritos todo su talento literario y se esforzó por lucir su dominio de la retórica. Bénassy-Berling (1996: 112), a su vez, define estos textos como de «autoacusación» y advierte que sor Juana fue capaz de introducir en ellos gestos humorísticos, como, por ejemplo, en la *Petición causídica*, donde dice que san José se encargará de pagar la cera y las propinas en la repetición de la ceremonia de profesión, terminado su segundo noviciado: «Y por lo tocante a mi dote, ofrezco toda la limosna que de sus virtudes me han dado los Bienaventurados, a quienes la he pedido; y todo lo que faltare, enterarán mi Madre y vuestra, la purísima virgen María, y su esposo y padre mío, el glorioso señor san José, los cuales [...] se obligarán a dicha dote, cera y propinas» (en sor Juana Inés de la Cruz, *Comedias, Sainetes y Prosa*, pág. 521).

[590] Castorena se convirtió, posteriormente, en rector de la Real y Pontificia Universidad de México y es considerado el primer periodista de América, pues fundó en 1722 la *Gaceta de México*. Terminó sus días en Yucatán en 1733, donde ostentó la mitra de la sede emeritense por tres años. A mayor abundancia, ver Ochoa Campos (1944) y Schmidhuber de la Mora (2014: 153-164).

[591] Oviedo fue un personaje singular. Aunque en su juventud sirvió a Núñez de Miranda y lo defendió ante quienes lo acusaron de ser demasiado estricto con sor Juana, en 1736 se abrió un proceso en la Inquisición en su contra por el delito de solicitante; él mismo se acusó de haber manoseado a una monja, aunque sin tener pensamientos deshonestos, según indicó convenientemente (Cárdenas Ramírez, 2014-2015: 29-30).
[592] Alatorre y Tenorio (2014: 146) sospechan que Juan Antonio de Oviedo pudo haberle enviado cartas a Calleja sobre el período final de sor Juana.
[593] Ver Calleja, «Aprobación», pág. 246.
[594] Calleja, «Aprobación», pág. 247. Previamente había dicho Calleja: «Su más íntimo y familiar comercio eran los libros, en que tan bien lograba el tiempo; pero a los del coro, en que ganaba eternidad, todos cedían» (pág. 243).
[595] Ver Calleja, «Aprobación», pág. 248.
[596] Calleja, «Aprobación», pág. 248.
[597] Castorena y Ursúa, «Prólogo», pág. 307.
[598] Castorena y Ursúa, «Prólogo», pág. 307.
[599] Se trató de un intento por salvaguardar para la posteridad la reputación del eminente Núñez; está claro que la mayoría sabía que sor Juana había corrido a Núñez. Pero tal vez Oviedo confiaba que la carta en donde ella lo había despedido y las copias que de esta se hicieron estaban a buen resguardo o habían sido destruidas. Por lo menos sobrevivió una de estas copias, que fue hallada en 1980 en la biblioteca del Seminario Arquidiocesano de Monterrey por Aureliano Tapia Méndez.
[600] Oviedo, *Vida ejemplar*, pág. 136.
[601] Oviedo, *Vida ejemplar*, pág. 136.
[602] Es interesante la formulación de Oviedo (*Vida ejemplar*, pág. 136): «Resistiose [Núñez] una y otra vez, o porque no discurría el fin para que lo llamaba, o porque temía alguna veleidad en mutación tan repentina, o (lo que es más probable) por avivarle más los deseos con la detención».
[603] Oviedo, *Vida ejemplar*, pág. 136.
[604] Oviedo, *Vida ejemplar*, pág. 137.
[605] Oviedo, *Vida ejemplar*, pág. 136.
[606] Oviedo, *Vida ejemplar*, pág. 137. El mismo Núñez escribió que la virtud religiosa no consistía «en extraordinarias asperezas de ayunos, vigilias, cilicios u otras extremadas penitencias exteriores» y añadió que «la medida de [la] santidad [de las monjas] no es esta admirable extrañeza, sino el fino e intenso amor de Dios y deseo sólido de agradarle» (Núñez de Miranda, *Distribución de las obras*, pág. 9).
[607] Los principales promotores en la primera mitad del siglo XX fueron, entre otros, Genaro Fernández McGregor (1932), Alfonso Junco (1951) y Alfonso Méndez Plancarte (1951), el gran filólogo que editó las *Obras completas*. Alejandro Soriano Vallès (2008 y 2010) ha retomado y desarrollado sus puntos de vista para reforzar la imagen piadosa de sor Juana.
[608] La primera fue Dorothy Schons en 1926, aunque tres años después modificó su hipótesis inicial. Le siguen, aunque con variantes en cuanto a los enfoques y a los detalles de la conjura contra sor Juana, Ezequiel Chávez (1931), Ermilo Abreu Gómez (1938b), Dario Puccini (1967 y 1996), Octavio Paz (1994), Margo Glantz (1995), Elías Trabulse (1995), Antonio Alatorre (1987 y 2014) y otros.

[609] A este grupo pertenecen Marie-Cécile Bénassy-Berling (1983 y 2010a), José Pascual Buxó (1993b), Jean-Michel Wissmer (1998), Guillermo Schmidhuber de la Mora (2008), Alberto Pérez-Amador Adam (2011) y Sara Poot Herrera (2016), entre otros.

[610] Es cierto que la rebelión de 1692 afectó la reputación del virrey. Pero no hay claridad sobre los alcances de su debilitamiento al frente del gobierno novohispano. En 1695 don Gaspar seguía comportándose de la misma manera que cuando llegó a México, es decir, ajeno a la disciplina moral que deseaba imponer Aguiar y Seijas. El 11 de enero de ese año celebró su cumpleaños con carreras y a fin de mes acudió a ver una comedia que había preparado ¡un abad! para él (Robles, *Diario*, III, pág. 10).

[611] Schons (1929: 163) señala que fue el mismo 17 de abril de 1695, el día de su muerte, pero Paz (1994: 544) apunta que fue el 18 de abril. Las monjas declararon que el arzobispo «con el celo que tenía de dar limosnas, mandó se llevasen todas las alhajas, escrituras y cantidades [de la madre Juana] así que las que estaban dentro del convento como fuera de él en depósito» (citado por Schons, 1929: 167).

[612] El listado se encuentra en los autos de embargo ejercidos por el arzobispo Aguiar y Seijas (los bienes de Lombeida corrieron la misma suerte que los de muchos otros; el arzobispo se apoderó de ellos a su muerte): «Treinta y ocho libros de diferentes autores y devociones morales, cuya memoria irá con estos inventarios; ciento y veintidós de a cuarto de lo mismo que los de arriba; treinta y seis de octavo; ochenta de a doceavo y a dieciseisavo; un misal antiguo bien tratado; un breviario de media cámara, de dos cuerpos, bien tratado; otro breviario de cuatro cuerpos bien tratados; un diurno bien tratado» (Águeda Méndez, 2010-2011: 111). Resta por confirmar si el listado se refiere a los libros que sor Juana le entregó o a los que aún no se habían vendido.

[613] Schons (1929: 169-170) ya había dado a conocer documentos donde se vinculaba a Lombeida con la venta de los libros y al secretario de este, José Rubio, «por cuya mano los vendió». En su testamento Lombeida aclara el papel que desempeñó: «Declaro que la madre Juan Inés de la Cruz, religiosa que fue del convento del glorioso doctor san Jerónimo, ya difunta, me entregó distintos libros para que los vendiese, y, habiendo fallecido dicha religiosa, en virtud del mandato del Ilustrísimo señor arzobispo de esta diócesis continué en la dicha venta y su procedido lo he ido entregando a su señoría Ilustrísima y los que han quedado en ser están en mi poder, ordeno y mando se entreguen a dicho arzobispo» (en Águeda Méndez, 2010-2011: 110). Sobre este asunto, ver también Soriano Vallès (2011).

[614] Cervantes, 1949: 47. No está claro por qué sor Juana no compró esta celda hasta 1692 si sor Catalina de San Jerónimo había muerto en 1677, según se lee en el *Libro de Profesiones* (Schmidhuber de la Mora, 2013: 136). ¿Estuvo todo este tiempo la celda vacía o perteneció a otra monja, cuyo nombre no quiso mencionar la jerónima?

[615] Ver Schons (1929: 171-172).

[616] La acción de sor Juana es más sospechosa si se toma en cuenta que, en principio, los bienes de todas las monjas pertenecían al convento. Para Schons (1929: 172) «sor Juana indudablemente previó la suerte que iban a correr sus bienes una vez muerta. Y viendo la insaciable codicia del señor arzobispo, quiso asegurar alguna parte de lo que tenía». Trabulse (1998a: 27) también piensa que sor Juana quiso proteger algunas de sus posesiones de una posible confiscación de parte de Aguiar y Seijas.

[617] Citado por Schons (1929: 176, n. 12). Con todo, hay que señalar que su comportamiento no era absolutamente inusual: muchas monjas pidieron dinero prestado sin autorización de sus superioras. Al revisar tras su muerte sus celdas, salían a relucir los préstamos que habían pedido en secreto (Lavrin, 2008: 146).
[618] Schons, 1929: 168.
[619] Castelló Yturbide, 1998: 177. Alatorre (1999: 443-444) piensa que es posible que este inventario no pertenezca al año 1695, sino a una fecha muy anterior, cuando sor Juana estaba empezando a formar su biblioteca.
[620] Sor Juana Inés de la Cruz, *Carta al P. Núñez*, págs. 624-625. Bénassy-Berling (1985: 27) subraya la importancia de estas líneas para valorar una probable futura conversión de la monja. Es cierto que en su infancia sor Juana se había privado de su golosina preferida, el queso, porque le habían dicho que la hacía tonta, y que de joven se había cortado uno de sus atractivos visuales, el cabello, por no aprender las lecciones antes de que este volviese a crecer, pero esta inclinación a la mortificación no fue en aras de la religiosidad.
[621] Sor Juana Inés de la Cruz, *Carta al P. Núñez*, pág. 624.
[622] Tanto Calleja («Aprobación», pág. 247) como Castorena y Ursúa («Prólogo», pág. 307) solo dicen que fue para hacer caridad.
[623] Ahora bien, he dicho que se supone que Lombeida estaba a las órdenes de Aguiar y Seijas, porque me llama la atención que el presbítero no haya podido vender los libros siendo un hombre con amplias influencias, recursos —tenía ocho capellanías— y en contacto con personas de dinero (Águeda Méndez, 2010-2011: 94-95). Si los recibió en 1691, dado que Castorena ubica en ese año la mudanza de vida de la monja, ¿cómo es posible que no se haya podido deshacer de ellos en cuatro años? O si los recibió más tarde, quizá en 1693 o incluso 1694, ¿a qué dificultades se enfrentó para convencer a los intelectuales novohispanos de adquirir un libro que había pertenecido a la pluma de mayor calado de todos ellos? O si murió sor Juana como una santa, como creen algunos, ¿no era de esperarse que los devotos novohispanos quisieran un libro de ella? El hecho resulta aún más extraño si se considera que el arzobispo vendió por las mismas fechas su propia biblioteca con éxito. Tal vez la poca motivación de Lombeida para vender los libros provenga de que conocía a sor Juana desde mucho tiempo atrás y eran, en realidad, amigos y sabía que ella no se quería deshacer de ellos realmente; Lombeida había estado presente en su toma de hábito y bendición en 1668 y había firmado como testigo en su «Testamento y renuncia de bienes» en 1669. Quizá antes de juzgarlo un mal agente de ventas, se deba considerar que con toda intención no quiso deshacerse de los libros de su amiga pese a las presiones del arzobispo, lo que implicaría que no respondía a los intereses del prelado.
[624] Eguiara y Eguren, «Ioanna», pág. 534.
[625] Calleja («Aprobación», pag. 243) dice que Núñez «a fuer de luz la quitó el miedo».
[626] Calleja, «Aprobación», pág. 243.
[627] Calleja, «Aprobación», pág. 243.
[628] Sor Juana Inés de la Cruz, *Respuesta a sor Filotea*, pág. 447.
[629] Leonard, 1955: 46-47, y 1974: 272-273.
[630] Sor Juana Inés de la Cruz, *Respuesta a sor Filotea*, pág. 444.
[631] Sor Juana Inés de la Cruz, *Respuesta a sor Filotea*, pág. 447.

[632] «En dos partes dividida / tengo el alma en confusión: / una, esclava a la pasión, / y otra a la razón medida. / Guerra civil, encendida, / aflige el pecho, importuna: / quiere vencer cada una, / y entre fortunas tan varias, / morirán ambas contrarias / pero vencerá ninguna» (vv. 21-30).

[633] Calleja, «Aprobación», págs. 242-243.

[634] La datación del poema está sujeta a debate. Recuerdo que el *Segundo volumen* empezó a circular en junio o julio de 1692 en España y debió de llegar a Perú en octubre o noviembre de ese año. Por esos meses debió el conde de la Granja de escribir su epístola a la mexicana, quien la recibió a principios de 1693. Ahora bien, Alatorre (1980: 480, n. 115) piensa que el poema del conde es posterior y que sor Juana lo debió de recibir a mediados de 1693; Ballón Aguirre (1998: 149, n. 30) incluso sostiene que el conde se refiere en su misiva a una edición barcelonesa de 1693, lo que fecharía la respuesta de sor Juana tal vez hasta 1694. Sabemos que sor Juana siguió escribiendo en su celda en 1694 y 1695. De ser el poema de esos años, se confirmaría la hipótesis que defiendo más adelante en torno a que sor Juana no pudo resolver antes de fallecer su dilema existencial.

[635] Analiza Colombi (2017) a partir de este poema los efectos devastadores de la fama en la vida de sor Juana.

[636] «Es menester un hombre por atalaya que esté siempre en la gavia de la nao, y enseñando avise a los que navegan hasta dónde han de llegar y por dónde han de dar vuelta a la nao si desembarcan» (san Jerónimo, *Epístolas*, fol. 24r).

[637] Bénnasy-Berling (2017: 129-130) considera que Juan Antonio de Oviedo pudo haber jugado un papel capital en la reconciliación entre ambos personajes. Como él fue quien debió de poner en contacto a su tío, el conde de la Granja, con sor Juana, la investigadora piensa que, en realidad, podría haber sido un aliado de la monja; en ese sentido, el capítulo que dedica a ella en la biografía de Núñez, donde relata su supuesta conversión ejemplar, habría sido escrito por órdenes superiores con la finalidad de promover la imagen pía de la monja. Ahora bien, resta por explicar cómo se separó sor Juana de quien había sido su confesor y director espiritual hasta ese momento. Si era Pedro de Arellano y Sosa, sobre quien Núñez tenía una gran ascendencia, no debió este de sentirlo como una afrenta, pero si no era Arellano y Sosa, ¿qué argumentos trajo a colación sor Juana para justificar una segunda separación de un confesor? O ¿quizá no tenía ella a ningún director espiritual en ese momento?

[638] Calleja, «Aprobación», pág. 248.

[639] Ver los documentos 235, 249, 314, 278, 263 y 282 en el *Libro de profesiones* (Schmidhuber de la Mora, 2013).

[640] Apunta Trabulse (1999: 34) que «la vaguedad de las descripciones no permite determinar *con exactitud* el tipo de enfermedad que provocó la muerte de sor Juana y dar un diagnóstico definitivo; pero los síntomas enumerados solo pueden pertenecer a las "fiebres penitenciales", o peste, ambas identificadas con el tifo exantemático o tabardillo».

[641] Pérez-Amador Adam, 2002: 172.

[642] Trabulse, 1999: 32.

[643] Trabulse, 1999: 28-29.

[644] En ese sentido, se puede dudar de que sor Juana haya asistido a varias monjas enfermas a la vez como lo describe Calleja («Aprobación», pág. 248): «Era muy contagiosa la enfermedad [que entró en el convento], la madre Juana de natural muy com-

pasivo y caritativa de celo con que asistía a todas, sin fatigarse de la continuidad ni recelarse de la cercanía. Decirla entonces [...] que siquiera no se acercase a las muy dolientes, era vestirla alas de abeja para hacerla huir de las flores».

645 Calleja, «Aprobación», págs. 248-249.

646 Oviedo *(Vida ejemplar,* pág. 137) dice que «habiéndosele agravado la enfermedad, recebidos con grande devoción y ternura los sacramentos, entregó [la madre Juana] el alma en las manos de su Esposo, como de su misericordia esperamos [...], dejando más edificada con su resolución heroica [de abandonar los estudios humanos] y ejemplos singulares de virtud a toda esta ciudad, de lo que la había admirado con su ingenio, escritos y talentos». Torres *(Dechado de príncipes,* pág. 475) declaró que sor Juana «murió dando ejemplo a sus hermanas las religiosas, y con prendas de su salvación».

647 Sor Juana Inés de la Cruz, *Protesta de la fe*, págs. 33-34. No está fechado el documento, pero Soriano Vallès (2008: 192, n. 8) propone que fue escrito a principios de 1694. Para más datos sobre las distintas *Protestas de la fe* redactadas por sor Juana en estos años, ver Schmidhuber de la Mora (1993) y Soriano Vallès (2010: 401-414).

648 Robles, *Diario*, III, pág. 16. Robles, mejor informado que Calleja, sostiene que el deceso fue a las tres de la mañana y no a las cuatro.

649 Rivera, *Diario*, págs. 207-208.

650 El poema se intitula «De una gran señora muy discreta y apasionada de la poetisa»:

Asuntos las Nueve Musas
Jocosas dictan, y graves;
Única en todos, tú sabes
Acer te admiren, confusas,
Numen de ciencias infusas,
Asombro de inteligencias,
Imponderable en cadencias,
No imitada en consonancias,
Erudita en elegancias,
Singular en todas ciencias.

Las décimas se publicaron en los preliminares de *Fama y obras póstumas*. Alatorre (1980: 458) es quien propone que la autora de las décimas es la antigua virreina.

651 Ver *Libro de profesiones* (en Schmidhuber de la Mora, 2013: 199).

652 Cervantes, 1949: 16.

653 Peñalosa (1996: 395-401) descubrió el *Orden con que se ha de hacer el oficio de sepultura en los entierros de las monjas sujetas al Ordinario* y en él se basa Schmidhuber de la Mora (2008: 155-166) para recrear el funeral. A su vez, Trabulse (1999: 39-41) complementa los datos aportados en este manual con otro: *Directorio y régimen ordinario del refectorio y otras oficinas para las religiosas del orden de San Jerónimo*, de finales del siglo XVII. Para la recreación de la ceremonia luctuosa son muy útiles las observaciones de Soriano Vallès (2010: 425-428)

654 Ver Ramírez (2011). No parecen haberse llevado a cabo estudios en la osamenta para determinar enfermedades que haya padecido o una probable causa de muerte.

655 El libro estaba listo para el 19 de diciembre de 1698, día en que el jesuita Diego de Heredia firmó la Aprobación.

656 Castorena y Ursúa, «Prólogo», págs. 309-310. El original de las *Súmulas* lo tenía José de Porras, maestro en el Colegio de San Pedro y San Pablo en México. La comedia, que De las Heras se negó a entregarle a Castorena por razones muy sospechosas, es *La segunda Celestina*, que Agustín de Salazar y Torres dejó sin terminar, y que sor Juana concluyó, para unos, a petición de la marquesa de Mancera en los años setenta (Schmidhuber de la Mora, 1990) o, para otros, a solicitud de la condesa de Paredes en los años ochenta (Alatorre, 1990).

657 Alatorre, 1980: 443-444.

658 La leyenda del retrato de Miranda habla de los tres tomos que se imprimieron en España de sor Juana y señala que quedaron «muchas [otras de sus obras] y no menos insignes por su modesto descuido sin este logro [de ser impresas]».

659 Se lamenta Calleja:

¡Ay! Prosigamos, Juana, en la esperanza
que tuvimos los dos de verme, y verte,
pues ser puede en la bienaventuranza.
Yo ofrezco recabar de mi mal fuerte
que esto no tarde mucho; y, entre tanto,
mérito haré las flemas de mi muerte (en Alatorre 2007: 305, vv. 211-216).

660 Schmidhuber de la Mora, 2014: 70. Se desconoce la fecha de su fallecimiento.

661 Castorena y Ursúa, «Prólogo», pág. 307: «Esperaba también recoger otros manuscritos de la poetisa, y este, con sus originales, colocarlos en el estante que dorando ocupan sus dos antecedentes en El Escorial, donde, como de ingeniosa prole del Máximo Doctor y Padre San Jerónimo, los deposita la gran librería de religiosos jerónimos en su convento de San Lorenzo el Real».

662 Sor Juana Inés de la Cruz, *Carta al P. Núñez*, pág. 623.

BIBLIOGRAFÍA

Anónimo, *Carta de Serafina de Cristo* [1691], en Antonio Alatorre, *Sor Juana a través de los siglos (1668-1910)*, vol. I, México, El Colegio de México / El Colegio Nacional / Universidad Nacional Autónoma de México, 2007, págs. 78-84.

Anónimo, *Discurso apologético en respuesta a la fe de erratas que sacó un Soldado sobre la* Carta atenagórica *de la madre Juana Inés de la Cruz...* [1691], en Antonio Alatorre, *Sor Juana a través de los siglos (1668-1910)*, vol. I, México, El Colegio de México / El Colegio Nacional / Universidad Nacional Autónoma de México, 2007, págs. 84-107.

Abreu Gómez, Ermilo, *Sor Juana Inés de la Cruz. Bibliografía y biblioteca*, México, Secretaria de Relaciones Exteriores, 1934.

—, *La ruta de sor Juana*, México, DAPP, 1938a.

—, *Semblanza de sor Juana*, México, Ediciones Letras de México, 1938b.

Águeda Méndez, María, «Joseph de Lombeida o la ajetreada vida de un presbítero novohispano», *Prolija Memoria*, 5.1-2, 2010-2011, págs. 91-120.

Alatorre, Antonio, «Avatares barrocos del romance (De Góngora a sor Juana Inés de la Cruz)», *Nueva Revista de Filología Hispánica*, 26.2, 1977, págs. 341-459.

—, «Para leer la *Fama y obras pósthumas* de sor Juana Inés de la Cruz», *Nueva Revista de Filología Hispánica*, 29.2, 1980, págs. 428-508.

—, «Un soneto desconocido de sor Juana», *Vuelta*, 94, 1984, págs. 4-13.

—, «La *Carta* de sor Juana al P. Núñez (1682)», *Nueva Revista de Filología Hispánica*, 35.2, 1987, págs. 591-673.

—, «Algo más sobre sor Juana y *La segunda Celestina*», *Proceso*, 714, 1990, págs. 56-57.

—, «Estudio introductorio», en sor Juana Inés de la Cruz, *Enigmas ofrecidos a la Casa del Placer*, ed. de Antonio Alatorre, México, El Colegio de México, 1995, págs. 9-65.

—, Reseña a *La muerte de sor Juana* de Elías Trabulse, *Nueva Revista de Filología Hispánica*, 47.2, 1999, págs. 441-446.

—, «María Luisa y sor Juana», *Periódico de poesía*, Nueva época, 2, 2001, págs. 8-37.

—, «Un tema fecundo: las "encontradas correspondencias"», *Nueva Revista de Filología Hispánica*, 51.1, 2003a, págs. 81-146.

—, *El sueño erótico en la poesía española de los Siglos de Oro*, México, Fondo de Cultura Económica, 2003b.

—, «Hacia una edición crítica de sor Juana (Segunda parte)», *Nueva Revista de Filología Hispánica*, 54.1, 2006, págs. 103-142.

—, *Sor Juana a través de los siglos (1668-1910)*, 2 vols., México, El Colegio de México / El Colegio Nacional / Universidad Nacional Autónoma de México, 2007.

Alatorre, Antonio y Tenorio, Martha Lilia, *Serafina y sor Juana (con tres apéndices)*, segunda edición, corregida y muy aumentada, México, El Colegio de México, 2014.

Alberro, Solange, *Inquisición y sociedad en México, 1571-1700*, México, Fondo de Cultura Económica, 1998.

Alemán, Mateo, *Sucesos de don fray García Guerra y Oración fúnebre*, ed. de Francisco Ramírez Santacruz, en *Obra varia*, vol. 1 de *La obra completa*, directores Pedro M. Piñero Ramírez y Katharina Niemeyer, Madrid / Frankfurt am Main, Iberoamericana / Vervuert, 2014, págs. 477-577.

Atamoros de Pérez Martínez, Noemí, *Sor Juana Inés de la Cruz y la Ciudad de México*, México, Departamento del Distrito Federal, 1975.

Ballón Aguirre, Enrique, «Los corresponsales peruanos de sor Juana», *Lexis*, 21.2, 1997, págs. 273-325.

Barrera Barahona, José de la, *Festín plausible con que el convento de Santa Clara celebró en su felice entrada a la Excelentísima doña*

María Luisa, condesa de Paredes, marquesa de la Laguna y virreina de esta Nueva España, ed. de Judith Farré, México, El Colegio de México, 2009.

BAUDOT, Georges, «Trova náhuatl de sor Juana Inés de la Cruz», en *Estudios de folklore y literatura dedicados a Mercedes Díaz Roig*, ed. de Beatriz Garza Cuarón e Yvette Jiménez de Báez, México, El Colegio de México, 1992, págs. 849-859.

BENNASSAR, Bartolomé, *La España de los Austrias (1516-1700)*, Barcelona, Crítica, 2001.

BÉNASSY-BERLING, Marie-Cécile, «Une intellectuelle dans l'Amerique coloniale: Sor Juana Inés de la Cruz», *Langues néo-latines: Revue de langues vivantes romanes*, 63, 183, 1968, págs. 3-35.

—, *Humanismo y religión en sor Juana Inés de la Cruz*. México, Universidad Nacional Autónoma de México, 1983.

—, «Sor Juana Inés de la Cruz aujourd'hui», *Langues néo-latines: Revue de langues vivantes romanes*, 79.3, 1985, págs. 21-32.

—, «Sobe dos textos del arzobispo Francisco Aguiar y Seijas», en *Y diversa de mí misma entre vuestras plumas ando. Homenaje internacional a sor Juana Inés de la Cruz*, ed. de Sara Poot Herrera, México, El Colegio de México, 1993, págs. 85-90.

—, «La religión de sor Juana Inés de la Cruz», en *Sor Juana y su mundo: una mirada actual. Memorias del Congreso Internacional*, ed. de Carmen Beatriz López-Portillo, México, UCSJ / FCE, 1998, págs. 34-38.

—, «La modernidad de sor Juana Inés de la Cruz como católica», en *Por amor de las letras: Juana Inés de la Cruz. Le donne e il sacro. Atti del convegno di Venezia 26-27 gennaio 1996*, ed. de Susanna Regazzoni, Roma, Bulzoni, 1996, págs. 107-112.

—, *Sor Juana Inés de la Cruz. Une femme de lettres exceptionnelle. Méxique XVIIe siècle*, Paris, L'Harmattan, 2010a.

—, «Les jésuites et sor Juana Inés de la Cruz: Antonio Núñez de Miranda (1618-1695), Diego Calleja (1638-1725), Juan Antonio de Oviedo (1670-1757)», en *Contrabandista entre mundos fronterizos. Hommage au Professeur Hugues Didier*, ed. de Nicolas Batulet, Paloma Otaola y Delphine Tempère, Paris, Éditions Publibook, 2010b, págs. 183-197.

—, «The Afterlife of a Polemic: Conflicts and Discoveries regarding Sor Juana's Letters», en *The Routledge Research Companion to the*

Works of Sor Juana Inés de la Cruz, ed. de Emilie L. Bergmann y Stacey Schlau, Routledge, New York, NY, 2017, págs. 122-132.

Bilinkoff, Jodi, *Related lives: confessors and their female penitents, 1450-1750*, Ithaca, New York, Cornell University Press, 2005.

Calleja, Diego, «Aprobación del reverendísimo padre Diego Calleja, de la Compañía de Jesús», en Antonio Alatorre, *Sor Juana a través de los siglos (1668-1910)*, vol. I, México, El Colegio de México / El Colegio Nacional / Universidad Nacional Autónoma de México, 2007, págs. 239-249.

Calvo, Hortensia y Colombi, Beatriz, *Cartas de Lysi. La mecenas de sor Juana Inés de la Cruz en correspondencia inédita*, Madrid / Frankfurt am Main / México, Iberoamericana / Vervuert / Bonilla Artigas Editores, 2015.

Cañeque, Alejandro, «Espejo de virreyes: el arco triunfal del siglo xvii como manual efímero del buen gobernante», en *Reflexión y espectáculo en la América virreinal*, ed. de José Pascual Buxó, México, Universidad Nacional Autónoma de México, 2007, págs. 199-218.

Cárdenas Ramírez, Francisco Javier, «Apuntes para la biografía del jesuita novohispano: Juan Antonio de Oviedo», *Revista destiempos*, 42, 2014-2015, págs. 19-33.

Castelló Yturbide, Teresa, «Encuentro entre el conde de la Cortina y el capellán del convento de San Jerónino», en *Sor Juana y su mundo: una mirada actual. Memorias del Congreso Internacional*, ed. de Carmen Beatriz López-Portillo, México, UCSJ / FCE, 1998, págs. 175-178.

Castiglione, Baltasar, *El cortesano*, trad. de Juan Boscán, ed. de Rogelio Reyes Cano, Madrid, Espasa-Calpe, 1984.

Castorena y Ursúa, Juan Ignacio de, «Prólogo a quien leyere» [1700], en Antonio Alatorre, *Sor Juana a través de los siglos (1668-1910)*, vol. I, México, El Colegio de México / El Colegio Nacional / Universidad Nacional Autónoma de México, 2007, págs. 306-316.

Catalá, Rafael, *Para una lectura americana del Barroco mexicano: sor Juana Inés de la Cruz & Sigüenza y Góngora*, Minneapolis, The Prisma Institute, 1987.

Cervantes, Enrique A., *Testamento de sor Juana Inés de la Cruz y otros documentos*, México, 1949.

CHÁVEZ, Ezequiel, *Ensayo de psicología de sor Juana Inés de la Cruz y de estimación del sentido de su obra y de su vida para la historia de la cultura y de la formación de México*, Barcelona, Araluce, 1931.

COLOMBI, Beatriz, «Sor Juana Inés de la Cruz ante la fama», *Prolija Memoria. Estudios de Cultura Virreinal*, Segunda época, 1, 1, 2017, págs. 9-30.

CRUZ, Salvador, *Juana Inés de Asuaje – o Asuage. El verdadero nombre de sor Juana. Con un facsímil del impreso donde sor Juana publicó su primer poema (1668)*, Puebla, Benemérita Universidad Autónoma de Puebla, 1995.

—. «Sor Juana y su generación», en *Sor Juana Inés de la Cruz y sus contemporáneos*, ed. de Margo Glantz, México, Universidad Nacional Autónoma de México / Centro de Estudios de Historia CONDUMEX, 1998, págs. 117-122.

CRUZ, sor Juana Inés de la, *Lírica personal*, ed. de Alfonso Méndez Plancarte, México, Fondo de Cultura Económica, 1951.

—, *Villancicos y Letras Sacras*, ed. de Alfonso Méndez Plancarte, México, Fondo de Cultura Económica, 1952.

—, *Autos y Loas*, ed. de Alfonso Méndez Plancarte, México, Fondo de Cultura Económica, 1955.

—, *Comedias, Sainetes y Prosa*, ed. de Alberto G. Salceda, México, Fondo de Cultura Económica, 1957.

—, *Carta atenagórica*, en *Comedias, Sainetes y Prosa*, ed. de Alberto G. Salceda, México, Fondo de Cultura Económica, 1957, págs. 412-439.

—, *Respuesta de la poetisa a la muy ilustre sor Filotea de la Cruz*, en *Comedias, Sainetes y Prosa*, ed. de Alberto G. Salceda, México, Fondo de Cultura Económica, 1957, págs. 440-475.

—, *Carta al P. Núñez*, en Antonio Alatorre, «La *Carta* de sor Juana al P. Núñez (1682)», *Nueva Revista de Filología Hispánica*, 35.2, 1987, págs. 618-626.

—, *Enigmas ofrecidos a la Casa del Placer*, ed. de Antonio Alatorre, México, El Colegio de México, 1995.

—, *Lírica personal*, ed. de Antonio Alatorre, México, Fondo de Cultura Económica, 2009.

—, *Protesta de la fe*, estudio introductorio de Alejandro Soriano Vallès, México, Centro de Estudios de Historia de México Carso / Planeta, 2010.

DÍAZ CÍNTORA, Salvador, «"*Yoqui in tlahuépoch* Medea", o el náhuatl en la obra de sor Juana», en *Aproximaciones a sor Juana*, ed. de Sandra Lorenzano, México, Universidad del Claustro de sor Juana / Fondo de Cultura Económica, 2005, págs. 95-100.

DODGE, Meredith D. y HENDRICKS, Rick, eds., *Two Hearts, One Soul. The Correspondence of the Condesa de Galve, 1688-96*, Albuquerque, University of New Mexico Press, 1993.

DUGAW, Dianne, y POWELL, Amanda, «Baroque Sapphist Poetry: A Feminist Road Not Taken», en *Reason and Its Others: Italy, Spain, and the New World*, ed. de David Castillo y Massimo Lollini, Nashville, Vanderbilt University Press, 2006a, págs. 123-142.

—,«Sapphic Self-Fashioning in the Baroque Era: Women's Petrarchan Parody in Spanish and English, 1550-1700», *Studies in Eighteenth-Century Culture*, 35, 2006b, págs. 129-163.

EGUIARA Y EGUREN, Juan José de, *Vida del venerable padre don Pedro de Arellano y Sosa, sacerdote y primer prepósito de la Congregación del Oratorio de México*, México, Imprenta Real, 1735.

—, «Ioanna Agnes a Cruce», en José Quiñones Melgoza, «Sor Juana: una figura a través de tres siglos (antología)», *Letras mexicanas*, 6.2, 1995, págs. 518-549.

ESCAMILLA GONZÁLEZ, Iván, «La corte de los virreyes», en *Historia de la vida cotidiana en México*, ed. de Antonio Rubial García, México, Fondo de Cultura Económica, 2005, págs. 371-406.

FERNÁNDEZ MCGREGOR, Genaro, *La santificación de sor Juana Inés de la Cruz*, México, Cultura, 1932.

FERNÁNDEZ DE SANTA CRUZ, Manuel de, *Carta de sor Filotea de la Cruz*, en sor Juana Inés de la Cruz, *Comedias, Sainetes y Prosa*, ed. de Alberto G. Salceda, México, Fondo de Cultura Económica, 1957, págs. 694-697.

—, *Carta de Puebla*, en Alejandro Soriano Vallès, *Sor Filotea y sor Juana. Cartas del obispo de Puebla a sor Juana Inés de la Cruz*, Toluca, Secretaría de Educación del Gobierno del Estado de México, 2014, págs. 191-233.

—, *Carta de San Miguel*, en Alejandro Soriano Vallès, *Sor Filotea y sor Juana. Cartas del obispo de Puebla a sor Juana Inés de la Cruz*, Toluca, Secretaría de Educación del Gobierno del Estado de México, 2014, págs. 237-243.

GLANTZ, Margo, *Sor Juana Inés de la Cruz: ¿hagiografía o autobiografía?*, México, Grijalbo / UNAM, 1995.

—, «Letras de San Bernardo: la excelsa fábrica», *Calíope*, 4.1-2, 1998, págs. 173-188.

GONZALBO AIZPURU, Pilar, *Familia y orden colonial*, México, El Colegio de México, 1998a.

—. «Entre la calle y el claustro ¿cuál es la dicha mayor?», en *Sor Juana Inés de la Cruz y sus contemporáneos*, ed. de Margo Glantz, México, Universidad Nacional Autónoma de México / Centro de Estudios de Historia CONDUMEX, 1998b, págs. 53-72.

GONZÁLEZ ROLDÁN, Aurora, *La poética del llanto en sor Juana Inés de la Cruz*, Zaragoza, Prensas Universitarias de Zaragoza, 2009.

GUIJO, Gregorio M. de, *Diario de Guijo (1648-1664)*, ed. de Manuel Romero de Terreros, 2 vols., México, Porrúa, 1952.

GUTIÉRREZ DÁVILA, Julián, *Vida y virtudes del siervo de Dios, el venerable padre don Domingo Pérez de Barcia, presbítero secular*, Madrid, 1720.

—, *Memorias históricas de la Congregación del Oratorio de la Ciudad de México*, México, Imprenta Real, 1736.

HANKE, Lewis, ed., *Los virreyes españoles en América durante el gobierno de la Casa de Austria, México*, con la colaboración de Celso Rodríguez, t. 5, Madrid, Atlas, 1978.

ILLADES, Gustavo, «Poética del silencio en la *Respuesta a sor Filotea de la Cruz*», *Signos Literarios*, 7, 2008, págs. 9-38.

JERÓNIMO, san, *Epístolas*, traducción de Juan de Molina, Burgos, 1554.

JUNCO, Alfonso, *Al amor de sor Juana*, México, Jus, 1951.

KINO, Eusebio Francisco, *Exposición astronómica del cometa que el año de 1680 por los meses de noviembre y diciembre y este año de 1681 por los meses de enero y febrero se ha visto en todo el mundo y se ha observado en la ciudad de Cádiz*, México, Francisco Rodríguez Lupercio, 1681.

KIRK, Stephanie L., *Convent Life in Colonial Mexico. A Tale of Two Communities*, Gainesville, University Press of Florida, 2007.

LADRÓN DE GUEVARA, Baltasar, *Manifiesto que el real convento de religiosas de Jesús María de México del real patronato, sujeto al orden de la purísima e inmaculada concepción, hace al sagrado concilio provincial de las razones que le asisten para que se digne de declarar ser la que siguen vida común y conforme a su regla y que no se debe hacer alguna novedad en el método que les prescribió el Ilustrísimo y Excelentísimo señor don fray Payo Enríquez de Ribera, cuya resolución pretenden que mayor abundamiento se apruebe y el que han observado en los demás puntos se expresen*, México, Felipe de Zúñiga y Ontiveros, 1771.

Lavín, Mónica y Benítez Muro, Ana Luisa, *Sor Juana en la cocina*, México, Clío, 2000.

Lavrin, Asunción, «Values and Meaning of Monastic Life for Nuns in Colonial Mexico», *The Catholic Historical Review*, 58.3, 1972, págs. 367-387.

—, *Brides of Christ. Conventual Life in Colonial Mexico*, Stanford, Stanford University Press, 2008.

Lazcano, Francisco Xavier, *Vida ejemplar y virtudes heroicas del venerable padre Juan Antonio de Oviedo, de la Compañía de Jesús*, México, 1760.

Leonard, Irving A., «The *Encontradas correspondencias* of sor Juana Inés: an Interpretation», *Hispanic Review*, 23.1, 1955, págs. 33-47.

—, *La época barroca en el México colonial*, 1959, trad. de Agustín de Ezcurdia, México, Fondo de Cultura Económica, 1974.

—. *Don Carlos de Sigüenza y Góngora. Un sabio mexicano del siglo* xvii, México, Fondo de Cultura Económica, 1984.

Lezamis, José de, *Breve relación de la vida y muerte del venerable e ilustrísimo don Francisco de Aguiar y Seijas, obispo de Michoacán y después arzobispo de México*, Valencia, 1738.

López Cámara, Francisco, «La conciencia criolla en sor Juana y Sigüenza», *Historia Mexicana*, 6.3, 1957, págs. 350-373.

Malón de Echaide, fray Pedro, *La conversión de la Madalena*, ed. de Ignacio Arellano, Jordi Aladro y Carlos Mata Induráin, New York, IDEA/IGAS, 2014.

Martínez López, Enrique, «Sor Juana Inés de la Cruz en Portugal: un desconocido homenaje y versos inéditos», en *Prolija Memoria*, 2.1, 2005, págs. 139-175.

Maura Gamazo, Gabriel, *Carlos II y su corte*, vol. II, Madrid, F. Beltrán, 1915.

Maza, Francisco de la, «El convento de sor Juana», *Divulgación Histórica*, 2.5, 1941, págs. 244-248.

—, «La vida conventual de sor Juana», *Divulgación histórica*, 4.12, 1943, págs. 666-670.

—, «Primer retrato de sor Juana», *Historia Mexicana*, 2.1, 1952, págs. 1-22.

—, *Sor Juana Inés de la Cruz ante la Historia (Biografías antiguas. La* Fama *de 1700. Noticias de 1667 a 1892)*, revisión de Elías Trabulse, México, UNAM, 1980.

Mena García, María del Carmen, *Sevilla y las flotas de Indias. La gran armada de Castilla del oro (1513-1514)*, Sevilla, Universidad de Sevilla, 1998.

Méndez Plancarte, Alfonso, «Introducción», en *Lírica personal* de sor Juana Inés de la Cruz, ed. de Alfonso Méndez Plancarte, México, Fondo de Cultura Económica, 1951, págs. vii-lxviii.

Merlo, Juan Carlos, «Estudio preliminar. La Décima Musa de América», en sor Juana Inés de la Cruz, *Obras escogidas*, ed. de Juan Carlos Merlo, Barcelona, Brugera, 1968, págs. 13-70.

Merrim, Stephanie, *The Spectacular City, Mexico, and Colonial Hispanic Literary Culture*, Austin, University of Texas Press, 2010.

—, «Sor Juana Criolla and the Mexican Archive: Public Performances», en *Creole Subjects in the Colonial Americas*, ed. de Ralph Bauer y José Antonio Mazzoti, Chapel Hill, The University of North Carolina Press, 2012, págs. 193-218.

Muñoz de Castro, Pedro, *Defensa del Sermón del Mandato del padre Antonio de Vieira...*, en Antonio Alatorre, *Sor Juana a través de los siglos (1668-1910)*, vol. I, México, El Colegio de México / El Colegio Nacional / Universidad Nacional Autónoma de México, 2007, págs. 53-70.

Muriel, Josefina, *Conventos de monjas en la Nueva España*, México, Santiago, 1946.

—, y Pérez San Vicente, Guadalupe, «Los hallazgos gastronómicos: bibliografía de cocina en la Nueva España y el México del siglo xix», en *Conquista y comida. Consecuencias del encuentro de dos mundos*, ed. de Janet Long, México, UNAM, 1996, págs. 469-479.

—, «Francisco Aguiar y Seijas y las mujeres de su tiempo», en *El arzobispo Francisco Aguiar y Seijas*, de Josefina Muriel, Alberto Carrillo Cázares y Antonio Rubial García, México, CONDUMEX, 2000, págs. 9-26.

Navarro Tomás, Tomás, «Los versos de sor Juana Inés de la Cruz», *Romance Philology*, 7, 1953-1954, págs. 44-50.

NERVO, Amado, *Juana de Asbaje. Contribución al Centenario de la Independencia de México*, ed. de Antonio Alatorre, México, Consejo Nacional para la Cultura y las Artes, 1994.

NÚÑEZ DE MIRANDA, Antonio, *Distribución de las obras ordinarias y extraordinarias para hacerlas perfectamente conforme al estado de las señoras religiosas*, México, Viuda de Miguel de Ribera Calderón, 1712.

OCHOA CAMPOS, Moisés, *Juan Ignacio María de Castorena Ursúa y Goyeneche, primer periodista mexicano*, México, Talleres de impresión de estampillas y valores de la Secretaría de Hacienda y Crédito Público, 1944.

OVIEDO, Juan Antonio de, *Vida ejemplar, heroicas virtudes y apostólicos ministerios del V. P. Antonio Núñez de Miranda*, México, 1702.

PALAVICINO VILLARRASA, Francisco Javier, *La fineza mayor. Sermón panegírico predicado a los gloriosos natalicios de la ilustrísima y santísima matrona romana Paula, fundadora de dos ilustrísimas religiones que debajo de la nomenclatura del máximo Jerónimo militan* [1691], en Antonio Alatorre, *Sor Juana a través de los siglos (1668-1910)*, vol. I, México, El Colegio de México / El Colegio Nacional / Universidad Nacional Autónoma de México, 2007, págs. 70-78.

PASCUAL BUXÓ, José, *El enamorado de sor Juana. Francisco Álvarez de Velasco Zorrilla y su* Carta laudatoria (1698) a sor Juana Inés de la Cruz, México, UNAM, 1993a.

—, «Sor Juana: monstruo de su laberinto», en *Y diversa de mí misma entre vuestras plumas ando. Homenaje internacional a sor Juana Inés de la Cruz*, ed. de Sara Poot Herrera, México, El Colegio de México, 1993b, págs. 43-70.

PAZ, Octavio, «¿Azar o justicia?», *Proceso*, 710, 1990, pág. 53.

—, *Sor Juana Inés de la Cruz o las trampas de la fe*, 1982, México, Fondo de Cultura Económica, 1994.

PEÑA, Margarita, «"...en el abismo de su nada": sor Agustina de san Diego, la amiga de sor Juana», en *Aproximaciones a sor Juana*, ed. de Sandra Lorenzano, México, Universidad del Claustro de sor Juana / Fondo de Cultura Económica, 2005, págs. 279-283.

PEÑALOSA, Joaquín Antonio, *Letras virreinales de San Luis Potosí*, San Luis Potosí, Universidad Autónoma de San Luis Potosí, 1988.

—. *Alrededores de sor Juana Inés de la Cruz*, San Luis Potosí, Universidad Autónoma de San Luis Potosí, 1996.

Pérez-Amador Adam, Alberto, «Sor Juana revisitada o las trampas de la bibliografía», *Iberoamericana*, 2.5, 2002, págs.169-173.

—, *De finezas y libertad. Acerca de la* Carta Atenagórica *de sor Juana Inés de la Cruz y las ideas de Domingo de Báñez*, México, Fondo de Cultura Económica, 2011.

Pérez Martínez, Herón, *Sor Juana Inés de la Cruz. Una poesía al crisol de la vida*, Ciudad Juárez, Universidad Autónoma de Ciudad Juárez, 2012.

Pérez-Rincón, Héctor, «Evocación de don José María El Mejicano», *Letras libres*, número 54, junio 2003, págs. 83-84,

Poot Herrera, Sara, *Los guardaditos de sor Juana*, México, UNAM, 1999.

—, «Claves en el convento. Sor Juana en San Jerónimo», *Revista de Humanidades: Tecnológico de Monterrey*, 16, 2004, págs. 99-118.

—, «Sobre una loa atribuida a la niña Juana», en *Aproximaciones a sor Juana*, ed. de Sandra Lorenzano, México, Universidad del Claustro de sor Juana / Fondo de Cultura Económica, 2005, págs. 285-298.

—, «Pedro de Avendaño, un tercero en conflicto. ¿Cercano, además, a la *Carta Athenagórica*?», en *Fiesta y celebración: discurso y espacio novohispanos*, ed. de María Águeda Méndez, México, El Colegio de México, 2009, págs. 263-285.

—, «Discurso de ingreso oficial a la Academia Mexicana de la Lengua», 12 de mayo de 2016. [http://50.28.16.141/~academia/sesiones-publicas/item/ceremonia-de-ingreso-de-dona-sara-poot (revisado el 1 de febrero de 2018)].

Puccini, Dario, *Sor Juana Inés de la Cruz. Studio d'una personalità del Barocco messicano*, Roma, Edizioni dell'Ateneo, 1967.

—, *Una mujer en soledad. Sor Juana Inés de la Cruz, una excepción en la cultura y la literatura barroca*, trad. de Esther Benítez, Salamanca, Anaya & Mario Muchnik, 1996.

Ramírez, Gustavo, «La historia detrás de los restos de sor Juana», *Red Mexicana de Arqueología*, 3 de marzo de 2011. [http://remarq.ning.com/notes/Arturo_Romano_Pacheco (revisado el 25 de febrero de 2018]

Ramírez España, Guillermo, ed., *La familia de sor Juana Inés de la Cruz. Documentos inéditos*, prólogo de Alfonso Méndez Plancarte, México, Imprenta Universitaria, 1947.

Ramos Medina, Manuel, «De lo que hacían otras monjas novohispanas», en *Sor Juana Inés de la Cruz y sus contemporáneos*, ed. de

Margo Glantz, México, Universidad Nacional Autónoma de México / Centro de Estudios de Historia CONDUMEX, 1998, págs. 45-51.

Reglas y constituciones que por autoridad apostólica deben observar las religiosas del máximo doctor San Jerónimo en esta Ciudad de México, en Joaquín Antonio Peñalosa, *Alrededores de sor Juana*, San Luis Potosí, Universidad Autónoma de San Luis Potosí, 1996, págs. 201-358.

Ribera, Diego de, *Descripción poética de las funerales pompas que a las cenizas de la Majestad Augusta de don Filipo IV [...] y a la plausible universal aclamación a la jura de la Majestad de don Carlos nuestro rey [...]*, México, Francisco Rodríguez Lupercio, 1666.

Ricard, Robert, «Les vers portugais de Sor Juana Inés de la Cruz (à propos d'une édition récente)», *Bulletin Hispanique*, 55, 3-4, 1953, págs. 243-251.

—, «L' "apellido" paternel de Sor Juana Inés de la Cruz», *Bulletin Hispanique*, 63.2, 1960, págs. 333-335.

—, «Antonio Vieira y sor Juana Inés de la Cruz», en *Sor Juana Inés de la Cruz e o padre António Vieira ou a disputa sobre as finezas de Jesus Cristo*, ed. de Joaquim de Montezuma de Carvalho, Lisboa / México, Vega / Frente de Afirmación Hispanista, 1998, págs. 155-176.

Rivera, Juan Antonio, *Diario curioso de México*, en Antonio Alatorre, *Sor Juana a través de los siglos (1668-1910)*, vol. I, México, El Colegio de México / El Colegio Nacional / Universidad Nacional Autónoma de México, 2007, págs. 207-208.

Robles, Antonio de, *Diario de sucesos notables (1665-1703)*, ed. de Antonio Castro Leal, 3 vols., México, Porrúa, 1946.

Rodríguez Cepeda, Enrique, «Las impresiones antiguas de las *Obras* de sor Juana Inés de la Cruz (un fenómeno olvidado)», en *Sor Juana Inés de la Cruz y las vicisitudes de la crítica*, ed. de José Pascual Buxó, México, UNAM, 1998, págs. 13-75.

Rodríguez Garrido, José Antonio, *La* Carta Atenagórica *de sor Juana. Textos inéditos de una polémica*, México, UNAM, 2004.

Rubial García, Antonio, *Una monarquía criolla (La provincia agustina en el siglo xvii)*, México, Consejo Nacional para la Cultura y las Artes, 1990.

—, *Los libros del deseo*, México, INAH, 1996a.

—, «Las monjas se inconforman. Los bienes de sor Juana en el espolio de arzobispo Francisco Aguiar y Seijas», *Tema y variaciones de Literatura*, 7, 1996b, págs. 61-72.

—, «Sor Juana y los poderosos», en *Nictimene...sacrílega: estudios coloniales en homenaje a Georgina Sabat-Rivers*, ed. de Mabel Moraña y Yolanda Martínez San-Miguel, México / Pittsburgh, Universidad del Claustro de sor Juana / Instituto Internacional de Literatura Iberoamericana, 2003, págs. 197-206.

—, «Las virreinas novohispanas. Presencias y ausencias», *Estudios de Historia Novohispana*, 50, 2014, págs. 3-44.

Rubio Mañé, Jorge Ignacio, *Introducción al estudio de los virreyes de Nueva España*, vol. I, México, Ediciones Selectas, 1955.

Sabat de Rivers, Georgina, «Noticia bibliográfica», en *Inundación castálida*, ed. de Gerogina Sabat de Rivers, Madrid, Castalia, 1982, págs. 72-75.

—, «Mujeres nobles del entorno de sor Juana», en *Y diversa de mí misma entre vuestras plumas ando. Homenaje internacional a sor Juana Inés de la Cruz*, ed. de Sara Poot Herrera, México, El Colegio de México, 1993, págs. 1-19.

—, «Otra vez sobre la fecha de nacimiento de sor Juana Inés de la Cruz», en *La producción simbólica en la América colonial. Interrelación de la literatura y las artes*, ed. de José Pascual Buxó, México, Universidad Nacional Autónoma de México, 2001, págs. 129-144.

Salazar, Eugenio de, *Carta al licenciado Miranda de Ron*, en *Textos náuticos*, ed. de José Ramón Carriazo Ruiz y Antonio Sánchez Jiménez, New York, IDEA / IGAS, 2018, págs. 261-298.

Salazar Mallén, Rubén, *Apuntes para una biografía de sor Juana Inés de la Cruz*, México, UNAM, 1978.

Salceda, Alberto G., «El acta de bautismo de sor Juana Inés de la Cruz», *Ábside*, 16, 1952a, págs. 5-29.

—, «Los amores de Juana Inés», *Novedades* [México], 3, 10 y 17 de febrero de 1952b.

Saucedo Zarco, Carmen, «Decreto del cabildo catedralicio de México para que a sor Juana Inés de la Cruz se le paguen 200 pesos por el *Neptuno alegórico*», en *Relaciones*, El Colegio de Michoacán, 77, 1999, págs. 183-191.

Schmidhuber de la Mora, Guillermo, «Las trampas de la investigación literaria: el descubrimiento de *La segunda Celestina*», *Proceso*, 713, 1990, págs. 56-57.

—, «Hallazgo y significación de un texto en prosa perteneciente a los últimos años de sor Juana Inés de la Cruz», *Hispania*, 76.2, 1993, págs. 189-196.

—, *Sor Juana, dramaturga. Sus comedias de «falda y empeño»*, México, BUAP / CONACULTA, 1996.

—, *Sor Juana Inés de la Cruz y* La gran comedia de La segunda Celestina, Toluca, Instituto Mexiquense de Cultura, 2005.

—, con la colaboración de Olga Martha Peña Doria, *Los cinco últimos escritos de sor Juana. Hallazgo de* Protesta de la fe y renovación de los votos religiosos, Toluca, Instituto Mexiquense de Cultura, 2008.

—, «Identificación del nombre del pintor del retrato de sor Juana Inés de la Cruz en Filadelfia», *eHumanista. Journal of Iberian Studies*, 22, 2012, págs. 468-475.

—, con la colaboración de Olga Martha Peña Doria, *De Juana Inés de Asuaje a Juana Inés de la Cruz. El Libro de profesiones del Convento de San Jerónimo de México*, Toluca, Instituto Mexiquense de Cultura, 2013.

—, *Amigos de sor Juana. Sexteto biográfico*, México, Bonilla Artigas Editores, 2014.

Schmidhuber de la Mora, Guillermo y Peña Doria, Olga Martha, *Familias paterna y materna de sor Juana. Hallazgos documentales*, Ciudad de México, Centro de Estudios de Historia de México, Carso-Escribanía, 2016.

—, *Las redes sociales de sor Juana Inés de la Cruz*, en prensa.

Schons, Dorothy, «Some Obscure Points in the Life of Sor Juana Inés de la Cruz», *Modern Philology*, 24.2, 1926, págs. 141-162.

—, «Nuevos datos para la biografía de sor Juana Inés de la Cruz», *Contemporáneos*, 9, 1929, págs. 161-176.

—, «Algunos parientes de sor Juana», *Prolija Memoria. Estudios de cultura virreinal*, 2.1-2, 2006, págs. 149-153.

Sigüenza y Góngora, Carlos, *Triunfo parténico, que en glorias de María Santísima, inmaculadamente concebida, celebró la pontificia, imperial y regia Academia Mexicana en el bienio que como su rector la gobernó el doctor don Juan de Narváez, tesorero general de la Santa Cruzada en el arzobispado de México, y al presente catedrático de*

Prima de Sagrada Escritura. Descríbelo don Carlos de Sigüenza y Góngora, mexicano, y en ella catedrático propietario de Matemáticas, México, Ediciones Xóchitl, 1945.

—, *Alboroto y motín de los indios de México*, en Irving A. Leonard, *Don Carlos de Sigüenza y Góngora. Un sabio mexicano del siglo XVII*, trad. de Juan José Utrilla, México, Fondo de Cultura Económica, 1984, págs. 224-270.

—, *Teatro de virtudes políticas*, en *Seis obras*, ed. de William G. Bryant, Caracas, Biblioteca Ayacucho, 1984, págs. 167-240.

—, *Paraíso occidental*, México, CONACULTA, 2014.

SOBERANES FERNÁNDEZ, José Luis, «La administración superior de justicia en la Nueva España», *Boletín Mexicano de Derecho Comparado*, 37, 1980, págs. 143-200.

SORIANO VALLÈS, Alejandro, *La hora más bella de sor Juana*, México, CONACULTA / Instituto Queretano de la Cultura y las Artes, 2008.

—, *Sor Juana Inés de la Cruz. Doncella del Verbo*, Hermosillo, Garabatos, 2010.

—, «Sor Juana y sus libros», *Relatos e historias en México*, 40, 2011, págs. 57-63.

—, *Sor Filotea y sor Juana. Cartas del obispo de Puebla a sor Juana Inés de la Cruz*, Toluca, Secretaría de Educación del Gobierno del Estado de México, 2014.

SOSA, Francisco, *El episcopado mexicano. Biografía de los ilustrísimos señores arzobispos de México. Desde la época colonial hasta nuestros días*, vol. II, México, Editorial Jus, 1962.

SPELL, Lota M., *Cuatro documentos relativos a sor Juana*, México, Imprenta Universitaria, 1947.

TAPIA MÉNDEZ, Aureliano, *Autodefensa espiritual de sor Juana*, Monterrey, Universidad Autónoma de Nuevo León, 1981.

—, «El autorretrato y los retratos de sor Juana Inés de la Cruz», en *Memoria del Coloquio Internacional sor Juana Inés de la Cruz y el pensamiento novohispano 1995*, Toluca, Instituto Mexiquense de Cultura / Universidad Autónoma del Estado de México, 1995, págs. 433-464.

TERRAZAS, Ana Cecilia, «Para el investigador Augusto Vallejo, llegó a su fin el misterio de 300 años: Cristóbal de Vargas, padre de sor Juana», *Proceso*, 996, 1995. [https://www.proceso.com.mx/170853/

la-prueba-el-acta-de-matrimonio-de-la-hermana-de-la-monja (revisado el 6 de julio de 2018)].

TENORIO, Martha Lilia, *De panes y sermones: el milagro de los «panecitos» de santa Teresa*, México, El Colegio de México, 2001.

TERESA DE JESÚS, santa, *Libro de la vida*, ed. de Otger Steggink, Madrid, Castalia, 1986.

TORRES, Miguel de. *Dechado de príncipes eclesiásticos que dibujó con su ejemplar, virtuosa y ajustada vida* [...] *don Manuel Fernández de Santa Cruz y Sahagún...*, Puebla, Imprenta de la viuda de Miguel de Ortega y Bonilla, 1716.

TORRE VILLAR, Ernesto de la, «Autógrafos desconocidos de sor Juana Inés de la Cruz en un libro más de su biblioteca», en *Les cultures iberiques en devenir: Essais publiès en hommage a la memoire de Marcel Bataillon (1895-1977)*, ed. de Georges Duby, Paris, Fondation Singer-Polignac, 1979, págs. 503-512.

—, ed., *Instrucciones y Memorias de los virreyes novohispanos*, t. 1, México, Porrúa, 1991.

TOUSSAINT, Manuel, «Estudio», en *Homenaje del Instituto de Investigaciones Estéticas a sor Juana Inés de la Cruz en el tercer centenario de su nacimiento*, México, Universidad Nacional Autónoma de México, 1952, págs. 7-21.

—, *La Catedral de México*, México, Porrúa, 1973.

TRABULSE, Elías, *Los años finales de sor Juana: una interpretación (1688-1695)*, México, Condumex, 1995.

—, «El mayordomo: don Mateo Ortiz de Torres», en *Sor Juana Inés de la Cruz y sus contemporáneos*, ed. de Margo Glantz, México: UNAM / Condumex, 1998a, pág. 21-28.

—, «Sor Juana Inés de la Cruz: contadora y archivista», en *Sor Juana Inés de la Cruz y las vicisitudes de la crítica*, ed. de José Pascual Buxó, México, UNAM, 1998b, pág. 77-86.

—, *La muerte de sor Juana*, México, Centro de Estudios de Historia de México CONDUMEX, 1999.

VALLEJO DE VILLA, Augusto, «Acerca de la loa», *Letras libres*, 34, 2001a, págs. 80-81 y 119.

—, «Atribuible a la niña Juana Inés Ramírez de Azuaje. Loa satírica mixta de una comedia representada en el atrio de la Iglesia del convento dominico de Nuestra Señora de la Asunción de Amecameca en la festividad de Corpus Christi», *Letras libres*, 34, 2001b, págs. 72-78.

VÉLEZ-SAINZ, Julio, *La defensa de la mujer en la literatura hispánica (siglos XV-XVII)*, Madrid, Cátedra, 2015.

VICENTE GARCÍA, Luis Miguel, *Estrellas y astrólogos en la literatura medieval española*, Madrid, Laberinto, 2006.

VOLEK, Emil, *La mujer que quiso ser amada por Dios: sor Juana Inés en la cruz de la crítica*, Madrid, Verbum, 2016.

WISSMER, Jean-Michel, *Las sombras de lo fingido. Sacrificio y simulación en sor Juana Inés de la Cruz*, México, IMC, 1998.

ZAMBRANO, Francisco, S. J., «Núñez de Miranda, Antonio», en su *Diccionario bio-bibliográfico de la Compañía de Jesús en México*, t. 10, México, 1970, págs. 513-553.

ÍNDICE TEMÁTICO Y ONOMÁSTICO

D

E

F

G

M

N

O

P

S

Y

Z